U0734164

人邮普华
PUHUA BOOK

我们一起解决问题

简单的不简单

私募操盘手的交易逻辑

王笑 ◎ 著

人民邮电出版社
北 京

图书在版编目（CIP）数据

简单的不简单 ： 私募操盘手的交易逻辑 / 王笑著 .
北京 ： 人民邮电出版社， 2024. -- ISBN 978-7-115
-65150-1

Ⅰ . F830.91

中国国家版本馆 CIP 数据核字第 2024QN0666 号

内 容 提 要

本书是一位私募操盘手关于金融投资方法和个人成长的故事，内容生动精彩，不仅展示了作者的投资逻辑，还展示了作者的人生观、价值观。从白手起家开始创业，到面临破产危机；从艰难转型进入金融领域，到形成自己的交易体系；从产生婚姻危机，到对婚姻关系的反思和定义，作者在叙述自己成长故事的同时，融入了大量金融投资方法、知识的讲解，让读者在扣人心弦的故事中，学习金融知识，感受金融市场的现实与残酷，理解金融市场的巨大风险与波动，进而更好地做出自己的投资决策。

本书适合对投资有兴趣，但对于金融市场存在诸多困惑，希望了解更多金融知识的读者阅读。

◆ 著 王 笑
责任编辑 王飞龙
责任印制 彭志环

◆人民邮电出版社出版发行 北京市丰台区成寿寺路 11 号
邮编 100164 电子邮件 315@ptpress.com.cn
网址 https://www.ptpress.com.cn
北京天宇星印刷厂印刷

◆开本：880×1230 1/32
印张：12.5 2024 年 10 月第 1 版
字数：360 千字 2025 年 11 月北京第 4 次印刷

定 价：69.80 元

读者服务热线：（010）81055656 印装质量热线：（010）81055316
反盗版热线：（010）81055315

目录

第一章　绝境

1

2020年4月20日，D市，这里是广东省最大的工业制造基地之一，改革开放以来随着工业的不断发展，配套的金融服务业也如火如荼地发展了起来。在D市南城区的金融数码城，有着市里最高建筑的写字楼，铁灰色外墙宁静肃穆，两边是绿色的榕树，树叶在微风中摇曳，发出沙沙的声音，马路边盛开着五颜六色的鲜花，加上碧绿的人工草坪，让整个社区在闹市繁华中凸显宁静，使人感到一种舒适的气息。但是外面的人感受不到里面金融交易的残酷，这里是当地最大的金融办公区，集中了市里大部分的银行、券商、私募基金、贷款公司，这里一天的资金流水可能轻轻松松过百亿元，所以一直是人们仰望的高端办公区。

写字楼A座的YX基金办公室里，一张硕大的办公桌上放着两台多屏电脑，实时显示各种证券行情和市场信息，其中一台电脑定格在一只叫JJ股份的股票上面，这只股票走势极其怪异，前面连续5个涨停之后又出现一个跌停。4个男人围坐在办公桌旁默不作声，办公室里此时的气氛凝固，让人感到压抑。

坐在最左边的男人首先打破了沉默，说道："王啸，有什么方案吗？"

王啸尴尬地答道："目前没有，这次停牌非常突然，据市场传言，控股方去年投资造成巨额亏损，所以申请了重大事项停牌，不巧又是在市场恐慌情绪下停牌的，所以老实说，就算复牌我也没信心，基金产品初始金额 5000 万元，我的初始劣后资金是 500 万元，外部投资 4500 万元，目前市值是 4525 万元，另外还有我新补充的 225 万元劣后资金。总资产 4750 万元。所以只要再有一个跌停，劣后资金就彻底归零，但是从目前的市场情况来看，可能至少会有 1 至 2 个跌停，所以目前 4750 万元的资产，如果有 2 个跌停，剩余的资金大概是 3848 万元，也就是可能会欠各位金主总计 652 万元左右。”

“问题出在王啸本身，蔡志杰你问他有什么方案，不如问他怎么赔付给我们。”

说话的是冯总，他也是产品的投资人之一，投了 700 万元，他跟王啸一直有生意合作，只是谈不上什么交情，最左边那个首先说话的叫蔡志杰，是个有亿万家产的富二代，也是王啸一直以来的好朋友。这次王啸拉他帮忙，虽然他不愿意投资股票——因为他爸当年做股票破过产，所以他对此一直很有戒心，但因为好朋友的关系，还是给王啸投了 1500 万元。

蔡志杰看了看坐在中间、戴金丝眼镜的男子问道：“王群阳，你怎么说？你也出了 1500 万元。”

王群阳闻言道：“我觉得大家投票表决吧，毕竟这不是小钱。”

接着他又转过身对王啸问道：“如果就放着不动，有可能涨回来吗？”

王啸摇摇头说道：“机会很渺茫，投机是个概率游戏，对低概率的事件不应该抱有幻想。”

蔡志杰若有所思地问道：“这里面冯总、我、王群阳，还有你自己的资金，加到一块儿也不到 5000 万元，还有 800 万元的资金哪里来的？”

大家听后都不约而同地盯着王啸。

王啸看避无可避，只好说道：“我从阿强那边的小额贷款公司借了 800 万元民间贷款。”

王群阳闻言惊道：“你疯了吗？为什么突然这样疯狂地投资？这不是你的投资风格啊？”

蔡志杰心里大概猜到了原因，估计跟黄嘉雯的突然结婚有关系，但是不方便在这里明讲。

现在事情很明朗，就看谁心够狠，能第一时间拿到王啸手里现有的资产了，蔡志杰和王群阳都是王啸在越南认识多年的兄弟伙伴，心里非常不忍，但是明摆着如果他们不抢先动手，冯总就会先下手为强，毕竟他也有 700 万元的投资。所以兄弟情只能放一边，至少不能明显地表现出手软。几个人从早上 10 点到下午一直开会，也没商议出明确的结果。唯一确定的结果就是大家投票表决，认定这次的事故是王啸个人的操作问题，他应该负全部的责任，王啸必须在股票复牌后再补充不少于 5% 也就是约 230 万元的劣后资金。蔡志杰抬手看了看时间，已经 5 点 20 了，他站起身来说道：“不说了，下周再说。大家先回去吧！给王啸点时间，让他处理。”

剩下的人眼看今天也不可能有结果了，只好先离开，一场逼宫式的讨债大会终于结束了。冯总和王群阳有事都先走了，只有蔡志杰和王啸留了下来。

王啸无奈地说道：“阿杰，大家这么多年兄弟，出了这种事，我无颜面对你。”

蔡志杰叹了口气说道：“没什么，不过生意就是生意，欠债还钱天经地义，我也没办法，希望你理解。只是你以后可能会比较辛苦，这些债务可能会跟你一辈子！”

王啸默默地点了点头说道：“我懂的，这十几天，只有你没有每天打电话来追债，我已经很感谢了。”

蔡志杰犹豫了半晌，忍不住问道：“能跟我说说你为什么突然做这么激进的投机吗？是不是跟黄嘉雯结婚有关？”

王啸苦笑着摇摇头，说道："算是吧！等我有机会给你一个完整的解释，现在说什么都晚了！就这一天，手机里几十个讨债的电话！"

王啸把手机拿给蔡志杰看了一下，屏幕上鲜红的一列未接来电，触目惊心。

蔡志杰看得心中一痛，安慰道："别管了，先吃饭，你跟我吃饭不？"

王啸摆了摆手，说道："不了，我要回家，今天答应了要陪儿子。"

蔡志杰点了点头，说道："OK，那我今天回越南，王群阳也是同一班飞机。"

"那好，落地了发信息。"

王啸说着起身抱了蔡志杰一下，蔡志杰拍了拍王啸肩膀，没再说什么。

2

王啸刚下写字楼就接到妈妈电话：

"儿子，你晚上带天天出去吃吧，他过生日，让他开心一点，他妈妈已经不在身边，你要让他感受到你对他的爱。"

提到这个，王啸心里一酸，连忙说道："好的，我去接你们，大家一起吃！"

妈妈说道："不不不，我跟你爸在家吃完了，我们也吃不惯那个外国餐。"

王啸坚持说道："管它吃不吃得惯，大家热闹一下，你们等我。"

"我们都吃完了，你折腾过来干啥？就这样吧，不说了，我们要去楼下跳广场舞了！"妈妈说完就挂断了电话。王啸放下电话，心里一阵黯然，明白妈妈看得出最近自己经济很拮据，故意找借口不来，“哎，儿子做成这样，真的愧对父母养育之恩，都不知道后面的事如何让他们平静地接受”。

王啸从学校接到天天，熟练地驾驶沃尔沃 SUV 驶向国际酒店，一路上在车流中穿梭着快速前行，王啸当初还是为了进私募基金这个圈子才买的这辆车。因为在这个圈子里，这车就是基本配置，实在不好意思开自己以前那台经济型的雪铁龙 C5 轿车，所以当时咬着牙买了这辆车，因为沃尔沃这个品牌以低调著称，谁也不知道开沃尔沃的有没有钱，很多富豪和普通人都在开，富豪是因为它安全、能保命，普通人开它是因为显得像富豪，所以这车欧洲人都喜欢叫它富豪牌汽车。王啸买这辆车也是为了更好地掩盖自己金融民工的本质。

很快到了国际酒店，这里是本地楼层最高的五星级酒店，顶楼有一个旋转餐厅可以俯瞰整个城市，餐厅后面是巨大的直升机停机坪，大厅里面有一盏巨大的水晶吊灯，灯光明亮，照耀着整个大厅，让人觉得很温馨。王啸的朋友马总和蔡志杰他们都是这里的 VIP 会员，经常光顾，王啸因为跟他们来过多次，所以对这里比较熟悉。这里顶楼的樱花会馆是一个高级日料会所，将传统的日本料理技术与现代料理技术结合在一起，创造出具有现代风格的料理，在当地的美食圈排行榜常居榜首，如果不是会员，通常是订不到位子的。进门后，大厅领班热情地说道：“王总您好！好久不见了，上次您跟马总过来还是一个多月前呢！”

王啸漫不经心地说道：“是啊，今天我儿子过生日，带儿子吃顿便饭，帮我安排一下！”

领班微笑着说道：“好的，您坐里面那个 8 号台，那里是旋转餐厅最好的观景位置，你们先坐，我等下安排人过来点菜。”

王啸刚坐下不久，一个身材高挑的女服务员走过来说道：“王总您好，请问您今天吃点什么？”

王啸苦笑了一下，想想自己信用卡上的余额已经不足 2000 元，但是又不想扫儿子的兴，拿菜单看了一下，对着儿子说道：“天天，我给你点一个雪花牛排，7 成熟，一个芝士焗龙虾，一个泰式芒果蟹子沙拉，这样好不好？”

天天反问道：“那爸爸你吃什么？”

王啸摸了摸天天的头说道：“我今天没什么胃口，吃碗炒饭算了。”

王啸转头又让服务员加了一个日式鳗鱼炒饭。

“好的，您稍等，现在就为您安排，祝您用餐愉快！”

服务员说完就躬身退去，不一会儿菜上齐了。天天看到这些菜肴胃口大开，很快就把桌上的菜吃得所剩无几了，王啸望着熟悉的餐厅，回想几年前自己一家人——爸爸、妈妈、媳妇、孩子在这里庆贺节日，当时多幸福，自己生意顺利，夫妻和睦，而现在自己站在悬崖边上岌岌可危，不由眼眶一湿。他定住神，缓了缓情绪，问道：“儿子，味道怎么样？”

“好吃啊，爸爸你怎么不吃？”天天关心地问道。

王啸看看盘中的菜，暗道菜是不错，就是分量还是一如既往地少。自己不好跟孩子明说不够吃，只好对天天说道：“我中午吃得比较晚，你吃你的。”

看着天天大快朵颐，王啸眼里流露出一丝欣慰。天天今年满 7 岁，是个非常可爱的孩子，长得眉清目秀、白白净净的，眼睛像星星一样闪着光，脸上总是洋溢着灿烂的笑容，用王啸的朋友马总的话说，这是中了基因彩票，取了父母相貌的优点，儿子可能是这段时间唯一让王啸坚持下去的理由了！天天这时也差不多吃饱了，说道：“爸爸，我想玩一下手机，你把手机给我玩会儿游戏好不好？”

王啸本不想让他玩游戏，但是今天他生日，想了想还是答应了。

王啸起身去洗手间，临走时对着天天嘱咐道：“儿子，爸爸去个洗手间，你不要乱跑哦！”

“好的，爸爸。”

王啸朝洗手间的方向走去，这里他来过不少次，环境很熟悉。

天天一个人正在开心地拿手机打着游戏，突然一个电话打过来。

对方冷冰冰地问道：“喂，你好！王总在吗？”

天天回答道：“不在，我爸去洗手间了。”

对方不依不饶地继续问道：“你们在哪？”

天天不假思索地答道：“我们在樱花会馆吃饭。”

对方突然生气地怒道：“你爸都要破产了，还有心情吃大餐？我的钱什么时候还？信不信我找人砍你？”

天天被对方突如其来地发脾气吓了一跳，这时王啸刚好回来，问道：“怎么了，儿子？”

“爸爸，这个人好凶！”天天委屈地说道。

王啸快速接过电话，走到一边，一看来电显示是陈总，连忙解释道：“陈总不好意思，刚才是我小孩。”

陈总不客气地嘲讽道：“王总，好豪气啊！现在还有心情吃大餐，却不管我们这些债主的死活！”

“陈总，您别误会，小孩过生日，我这边朋友招待，不是我买单。”王啸心虚地解释道。

陈总听罢，在电话那头态度缓和了很多，说道：“王总，不是我不礼貌，这 200 万元说好了只借 5 天过桥垫资，现在 10 天了，你的股票还冻结着，我听说就是复牌了也是凶多吉少！你总要给我一个交代吧？”

王啸硬着头皮说道：“是的，您说得没错，我正在想各种办法，请再宽限一点时间，给您添麻烦了，非常对不起，事出突然，我也是完全没想到。”

陈总看王啸态度诚恳，口气略有缓和地说道：“好吧，最多三天，你知道我的，三天如果还没有结果，我就不客气了！”

王啸心头一沉，说道：“好的，我一定想办法，您放心！”

电话那头陈总一语双关地威胁道：“OK，那替我祝你儿子永远快乐。”

王啸听得懂这背后的威胁，但是也只能无可奈何地挂断了电话。

天天在旁边疑惑不解地问道：“爸爸，什么是破产啊？”

王啸叹了口气，说道：“破产就是财务损失大过了资产的总和。”

天天听罢放下餐具，紧张地盯着爸爸问道：“那他说你破产了是怎么回事？”

王啸捏了捏天天稚嫩的脸蛋，说道：“没什么，他开玩笑的。”

天天这才放下心来，催促道：“我吃饱了，爸爸你还没吃呢，快吃啊！”

“好！”

王啸看了看桌上的剩菜，把剩下牛排和炒饭拌在一块吃了。其实他中午就没吃饭，这点东西根本填不饱肚子，但是他也不舍得再叫一份炒饭，所以就囫囵吞枣吃了个半饱，又偷偷把手机调到了静音，很怕下一个追债电话又让天天听到。

“你好，买单！”

王啸对着远处的服务员招手，这时领班抢先走了过来问道：“请问王总您是刷卡还是现金？一共是 2150 元。”

王啸听得心里一惊，可能信用卡上额度不够，但是兜里也没有这么多现金，想着超了 150 元应该没事，勉强应该能刷信用卡，结果机器显示刷卡失败。

领班依旧彬彬有礼地问道：“王总，您好，刷卡失败，请问有别的卡吗？”

王啸尴尬地解释道：“可能是之前买大额的东西刷爆了，不好意思哈，别的卡在车上包里，不够的我补你现金就好了，我刷1500吧，剩下给你现金。”

“好的，没问题。”领班一边收钱一边殷勤地问道，“怎么最近没看见蔡总跟您一起来？”

王啸随口答道：“最近我公司那边事情比较多，跟他也很少碰面。”但是王啸自己知道，以后跟蔡志杰的关系可能完全变了，曾经的兄弟，今后却变成债主关系，只是这些事外人无法知晓。

领班把他们一路送到餐厅门口，恭敬地说道：“好了，停车票已经开好，王总您慢走！”

从餐厅出来后，天天不解地问道：“爸爸，他们这边的人很好，比我们以前去的那些地方的人都要和气和热情！为什么会这样？”

王啸低头看了看天天，叹道：“儿子，你好好努力！争取以后每次都能来这里过生日！”

3

刚下酒店电梯，看到外面的百货商场，天天说道：“爸爸，我的生日礼物呢？”

王啸这才想起今天忙了一天，连礼物都没买，说道：“那我们去旁边转转，看看你喜欢的乐高如何？”

“好啊，我正好在同学家看到一款新的赛车很漂亮！”天天兴奋地说道。

不远处正好有个乐高商店，天天进去后，售货员热情地招呼道：“您好，看看新品吗？这边有款新到的赛车，是按 1∶12 的比例打造的，具有遥控功能，非常好玩！”

王啸走过去看了看售价——1500 元，他心里一阵黯然，自己以前给儿子买玩具从来没看过价格，现在竟然沦落到生日礼物都买不起的地步，实在是狼狈。他不好在售货员面前明说，就跟售货员说道：“我们再看看。”

售货员笑了一下，脸上露出轻蔑的表情，说道：“那你们慢慢看，有需要叫我。”

王啸把天天拉到一边，低声说道：“儿子，爸爸今天没带那么多钱，你看我们能不能买个便宜的。”

天天懂事地说道：“那好吧，那我们去买国产的拼插玩具吧，那个才 100 多，你看好不好？”

王啸欣慰地感叹道：“好，儿子长大了！”

回家的路上，天天一直很兴奋，在车上说个不停，很快到了家，王啸并没有下车，而是打了个电话：“老妈，你下来把天天接上楼，我去办点事。”

妈妈痛快地答道：“好的。”

妈妈很快就从楼上下来了，看到王啸没下车，问道：“你晚上吃饱没？家里还有饺子，要不要再吃点？”

王啸眼眶一红，扭过头不敢直视妈妈，故作镇静地说道：“我吃饱了，你帮我照顾好天天，你自己也要注意身体。”

妈妈完全没意识到儿子的情绪异常，乐呵呵地说道：“我没事，只要你们好，老妈就好。”

“好了，你们上楼吧！”

王啸看着妈妈抱着天天走进电梯，长叹了口气，一脚油门冲出了小区，讨债的电话依旧不停。这次是民间贷款的那 800 万元，也就是俗称的高利贷，债主名叫阿强，具有非常复杂的社会背景，而且敢开贷款公司的都是狠角色。王啸深知他的厉害，所以第一时间接起电话：“强哥，你好！”

电话那头传来一个似笑非笑的声音：“从家出来了？”

王啸瞬间感到一阵寒意，明白自己这是被他跟踪了。王啸深吸一口气，故作镇定地说道：“至于吗？强哥这实力，借这点钱还需要跟踪我？”

阿强随口说道：“不是啦，我只是顺路，你回头看看，我在你后面那台车上，你来载我。”

王啸只得停下车，等着阿强上车。阿强个子不高，总是穿件花衬衫，手臂上清晰的文身下藏着两道刀疤。

阿强一上车就单刀直入地问道：“你那个股票怎么说？总不能无休止地冻结资金吧？”

王啸无可奈何地说道：“我也不能确定，虽然这很像托词，但确实是实话，我要是有权力明天就让他复牌，大家都不用痛苦了。”

阿强听罢说道：“你跟我走一趟吧！毕竟这么多钱，我也无法做主！”

王啸苦笑了一下，说道：“去哪里？”

阿强冷声说道：“我来开车，你到了就知道了！”

4

阿强一路驾车来到了D市第一高峰——银屏山，海拔800多米，坐落在D市的西北角，山峰峻险，山谷深邃，特别是通往顶峰的那条小径，蜿蜒曲折又绵延不尽，山路全长1500多米，直通山峰顶部，周围的登山爱好者经常露营夜宿在此。山崖西侧怪石林立，绝壁临谷，虽然海拔不高，但异常险峻，之前这里就发生过事故，所以做了事故警示牌提醒过往的行人。山下植被茂密，绿意盎然，风景极佳。

阿强和王啸开车到了山脚下。阿强熟练地靠边停好车，王啸看了一眼心爱的座驾，心中一阵不舍，这么好的车不知道自己还能再开几次！阿强下车对王啸指了指山顶，就抬腿往山上走，王啸虽然不想去，但也只好跟着阿强往山上走。

此刻山间下起了淅淅沥沥的小雨，两人一路沿着蜿蜒的小路步行而上，很快已经到了半山腰，隐约见到山顶上几个身材魁梧的壮汉在徘徊踱步，像是在等什么人。王啸心头一沉，知道今天恐怕是鸿门宴!

王啸转头看看阿强，对方果然脸上没有了刚才的和气，眼神中透着冷冷的杀气，口中催促道："快点走，上面的人等着呢！"

王啸心知现在已经避无可避，该来的总会来，就算自己今天躲过去，也只是暂时避开，还不如今天跟他们做个了断!

到了山顶后，那几个壮汉起身挡住了下山的路。此时天色已晚，山顶上只有一盏昏暗的路灯，又四下无人，王啸如同砧板上的鱼肉，只能任人宰割。

阿强看时机已到，突然发难道："王总，今天这 800 万元，你要给我个说法，不然你就别想活着下山！"

阿强说完示意身后的壮汉上前要把王啸按住。此时山上已经完全没有退路，王啸情急之下，纵身越过栏杆，身体完全悬空在护栏之外，大声叫道："谁再靠近一步，我就跳下去！到时你们什么钱都拿不到，还要变成杀人犯！"

这突如其来的变故把阿强也镇住了，本来想威胁王啸不还钱就把他丢下去，结果现在他反客为主，如果自己处理不当，反倒变成催债逼死人，那麻烦就大了!

于是他马上转脸堆笑说道："王总，兄弟跟你开个玩笑，你何必当真？你可千万不要想不开，快点回来，你看你腿都受伤了，一直在流血！"

王啸闻言低头，发现刚才翻栏杆时擦伤了小腿，此刻正在流血。但这时他也管不了那么多了，既然现在他们不敢让自己死，那就有个谈判的机会。王啸把心一横，说道："要么我现在跳下去，要么你打电话给你老板，看他要怎么样，我反正也不想活了！”

阿强急忙安抚道：“王总，你别激动，我马上打，你等我几分钟，千万不要冲动！”

说完他拿起电话打给了澳门的财务公司老总王董，还故意走开怕王啸听到他们的对话。隔了好一会儿，阿强放下电话走上来说道：

“我刚才把你的情况说给我老板听，他说你这人够狠，是个能成大事的人，他就跟你赌这 800 万元，如果你以后能翻身赚回来，那么债务可以延期。”

王啸简直不敢相信这是真的，颤声问道：“你没骗我吧？”

阿强郑重地说道：“我发誓，真的没骗你，快下来吧！”

王啸听到此处，终于放下心来，踉跄着翻过栏杆，瘫坐在地下，也许是因为疼痛，也许是因为后怕，泪水和雨水交融在一起。阿强静静地在旁边看着也不再说话。这时王啸的电话响起，显示妈妈来电。王啸接起电话，听到的却是儿子稚嫩的声音：“爸爸，你什么时候回来啊？那个玩具我还有好几个没拼好呢，快点回来陪我拼呀！”

“好，好！爸爸现在就回去！”王啸强忍泪水回答之后，挂断了电话，抬头看了看阿强，说了句：“谢谢！能不能让我跟你老板通个电话？”

阿强想了想，拿起手机拨通了王董的电话。电话接通后，阿强恭敬地说道：“王董，他想跟您通话说声谢谢，您看怎么样？”

电话那边沉默了一会儿，说道：“接过来吧！”

“王董您好，我是王啸，感谢您网开一面，给我这个机会，您放心，我一周转过来肯定第一时间还您。”王啸感激地说道。

“好说好说，钱是小问题啦！我听阿强电话里讲，你是因为女人搞成这样，年轻人不要太傻，男人要干就干大事，你死都不怕又够聪明，何苦为了女人耽误前程？就这样吧，你把电话给阿强。”

阿强接过电话说道：“王董我在，您吩咐！”

“嗯，不要为难他，利息算了，一年为期，你让他不要有负担，就这样吧！”说着那边挂断了电话。

阿强一脸不可置信地看着王啸，叹道：“王总，你算遇到贵人了，不仅延迟了还款时间，还减免利息，王董很少有这么看得起的人！”

“不说这些了，先送我去医院包扎一下，再回家，我儿子还等着我回去拼玩具呢！”此刻王啸心心念念的只有回家。

第二章　起源

1

阿强把王啸扶上车，在附近找了个小诊所简单包扎了一下。万幸的是，王啸外伤并不严重，简单地处理一下伤口后，阿强就开车送王啸往家走。到了小区门口，王啸刚要下车，阿强拦住他郑重其事地说道：“以后遇事不要动不动就拼命，你是聪明人，应该多用脑，机会我给你争取到了，但是你要好好珍惜！”说完敲了王啸脑袋一下。

“好的，我记住了！”王啸听到这番话也是有点感动。阿强能跟他说这些，起码是把他当成朋友了。

阿强继续说道：“以后有事随时找我，除了借钱什么都行，一年之内，还本金之前，我们不可能再借钱给你了。”

王啸点点头说道：“好的，谢谢你今天救了我！”

“别客气，车我开走了，我明天叫人送过来，你好好养伤吧！”阿强说完就头也不回地走了！

王啸回到家，妈妈开门看到他膝盖上都缠了绷带，大惊失色道：“怎么了，儿子？”

“没什么？骑自行车摔了一下！”王啸淡淡地说道。

“我看看，有没有去医院看一下？”妈妈追问道。

王啸不想妈妈担心，说道：“看过了，没什么大事，天天睡了吧？”

妈妈说道：“嗯，刚睡下，一直要等你回来，后来太晚了，我叫他先睡了！”

“好，我也先回房睡了，有什么事明天说！”

王啸进屋一头倒在床上，他今天太累了，此刻只想睡个好觉，就是天塌下来，也等第二天再说。

次日上午十点多，催款电话再度频繁响起，王啸拿起看了看，苦笑了一下，还真是“阎王好见，小鬼难缠”，因为资金冻结之后，自己又不好意思找朋友开口，就在几个网贷平台借了80多万元先兑付前面借款的利息，这几天还款晚了几日，网贷平台天天电话催命般地打。没办法，他只好接起了电话说道：“你好，我是王啸！”

“你好，我们是S60小贷公司，你的贷款上周到期的部分，还没有准时还款，请你及时还款。如继续拖延还款，将承担一切法律责任。”

“好的，我知道了，明天我会处理！”

“那好，明天等待你的处理结果！”对方说完挂断了电话。

王啸起身去洗漱了一下，坐在电脑旁，打印了一份负债明细，现在长期的负债都可以延迟到股票复盘，包括欠阿强这边的，但是短期的贷款总计280多万元，基本上三天内要处理，因为一直做股票，自己手上从来也没留超过20万元的现金，突然停牌之后，所有的资金被套死，王啸又不想让投资人失去信心，所以当时就在陈总那边拿了200万元补充劣后资金，现在陈总追债，唯一的办法就是把房产证先抵押给他，然后继续付利息等股票复盘，只是还有80多万元的缺口没法补。其实这些年王啸身边聚集了很多有能量的朋友，但是这些人只会锦上添花，不会雪中送炭。因为锦上添花说明你发展得顺风顺水，他们帮你，将来可以分享你的利益，又没有危险；而雪中送炭证明你现在遇到了危机，他们不仅不会帮你，还会在圈子里散布你的坏消息，让你败得更快。所以越是利益关系的圈子，越不能露出你事业出现危机的破绽。

家里的房产证在妈妈那里，如果要拿，只能跟妈妈摊牌，不知道她是否能承受得了这样的打击。想到这，王啸心里非常难过，自己这么大年纪还要让老人跟着自己受苦受难，实在愧为人子！

只能一步步来了，先解决这80多万元的问题再说，王啸盘算了一下自己身边还能动的钱，以前因为出国都从香港出发，那边黄金比较便宜，所以每次到香港都会带回一根50克的小金条，在抽屉里都翻出来数了一下，刚好有20根，大概能卖40万元；以前帮赵总做项目，对方送了一块劳力士，应该能值个8万到10万元；还有这台SUV，买的时候40万元，这才开了5万千米，应该也能卖20多万元。这样一算，起码先把第一关过了。其实还有个更简单的办法，找黄嘉雯借就是了，她一定会借，她现在嫁入豪门，100万元对她都是小钱，这些年不算商业上输送的利益，就光王啸送她的那些礼物，表、包、首饰等，就至少值50万元，但是真的丢不起那个人，越是爱一个女人，就越不会让她看到自己狼狈不堪的样子，更何况她现在还有老公在旁边看笑话。这种丢脸的事，王啸就是死也做不出来。

心里有了打算之后，王啸想想还是要先卖表，毕竟这个最没用，这些年已经很少戴表了，一个人心里越没有自信，就越需要外面的包装来撑面子，其实心里比谁都虚。这些东西虽然都是唬人的，但也算是圈子里的敲门砖，因为你出去办事不可能到哪都拼命吹自己有多少钱、开什么车，但是你走哪都可以带块劳力士手表，别人看到这个，至少知道你能花十万八万的闲钱买块手表戴，应该有一定的实力。说干就干，王啸打开手机搜了一下名表回收相关信息，跳出来几个地址，他想了想，不愿意在本地卖，怕遇见熟人，正在犹豫之间，一个电话打过来。

“王总，昨晚睡得怎么样？”电话那头阿强说道。

“托你的福，睡得不错。”王啸谨慎地回答道。

“下楼，我给你还车来了！”阿强催促道。

“OK，马上。”王啸说着快速收拾了一下，穿好衣服，手里拿着那块表和发票盒子出了门。

一见面，阿强就注意到了王啸手里的表，打趣道：“怎么，王总要送块表给我？”

“不是，现金周转不过来，想卖了换钱。”王啸尴尬地答道。

阿强拿过来看了一下，说道：“你找对人了！”

王啸听罢心中一喜，说道：“对啊，我怎么忘了你应该认识很多卖表的人！”

阿强拿着手表边看边说道：“嗯，交给我吧，有价格了跟你说，二手劳力士，不是特别稀缺的款式，行情一般都是打个6折左右，你这个估计还能出个6万元，我的人在等我，我等下要去喝早茶，要不要一起？”

王啸不想跟他接触太深，说道：“不了，我现在没那个闲心，还要处理别的事。”

“OK，那祝你一切顺利！”阿强拍了拍王啸肩膀说道。

回到车上，王啸想了一下，现在正好有空儿，先去把黄金处理了。于是他上楼把那些小金条拿下来，看着手上沉甸甸的金条，王啸心里一阵伤感，这些本来是想等儿子娶媳妇时给他们打首饰用的，想不到现在要用来还债，真不舍得便宜卖给别人，突然想起姨妈家的表妹生活过得不错，不知道她会不会要这些黄金，不如打个电话问一下看看。这些年都是各忙各的，但是小时候的感情一直在，在提示音过后，电话那头传来表妹欢快的声音：“老哥，你咋想起找我了？咱们好久没见了？大姨好不好？”

“挺好的，我也没什么事，我这边有个朋友，他有些金条要卖，价格还行，我想起你来，看看你有没有需要？”王啸故作轻松地说道。

表妹疑惑地说道：“金条？我买那个干啥？我现在都不戴首饰，

我嫌太沉！”

王啸连忙转移话题，问道：“哦哦，我就是一问，二姨身体挺好吧？”

表妹轻松地说道：“还行，就是气管有点不好，你有空过来吃饭。”

王啸找了个借口，说道：“好的，我在开车，我抽时间去看看二姨，那不说了！”

表妹热心地说道：“好的，老哥，你空了多联系。你把金条照片发我看看，我看看朋友有没有要的。”

“OK，我一会儿发！”

王啸挂了电话也没多想，就随手拍了金条的照片发了过去。刚要开车，表妹突然打回电话，劈头就问：“老哥，你是不是出什么事了？”

王啸心里一惊，说道：“没事啊！家里都挺好的！”

表妹警觉地说道：“没事你卖这么多金条干啥？以前大姨把照片发过家族群，说是你留着给天天结婚用的。你现在突然拿出来卖，肯定是出了什么事！”

不知道妈妈之前发过，王啸都很少看家族群，也没注意过这些，既然知道已经瞒不住了，只好大概跟表妹讲了一下自己经济上遇到点儿问题，表妹听完之后，沉默了一会儿，安慰道：

“再正常不过了，做生意都这样，谁都有卡住的时候，我这边刚买房也没什么钱，我能借 10 万元给你，一点心意，你收下吧。”

“不不不，我没有那个意思，我自己能解决的！”王啸连忙解释道。

“没事的，多点儿钱总比少点儿好，我有你账户，给你转过去了，你一定别客气。”表妹大方地说道。

表妹说完，不等王啸回答就直接挂了电话，不到一分钟，短信进账提示就来了。

王啸心里很感动，想不到最危急的时候，自己一个做白领的表妹都胜过平日那些所谓的富贵朋友们，现在多了 10 万元，至少也是好事，但是金条还是要卖，王啸查了一下导航，直接开车赶往本地的黄金交易市场。

2

D 市近郊的水贝村是全国有名的黄金交易市场，在全国范围内也是首屈一指。王啸是第一次来这儿，他没有急着下车，而是开车在市场里兜了一圈，大概看出来点门道。这种市场租金肯定很贵，越大的门店管理费用越高，所以不能去。管理费高，肯定要用利润摊薄，所以做交易并不容易获利。而且店越大，你跟他地位越不对等，越没有谈判优势；而小店的信誉一般，出货量也少，所以收货价也不会高。但是如果一家小店周围有很多专门帮客户做黄金检测的，说明这家小店的出货量可能比较大，因为黄金是贵重之物，带得越远风险越大。按照这个方法，王啸果然在转角位置看到一个不起眼的小店。王啸在来之前已经查过当天的黄金价格是每克 397 元，所以他走进去直接问老板：“你好！请问回收金条吗？”

“收的，有多少？”男子在忙着玩手机，头都没抬。

“有 500 克。”王啸故意少说了一点。

“396 元每克，检测费 200 一次，成交算我的，不成交算你的。”男子淡淡地说道。

“能不能高一点，这个价格有点低。”王啸嘴上这么说，但心里知道这个价格不低了！

男子抬起头看了看王啸，说道：“我这就是市场最高价，你去外面看一圈再过来问比较好！”

王啸知道男子没骗他，叹了口气说道：“好吧，我这边有 1000 克。能不能给高点？”

男子放下手机走了过来，看了看王啸手中的金条，说道：“你这不是银行的金条，是个人收藏的工艺金条，拿出来卖不划算。”

“嗯，我知道，您是老板吧？家里遇到点儿事，需要用钱。”王啸无奈地说道。

男子看了看王啸，说道：“那这样吧，我多给 500 元就当交个朋友！”

“好的，那多谢了！”

老板拿起电话，跟对方说：“来货了，开工。”

只见对面的检测店过来两个小伙子，带来两台仪器，先是称重，然后用液压钳把金条都剪开，最后用分析成分的机器在那里忙上忙下，不一会儿，其中一人冲老板点点头，说道：“OK，没问题。”

老板转身问王啸：“转账还是现金？”

“转账吧，账号 600308795599XX。”王啸回答道。

“你查一下，转过去了！”老板说道。

“好的，您这个生意好，我当年也想做，只是本钱不够，只能想想罢了！”王啸羡慕地说道。

“这生意主要就是要有钱，急跌的时候有钱多多买，涨的时候不急着用钱可以慢慢卖，这一急一缓，利润就出来了。”

老板正说着，一个伙计从里面出来，拿了 20 根 500 克的金条，跟老板打了个招呼说：“我去送货了。”

老板不动声色地嗯了一声。

王啸不由得感慨，这真是有钱人的生意，连忙跟老板告辞。现在账上到了差不多 50 万元，心里总算有了着落。他想趁着今天全部解决问题，越是不利的局面，越要快速出击。现在就剩下卖车和归还陈总的欠款了。趁车还在，他打算先解决陈总的问题，所以他主动拨通了陈总电话：“你好，陈总！”

“哎呀，王总，我正想打给你呢！”陈总答道。

王啸继续说道：“嗯，电话里说不清楚，我上门向你讨杯茶喝可好？”

陈总闻言高兴地说道：“欢迎欢迎，我在老地方，绿燕茶庄等你。”

“OK，我半小时左右到，见面聊！”王啸说道。

放下电话，王啸驾车直奔绿燕茶庄，一路上各种自动扣款的信息一会儿一个，他也无暇顾及。开了差不多40分钟，终于到了绿燕茶庄。这地方是陈总开的，茶不怎么样，重点是来找他办事借钱的人，谁也不好意思空手就开口求人，所以基本上都跟他买点茶叶，所以对于他来说，只要人来了，他就已经赚了茶钱。

一进门，服务员就迎出来说道：“陈总在楼上等您！我带您过去。”

“好的，谢谢！”王啸应声走进去。陈总正在打电话，看见王啸进来，示意等他一下。

王啸点点头，跟服务员说道：“给我杯陈皮茶。”

“好的，您稍等！”服务员知趣地退出去了。

王啸刚坐下就听老陈在骂电话对面的人。“借钱的时候信誓旦旦，还钱的时候拖拖拉拉，你以为我是搞慈善的吗？我告诉你我是杀猪的！”

这个陈总发迹之前确实是杀猪的，王啸以前就有耳闻，今天他自己证实了。王啸听了这话很不舒服，毕竟他也是来谈延迟付款的，陈总骂骂咧咧地打完电话，冲王啸一点头，说道：“王总，还款的事怎么说？”

王啸无奈地答道：“陈总，我那个钱确实没那么多现金，但是我可以把房产证抵押在你这，一个月后再连本带利一起处理，您看可以吗？”

陈总听罢冷笑了一声，说道：“我要房产证有啥用？我是金融小贷公司，跟你们搞股票的一样，我只要有流通性的资产。”

王啸面有难色地说道：“问题我目前就是这个状况，那您看怎么办？”

陈总看着王啸，犹豫了一会儿，说道：“这样吧，我知道你的情况，也知道你的客户都是高净值人群，大家搞得太僵不好，我也不为难你，就按你说的，你周一把房产证和抵押合同送过来先抵押，但是利息要按时付，借款也要尽快还！”

王啸闻言松了口气，感激地说道：“那好的，谢谢您了！陈总，我还有事，先走了。”

“别啊，茶都来了。”陈总说道。

王啸心想，你的茶太贵，一会儿让我买我又要被坑，我还是快点离开这里，说着就起身打了个招呼，一溜烟跑了。上车后他感觉时间还早，习惯性地抬了抬手想看时间，才想起劳力士已经给阿强处理了。看看手机，3 点了，还有 3 小时天就黑了，不如去二手车市场看看，把汽车处理了。王啸在路边随便买了个面包，一边开车一边吃。到了 D 市最大的二手汽车市场，还是老办法，先转一圈观察一下，他发现好像成交的活跃度很低，可见市场并不景气。他找到了一间全部是做 SUV 车型的店面，跟里面打了个招呼，问道：“老板，收车不？”

“收啊！”一个穿着正装的小伙走了出来，看了看王啸的车问道，“什么车？就这个沃尔沃 SUV 吗？”

王啸说道：“嗯，看看能给多少钱。5 万公里、3 年多，原价 40 万元。”

卖车小伙不耐烦地说道：“说原价就没意思了，我看看车况吧！”

“好，你看吧！”王啸站到一旁去抽烟。只见卖车小伙忙忙碌碌地一会儿拍照、一会打电话，搞了快半个小时，终于有结果了，跑过来跟王啸说道：“老板，您好，这个车我们可以给到22万元，因为之前有过两次事故，所以最高只能这个价格。”

“那个都是轻微事故，我网上查过，这车最少都要24万元。你们这个价格太低了，那没什么好说的。”王啸不满意地说道。

“那您再看看别家。”卖车小伙一脸假笑，一副胜券在握的样子。

“OK！”

王啸也不想废话，起身上车，从后面门口第一家店开始问价格，奇怪的是，询价的店越多价格越低，王啸感觉不对，就在街对面一家店停下了脚步，趁老板不注意，给伙计塞了盒中华烟，问道：“请教师傅一下，为什么我的车大家都给这么低的价格？”

伙计看看四下无人，低声说道：

“老板，你去的第一家店是这个市场老板的儿子开的，他在群里打过招呼，大家不敢出比他高的价格收您的车！”

“原来如此，我就知道有问题！”王啸心里暗自吃惊，看来什么行业都一样，都有各种潜规则。没办法，王啸又回到刚才西装男那里，有些无奈地对卖车小伙说道：“我的车22万元给你吧！”

“您好，等我打个电话哈！”卖车小伙傲慢地说道。

不一会儿，卖车小伙放下电话，说道：“不好意思，我们老板说这辆车今天最多给您21万元，明天的话价格还要低一些，因为你这辆车我们怀疑抵押过，在里面找到了一个追踪器！”

“你说什么？不可能！”王啸一下火就上来了，这不是欺负人吗？但是转念一想，他就明白了：“追踪器有可能是昨天阿强装的，他们还是留了一手，这样这辆车就更得卖了，自己已经受到各种压迫，就算多这一万元，也解决不了什么实际问题，秦琼那么牛的人，都曾经落魄到沿街卖马，何况我这种小人物？”

王啸慢慢心里平静下来之后，跟卖车小伙说了句：“成交！”

王啸围着车转了一圈，心里暗暗默念：“老伙计，等我翻身了，一定把你买回来，不管花多少钱！”

“老板，进去喝杯茶吧？”卖车小伙说道。

“不用，在车上等你把合同拿给我，我收到款就签！”王啸冷冷地说道。

“好的，最多5分钟搞定！”卖车小伙大获全胜，表现得很开心，不一会儿就把所有手续办好了，钱也很快到账了。

“老板您住哪？我们送您。”卖车小伙殷勤地问道。

“不用，我自己会打车！”

王啸最后看了一眼陪了自己几年的爱车，头也不回地走了。出门，他叫了个滴滴打车，回到家刚进门，阿强的电话就打过来了。王啸以为是问车的事，追踪器的最后地点是二手车市场，阿强肯定知道车已经卖了，只是他不提王啸也不想点破，大家都不想难堪。结果阿强是说手表卖了6.5万元，钱现在打过来。

“好的，谢谢了！”

王啸挂上电话快速地算了一下，这80多万元基本没问题了，剩下就是怎么向家里老人摊牌的问题，如果今晚就说，老人肯定一晚上睡不好；如果明早说，老人白天还有一天时间消化这个坏消息。既然想明白了，王啸就开始打开网上银行，把一些乱七八糟的欠款都处理干净，处理完后余额显示为33777元。这样就只剩下陈总的200万元了，今晚终于不用担心被催债的电话吵醒了！

晚上，妈妈做了王啸最爱吃的饺子和排骨炖豆角。王啸心事重重，简单扒了几口饭就回房间了。妈妈担心地问道：“儿子，是不是不舒服？”

王啸摆摆手，说道：“没事，妈，我有点腿痛，我睡一会儿。”

“好，那你早点睡！”妈妈说道。

“好的，你也早点休息。”王啸说道。

明天注定是无法平静的一天，不知道怎么跟父母解释这么复杂的问题，原生家庭是跨越阶层最大的障碍，最可怕的还不是贫穷，而是观念。

王啸在东北一个边境小城市出生，爸爸在国企里做技术员，在那个时代，受大锅饭影响，很多人根本不思上进。很不幸，王啸的爸爸就是其中一员，本来是部里第一批培训的技术员，但是他连基础的技术都做不好，又好喝酒，别人奉承几句就轻飘飘的，不可一世。在王啸小时候的印象里，他爸总是喝得晕乎乎的，自己没本事、没见识，就更不可能懂得教育孩子了，什么事做得不对就是用皮带一顿打，人们都说爸爸是孩子眼里的第一个英雄，但王啸从小就对爸爸很失望，对爸爸的打骂式管教虽说不上憎恨，但是非常逆反，带着对小城市的厌恶和大城市的憧憬，整天想着长大了要去大城市赚大钱。

妈妈做过一段时间教师，后来有机会被调去外地任教，但是为了照顾家里的两个孩子，她放弃了，所以也错失了提干的机会。后来她在国企做二线地勤，1999 年那段时间，国企亏损严重，被下岗分流了，虽然后面二次返岗，但是一辈子也没能提干，非常遗憾。王啸的妈妈是个很能干的人，对孩子也非常宠爱，在那个物资匮乏的年代，妈妈对两个孩子已经用尽了全力。

王啸排行老二，有个姐姐，姐姐从小学习就好，是个学霸，家里人都喜欢她。王啸的成绩也过得去，只是跟姐姐的成绩比较起来忽高忽低。后来上了初中以后，正赶上国企困难时期，王啸父母的单位都发不出工资。眼看着当地的大学生一个月工资才几百块，还不如饭店里炒菜的厨师，所以王啸也无心读书，想着家里就这点钱，不如把机会留给姐姐。王啸一直的理想都只有一个——赚大钱，所以读到初三就退学去学了厨师，一路摸爬滚打，后来又去广东打工、创业才有今天的成绩。

妈妈这么多年为了这个家牺牲很多，哪怕是王啸当年创业、买房时，妈妈都从微薄的收入中拿出了相当一部分给予帮助，所以王啸对妈妈特别敬爱。现在出了这么大的事，他不敢面对妈妈，怕她承受不起。商场上的风风雨雨王啸都见惯了，有人暴富就有人破产，你想发财，自然就要冒风险，如果没有风险都能发大财，那这个世界早就没有穷人了。所以，王啸想着明天重点是怎么安抚好母亲，让她能基本接受这个事实，不至于情绪波动太大，影响身体。

次日早上起来，王啸看妈妈精神状态还可以，就找个理由让天天去楼下邻居家玩，同时也叫住了要出去打牌的爸爸，说道："爸、妈你们都在，我有件事跟你们说一下，你们坐下听我说。"

王啸叹一口气，低着头说道："相信你们也看出来了，我最近的经济状况非常不好，因为一些突发的意外情况，资金周转出了问题，我本想用贷款公司的短期贷款渡过难关，但是现在缺口比较大，可能需要把家里房子抵押出去，等过了这个难关再赎回来！"

"啊！这可怎么办？怎么会突然这样？"妈妈果然跟预想的一样情绪崩溃了。

王啸连忙安慰道："妈，没事的，我可以赚回来的！"

爸爸在旁边突然愤怒地暴跳如雷："你拿什么赚回来？有什么事都不提前跟家里面商量，出了问题了想起家里来了！你能有什么好事？肯定是炒股亏了，我早就跟你说炒股风险大，不要搞这个，你什么时候听过？你看楼下人家做电商的两口子生意多好！"

"你真是站着说话不腰疼，跟你商量，你会做生意吗？整天说别人家孩子怎么怎么样，我都没说别人家爸爸多威风、多有钱。三代人总有一代要努力，你不努力，只能我去拼搏，都像你一样自私'躺平'，当然不会犯什么错！我不想我儿子吃我一样的苦，80 年代大家都在同一起跑线，多好的努力奋斗机会啊，但是你在哪儿？自己有酒喝、有肉吃就心满意足了，什么时候尽到了家庭的责任？你以为把工资拿回家就叫负责任？”

王啸也被激怒了，把这么多年压在心底的话一股脑儿说了出来。

“今天我破产，所有人都可以指责我，唯独你不行，我本来有几百万元，如果我像你一样只想着自己，我早早就可以‘躺平’，你是没破产，但是你这辈子有过理想、承担过责任吗？你过去但凡有一点儿努力，也不至于穷到连狗都养不起！我就是要去拼，只有拼才有机会，我现在才 40 岁，如果这时候我摔倒了，还可能有机会爬起来！如果到五六十岁，我还有体力和智力去拼吗？社会在进步，到时还有我拼搏的机会吗？现在年轻人吃的用的你能懂多少？等我五六十岁以后，社会上年轻人基本都是高学历，到时用脑的行业有人工智能，出力的行业有各种机器人，我又拿什么跟他们去竞争？除了我妈，我对谁都没有愧疚！”

王啸继续发泄着内心的不满。爸爸被顶得说不出话，但是又不甘心地说道：“你为什么不好好做以前的家具材料贸易？”

“你以为说做就能做？市场你家开的？你在国企混了一辈子，坐井观天只会说大话，有没有踏踏实实地做成过一件有价值的事？做生意没有竞争者吗？客户又不是你专属的，凭什么要一直从你这儿买？市场统计 80% 的中小企业活不过 7 年，你以为都是老板不够努力吗？是市场给的条件就这样，一步一步被市场淘汰了！这些年一路上多少风风雨雨我都是自己扛着，因为我知道你既帮不上忙也给不了什么意见，我不羡慕人家爸爸给留了多少财产，我只想要有个爸爸能在我彷徨迷茫的时候给我出谋划策、指个方向，你行吗？我最悲催的是每一次都是摸着石头过河，靠着自己摔打才能总结点经验，等我明白过来，别人已经遥遥领先了。你以为我不知道什么行业能赚钱吗？问题是知道又有什么用？想做什么和能做什么是两回事！做事的前提是先看看自己手里有什么资源。我也知道飞在天上的老鹰好，但是我只是生长在鸡窝里的土鸡，光羡慕人家有什么用？命运看似有无穷无尽的选择，但是可以选择的数量却是由自身条件决定的，就像口袋里有一块钱你只能吃馒头，有10块钱你可以吃包子饺子，有100块钱可以吃各种炒菜，有1000块基本什么都能吃。所以我只能干这个！我也想安安稳稳地像姐夫一样，天天在家里躺着每月就有几万元租金收入，问题是人家也是前人栽树后人乘凉。你呢？你有没有为家族努力过？”

王啸一番话说得爸爸哑口无言。

“好了！不要吵了！你们还让不让我活了！”妈妈在一旁崩溃地怒道。

王啸闻言跪在妈妈面前，泣声道：“妈妈，对不起！儿子这么大了还让您费心，都是我的错，您别气坏了身体！”

妈妈无力地摆了摆手，流着泪说道：“扶我回房间躺会儿，我想一个人静静！”

“好的！”

王啸小心翼翼地把妈妈扶到房间，又把妈妈平时用的药放在床头。他不想此时再刺激妈妈，小心翼翼地关上房门退了出来。爸爸没有再说什么，也回了房间。王啸心情很沮丧，就去楼下超市买菜，想着一会儿自己做饭，让妈妈休息一下。到楼下之后，王啸看着超市熙熙攘攘的人群，第一次疑惑人生到底是追求理想幸福，还是平平淡淡本身原本就是幸福？正恍惚间，妈妈打电话过来问道：“你去哪了？”

“我在楼下超市买菜。”王啸小心翼翼地答道。

“你上来吧，我们有事跟你说！”妈妈平静地说道。

“好的，马上！”王啸挂了电话赶紧往家走。进门后，爸爸出去了，只有妈妈在。妈妈指了指桌上，说道：“儿子，你要的房产证在这，你现在大了，我们也老了，你的那些生意我们确实不懂，帮不了你什么，我们也很惭愧。”

王啸连忙解释道：“妈，你别这么说，我今天就是说气话。”

“是气话也是实话，你十几岁出去打工，确实吃了不少苦，有今天的成绩妈妈很高兴，不管未来怎么样，我希望你多考虑考虑天天，我们自己这点工资养活自己还可以，也帮不上大忙。”

妈妈说完从口袋里拿出一张卡，继续说道：“这个是你爸和我存的 10 万元钱，你先拿着用。你爸那人确实没出息，也不会做人，但是对儿子还是很关心的。他也是担心你，希望你别记恨他。以后的路怎么走，你自己看着办吧！”

妈妈说完站起身回了自己房间，王啸则心如刀绞。但是他知道必然会有这样一场争端，只能暗暗地发誓：“妈妈，我一定不会让你们失望的！”

这时手机突然响起提示音，王啸拿起了手机打开微信，置顶位置一个名为“须弥会”的群里有未读信息，打开一看，原来是群友在问：“本月是否还有聚会？”

王啸回复：“没有。”

群友继续问道：“那我们那只 JJ 股份停牌到什么时候？”

王啸回答：“放心吧，等消息就行。”

这个 16 人小群，是王啸这些年来在全国各行各业结识的大佬，这些人都有一个共同的爱好——投资股票。过去这段时间，王啸通过帮忙分析和指导，让大家都赚了不少钱，所以这次大家知道王啸做这只 JJ 股份，群里每个人拿了 200 万元跟投。除了王啸，群里 15 个人总计投了 3000 万元，目前每个人盈利 20 万元左右。对于这些人的身价来说，200 万元都是小钱，所以大家更多是投石问路，看看王啸能不能帮他们创造更大的价值，如果能，大家肯定会进一步拉近关系；如果不能，那未来的关系可能也就仅限于此了。由于他们都没有杠杆而且后面都有充裕的资金，就算出现 2 ~ 3 个跌停的暴跌，他们通过资金管理——补仓和做 T 也能摊低成本，最大的损失风险不超过 10%，所以王啸并不担心他们的问题。王啸自己的问题是 5 倍的杠杆导致只要向下 20% 就彻底爆仓。所以股市中才有句话：高手死于杠杆！

因此，这个阶段如果跟他们开口借钱，让他们对这只股票产生动摇，慌不择路地去乱卖，反倒会先让王啸被套死，这也是为什么王啸这次借款的对象大部分是圈外人。还是那句话，这是个只能锦上添花不能雪中送炭的圈子。这也是陈总不敢真正跟王啸翻脸的原因，他大概知道王啸有个高端人士群，但是里面的人他都接触不到，因为对他来说，自己就是开上奔驰 S600 也依然是个杀猪的。王啸自己也在想，如果现在还在做家具材料贸易会怎么样？自己以后怎么办？二次创业东山再起？现在还行吗？

第三章 创业往事

1999年，王啸刚满18岁，他从学校退学以后，学了两年厨师，但是觉得干餐饮并不适合自己。此时正是广东地区经济高速发展的时期。王啸的一个叔叔刚好半年前去了广东，已经在那边定居了下来，王啸便写信央求叔叔帮忙找工作。叔叔本就是热心人，和他感情也很好，很快就帮他找到了工作。

没多久，王啸便怀着雄心壮志登上火车，来到了梦想中的广东。初来乍到，各种不适应，加上年纪小又没文化，他吃了很多苦。但是困难并没有让王啸消沉，当地的高楼大厦和自己住的工棚让他深刻地感受了巨大的差距，刺激他更加努力地学习。他值夜班，早上下班后，别人都在睡觉，他却选择坐十几站公交车去图书馆看各种图书。在这期间，他迷上了成功学、方法论和情商管理，同时发现股票是有巨大机会的市场。他刻苦学习了两年多，整个人的思维方式焕然一新，为人处世也变得老道了，再也不是那个冲动鲁莽的少年了。在这期间他还考了机动车驾驶证，并且找到了一份新的工作，在一个家具材料公司做老板的司机。因为跟这个老板刚好是同乡，王啸在工作之余帮老板家里做了很多私事，加上学过厨师会煮饭，所以深得老板的喜欢和器重，不到半年就被提拔为采购员，混得风生水起。虽然还是没什么钱，但是见了世面，并且对整个行业的供应链有了充分的认识。

王啸为人处世公正廉洁，跟供应商关系也很融洽。5年后，这家公司整体迁往内地发展，但王啸已经落户在广东不能随行，所以陷入失业的窘境，于是开始在网上寻找适合的公司。刚好D市的越嘉公司在招聘有经验的采购，王啸抱着试试看的想法报了名。这一天，公司通知王啸过来面试。越嘉公司办公室设在D市最大的木材市场内，王啸因为经常在这里采购材料，所以对这里很熟悉，看了看短信上的地址，“越嘉公司，C座903室”，就是这里了，王啸推门进去，一个秘书迎了出来，问道：“请问您找谁？”

王啸礼貌地答道：“我找谢总，约好了今天面试。”

“好的，您跟我进来！”

秘书把王啸引进了里面的办公室，说道：“谢总，您约的人来了！”

只见一个黝黑消瘦的中年男子正在泡茶，看到王啸后客气地说道：“来，请坐，先喝茶。”

“好的，谢总。”王啸大大方方地坐下，接过茶抿了一口，说道：“好茶！这应该是今年铁观音的春茶。”

“哦？”谢总惊讶地看了看王啸，说道：“你很懂茶啊！”

王啸面带微笑地答道：“不敢说懂，整天在外面谈业务，基本不是喝茶就是喝酒，我不喜欢喝酒，对茶还是比较喜欢。”

谢总点了点头，问道：“你的大概情况我在网上通过个人简历了解过，如果我让你来做这个采购，你有什么具体的想法？”

“如果我做采购，优势就在于，我熟悉国内市场的供应链，知道每种产品最源头的工厂价格，这些品种我以前的公司都采购过，之前公司是终端用户，对里面的品质缺陷有全面的了解并有对应的方案。并且我跟这些工厂的老板都有不错的私人关系，也有利于工作的展开。”

王啸说完从背包里拿出一个笔记本，里面整整齐齐地记录了每种产品的特性、品质标准、供应厂家名单，还对每个厂家的优势做了分级处理。谢总拿过来看了非常高兴，说道：“你这个做得很详细啊。我是马来西亚人，我们总公司在越南，但是原料采购都在中国，以前每次来，因为不熟悉市场，都会被不同的供应商算计，所以我们决定在中国设个办事处来处理所有在中国的采购事宜。我们每年有 3000 万 ~ 5000 万元的采购需求，而且全部现金结算，你觉得怎么做才是最优的？”

“如果有这么大的采购量，又是现金结算，那么就有三个优势了：第一，可以从供应商中选择配合度最好的重点培养，给它长期订单支持，让它给我们最优惠的价格。第二，国内同业一般都是到货 30 天才结款，现金付款的话，可以从很多小供应商手中现金低价收货，因为小供应商的资金通常不宽裕，急需流动资金，所以只要不亏钱，它们都会卖。第三，避开行业规模最大的工厂，重点扶持排名第二、第三的工厂，因为规模最大的大家都知道，本身就有名牌效应，我们再把订单给它，对它来说影响不大，而排在其后的工厂接了我们的订单，会有机会超越排名第一的工厂，所以它们会更积极，配合度也会更好！”王啸向谢总解释道。

“嗯，你说得很不错！”谢总听得入神，思索了片刻，试探性地问道，“那么，你想要的待遇是多少？”

王啸知道，问到这个问题基本上就是有戏了，这份工作最有吸引力的还不是工资，而是如果能接手这么大的采购项目，那几年以后会培养一个很大的供应商网络，到时自己肯定有更大的发展机会。所以王啸非常谨慎地答道：“谢总，您叫我小王就好，至于薪水，现在市场普通工人多少钱，您就给我多少钱，三个月以后看看我给您公司节约了多少开支，您再从节约的开支里抽 5% 作为我以后的基础薪水，如果这三个月我都没能为公司节约成本，那我到时自动离职。您看这样可以吗？”

谢总听完后满意地点点头，这是个非常合理的要求，而且对公司来说只是给这个人一个机会而已，几乎没有试错成本，他越来越喜欢这个年轻人了。于是他下定决心，说道：“好，那就照你说的，我就叫你小王了，什么时候能来上班？”

“最快后天，明天整理一些东西，后天早上准时过来上班。”王啸说道。

“好，欢迎你加入我们公司！”谢总站起身，向王啸伸出手，王啸也抑制着内心的喜悦和谢总握手致谢。

“那我先走了，您忙！”王啸打了个招呼，识趣地退了出来。

他出来第一件事就是打电话给谢娟：“喂，亲爱的，我面试成功了！”

“啊，太好了！恭喜你！晚上回家给你做好吃的！”电话对面传来兴奋的声音。

谢娟是王啸的女朋友，两年前来到王啸当时所在的工厂，当时王啸已经做了采购员，平时不外出采购的时候都会在厂里转悠，帮老板巡视工厂，所以工厂的其他人也都还挺羡慕的。那天在车间第一次看到谢娟，王啸就觉得这个姑娘有意思，她把一对橱柜门产品完全做反了，做得全部都是一边，明明犯了大错，她自己却浑然不知，还在认真不停地做，王啸看到觉得非常好笑，好心走过去提醒，她才发现犯了错。

就这样，两个人慢慢熟悉了。当时男未婚女未嫁，自然而然就走到了一块。王啸 20 多岁，谢娟比王啸小几岁，刚满 19 岁，两个人在一块是因为彼此都是寂寞又冲动的年轻人。所以人生很奇怪，在 20 多岁懵懵懂懂的情况下选择终身伴侣，既对自己想要什么没有清晰的认知，也根本看不清对方，只是沉迷在两个人卿卿我我的状态下，幻想往后余生皆是如此。

王啸性格外向，脾气也急，谢娟性格内向，脾气较好，看上去刚好互补性格缺陷，但是生活中还是矛盾不少。好在谢娟当时比较听话，所以磕磕绊绊地还是一路走过来了。今天面试成功后，王啸很兴奋地第一时间打电话给谢娟。挂了电话，王啸回到出租屋收拾行李，准备后天去新公司报到。谢娟晚上下班回家刚要煮饭，王啸拦住她，说道："不要煮了，我们去外面找个地方吃顿饭庆祝一下！"

"好的，听你的。"谢娟乖巧地说道。

王啸带着谢娟打车去了当地一家有名的饭店，坐下后点了几道菜，王啸叫了一打啤酒，两人边喝边聊，谢娟问道："那个新的公司底薪给多少钱啊？"

王啸慢悠悠地说道："就基本底薪，没谈工资。"

谢娟闻言不满意地放下筷子，说道："那这样有什么意思？你去那边还离我很远，咱们以后还怎么相处？"

"亲爱的，你听我说，这是个大机会，如果我能在三个月内把他们的供应链完善，我在这个公司的地位就稳定了，将来就不是过去的几千块的工资了，至少 1 万元！"王啸信心满满地说道。

"别吹牛了，就你？人家能给 1 万多元的工资？你别忘了咱们都是没什么学历的，能找份不累的工作都不容易，你还想要那么高的工资，怎么可能？"谢娟难以置信地说道。

"我能帮他们创造价值，他们对国内市场、对整个行业都是一头雾水，需要我这样一个当地向导，来快速建立供应商网络。"王啸自信地说道。

"好，那祝你一切顺利！以后发达了不要忘了我。"谢娟笑盈盈地说道。

"当然，以后我要娶你做老婆！"王啸斩钉截铁地说道。

两人边喝边聊，不知不觉中酒至微醺，王啸看时间不早了，叫了辆出租车，两人一起回到出租屋。进门后看着简陋的小房间，只有 20 多平方米，也没有空调。夏天的广东异常炎热，只有一台风扇在努力嗡嗡作响地旋转，就像是对环境不屈的抗争。王啸心里暗暗发誓，自己一定要离开这里，带谢娟过上有尊严、幸福的日子！

次日上午，王啸爬起来，简单收拾了一下就去新公司的附近找房子。因为新公司离这里有几十公里，所以今天想把房子找好就搬家过去，方便第二天正式上班。王啸在新公司附近看了一圈，找了一个有空调的集体公寓，房间只有 20 多平方米，但是也算干净整洁，空调热水器一应俱全，每月租金 450 元，比现在住的地方贵了 200 块，但是以后要接触的供应商多，难免有上门的，住的条件不能太差，所以还是忍痛租了这间房。打工就是这样，在哪里工作就提着箱子搬哪里。安顿好一切，已经晚上 9 点多了，王啸拿出笔记本，开始设计采购方案，准备明天的工作计划。

第二天早上起来，王啸准时到达公司，跟新同事见面。谢总已经飞回马来西亚。办公室剩下 4 个人，大家分别做了自我介绍，分别是昨天见过的秘书何小姐、品控廖先生、总务田先生和财务陈小姐。陈小姐拿出一沓资料递给王啸，说道："王先生，这个是谢总让我交给你的采购计划。"

王啸接过资料，恭敬地说道："好的，谢谢大家，我先熟悉一下公司的采购情况，过几天跟大家汇报沟通！"

王啸知道，这里面分量最重的财务一定是老板的心腹，所以要是不跟她搞好关系，自己做什么都不可能顺利。简短会面之后，大家基本各忙各的，王啸窝在办公室里看资料，整理了大半天已经有了思路。根据王啸的经验，公司买的这些产品价格普遍偏高，这里面肯定有水分，王啸决定避开原有这些供应商，趁现在自己身份还没暴露，没多少人知道自己进了越嘉公司，直接跟自己过去熟悉的供应商做第一轮询价，确定品质标准。几轮询价过后，王啸又花了几天时间走访了很多供应商，确定了新的采购方案和计划，把方案直接发邮件报给还在马来西亚的谢总。这时已经是凌晨一点多了，王啸刚要休息，就听见手机响起，拿起一看正是谢总的来电。谢总说道：“小王啊，你的方案我看了，非常科学和详细，我很满意这个方案。如果按照这个方案，我们这个月的采购可以节约 20 多万元，执行上有什么问题吗？”

王啸担忧地说道：“执行上主要靠您的信任和支持，我希望你给我绝对的权力，因为这次的供应链调整肯定会引起原有供应商的不满，到时各种小报告满天飞是肯定避免不了的，如果您定力不够，三人成虎，那所有的努力都白费了！”

“你放心，我已经跟那边讲过了，采购的事你直接对我负责，不需要跟任何人解释！”谢总斩钉截铁地说道。

“好的！这样我就放心了，三个月后见成效！”王啸自信地说道。

“好，我等你好消息！”谢总满意地说道。

时间过得飞快，转眼三个月的时间就过去了。在王啸的努力下，公司的平均采购成本降低了 10%，三个月累计节约了 60 多万元。王啸也如愿拿到了每月 5% 的基础底薪，刚好 1 万元出头。这个表现非常惊艳，不仅远在马来西亚的谢总非常满意，连越南总公司都惊动了，派了一个业务经理过来嘉奖。本来王啸空降过来，中国办事处的同事还有很多不服气，现在业绩摆在这，大家都心服口服。王啸也非常会做人，从来不对同事落井下石，在业务上热心给同事帮忙。以前的供应商发现投诉无用、贿赂无门，也都开始服软靠拢。供应商有品质问题的，王啸处罚扣款绝不手软，但是只要不是故意的欺诈行为，王啸总会对扣款的供应商加大后续的订单，让他们有机会弥补损失，如果供应商延迟一天交货，公司这边就延迟三天付款。这些规则平衡了公司和供应商之间的利益关系，供应商暗地里对王啸也是非常感谢，所以合作进展得越来越顺利。

这一天，越南总公司的业务经理过来视察，此人叫王群阳，美国留学回来的，并且是公司股东的儿子，说来视察，其实更多是过来玩，王啸在之后的几天负责接待陪同。几天下来，不论是工作能力还是待人接物，王群阳对王啸都非常满意。他得知王啸并没有读过大学，更是觉得奇怪，两个人相谈甚欢。

王群阳这次来还有一个重要的目的。总公司在越南那边有个客户，公关了很久一直没有进展，换了几任业务都铩羽而归，所以这次派王群阳来不单纯是视察工作，这个客户的老板正在中国度假，他想利用这个机会来争取到这个客户。王群阳简单地跟王啸讲了一下客户的情况，又递给王啸一张照片，说道：

“张总，杰盛集团董事长，这是他的照片，他们的采购量大概是越南市场的 20%，有没有什么办法拿下这个客户？如果拿到这个订单，对你我都是大功一件！”

王啸看了一下照片，这是个体形肥胖的中年男子，戴一副眼镜，表情中透着威严，一看就是个不好说话的人。

“我来想想怎么办，我也没把握，他是不见我们吗？”王啸问道。

“是的！回避不见，不接电话，每次都是他的助理跟我们客套几句就没下文了，所以无从下手！”王群阳无可奈何地说道。

“这样的话就比较棘手，唯一的办法是找一个他无法躲避我们的地方把他堵在那儿几小时，这样看看能不能沟通好。”王啸说道。

王群阳好奇地问道：“哪有这种地方？总不能绑架他吧？”

王啸狡猾地笑道：“有的，而且还是合法的，比如飞机上！我们可以通过他的助理了解他们在哪家公司订机票，然后通过订机票的人知道他坐哪个位置，我们俩直接定在他旁边的位置，这样他就躲无可躲地要跟我们相处几小时了！”

“对啊！我怎么没想到？这招绝对可以，我来安排，你跟我一起飞！”王群阳兴奋地说道。

说着，王群阳就给对方助理打电话，假装自己联系不到旅游公司订票，对方毫无防备地说出了他们订票的公司。拿到电话号码后，王群阳对王啸说：“看你的了。”王啸以总公司以后把机票业务都委托给对方为诱饵，不费吹灰之力就拿到了张总的行程，“明天从广州飞大连，F30B”。于是，王群阳和王啸分别订了 F30A 和 F30C。一切准备就绪，王啸又问了几个对手的情况，发现都是些小工厂，于是对王群阳说道：“我们可以跟总公司请求给杰盛集团的结款周期延长到 90 天，因为他们公司的财务状况很好，并且我们在当地有完善的法律支持。那些对手都是小公司，从中国供货，一定不敢让账款结算时间太长，因为实力有限，一旦回款有问题就是跨国官司，小企业根本打不起这种天价官司！”

王群阳点点头，说道：“这招够狠，我马上跟总公司请示，应该没问题，这个杀招留到最后再放！”

两人商量好策略之后，各自去准备行程。

次日上午 10 点半，白云机场，王啸和王群阳准时登机，果然看到张总在悠闲地喝着咖啡。两人坐下后，王群阳想主动跟张总表明身份，因为如果聊一会儿再表明身份，会让客户有被欺骗的感觉，既然总是要摊牌，不如一开始就开诚布公地表达诚意。于是他大大方方地向张总自我介绍道：“张总您好！我是越嘉公司的王群阳，这位是我同事王啸，我以前去过贵司拜访了几次，您都不在，今天有机会遇到您，非常高兴！”

张总先是很惊讶，之后笑了笑说道：“恐怕不是偶遇吧？”

王群阳不置可否地笑了笑。

“坐吧，飞机又不是我的！”张总冷冷地说道。

王群阳和王啸也不敢多说话，乖乖地坐在一边，等飞机从跑道上直冲云霄。王群阳不敢再主动说话，看了看王啸。王啸摇摇头，指了指手机，王群阳接过手机，看到上面的信息：“就一个字，‘等’！我就不信 4 小时他能一直不说话，不要跟他谈生意，先说上话就好了！”

王群阳心领神会地点了点头。大概坐了有一个小时，空姐开始发放午餐。

“先生，您好，这是您的午餐！”

张总一声不吭地接过午餐，在自己的衣服口袋里摸了半天，发现降糖药放在皮箱里忘记随身携带了，如果不吃药，他是不敢吃这午餐的。他尴尬地向空姐问道：“小姐，请问有没有降糖药？”

“对不起，先生！我们没有这个，有需要可以广播问问其他乘客有没有。”空姐热情地建议道。

“张总，您看是这个吗？”王啸变戏法一样从皮包里拿出了一盒二甲双胍，递给了张总。

“你怎么有这个？”张总和王群阳异口同声地问道。

王啸解释道：“我爸有糖尿病，我给他买的，在包里放了一盒备用。”

张总点了点头，接过药吃了下去，说了声：“谢谢！”

王啸也没说话。三个人默默地吃完饭后，王啸突然开口说道：“张总，我想请教一个问题，您不跟我们公司买，自然有您的道理，一定是我们公司有什么做得不对的，您可以指出来让我们这些后辈改正缺点，就算做不成生意，至少也学点东西。”

张总犹豫了一下，说道：“好吧，我就把话说明白，你们总公司前段时间跑我们那边挖了很多技术工人，对我们的生产体系造成了困扰，所以我不想跟你们做任何生意。”

王群阳这才明白对方为什么一直把自己拒之门外。技术工人有的是，客户只有一个，为了这个事得罪客户简直得不偿失。王群阳想了一下，说道：“张总，您看这样好不好，我回去就把这些人聚集起来开个会，愿意回杰盛的我们绝不阻拦，不愿意回的，那您缺的技术人员来我们公司随意挑，生意场上合作比竞争更重要！我们跟贵司一直追求的是合作而不是竞争，这就是个误会。”

“嗯，能这样当然好！”张总满意地说道。

“但是我们现在的供应商服务得很好，我有什么理由换掉他们向你们买？”张总反问道。

王群阳耐心地解释道：“是这样的，张总，这个产品销到国外其实还是有一定风险的。您也知道，去年有同行送到美国的家具因为油漆未干，被客户扣了几百万美元，小供应商的品质不稳定，一旦出现问题，你前面省的成本后面就都要亏回去。您知道我们公司的实力，另外我们可以做到同等价位，品质更好，并且我们还可以给您 90 天的结款周期。”

张总听了这个也觉得很意外，笑道：“你不怕我工厂倒闭？”

“这么兢兢业业的老板，一定生意越来越好的。”王啸附和着说道。

“那行吧，等回越南以后，你来公司找我，大家订份合同！”张总愉快地说道。

王啸知道要趁热打铁，因为他一出差十几天，可能回来什么变数都有了！

“张总，我已经把合同带来了。”说着，王啸从皮包里拿出销售合同，“售价和数量一栏都是空着的，其他的您请过目。”王啸说完恭恭敬敬地递过合同。

张总笑了笑，说道：“后生可畏啊，好吧，今天就成全你们！”于是他爽快地签了一整年的合同给王群阳。

“今天是个值得庆祝的日子！”王啸说着，转身跟空姐要了几杯红酒，跟张总庆祝了一下。三人推杯换盏，气氛跟起飞时截然不同。

其间，张总对王群阳说道：“你这个助手不错，哪里找来的？”

“张总，他其实是我们中国区的采购。”王群阳解释道。

“采购？这么机灵，不做业务可惜了！”张总感叹道。

王啸也跟张总敬酒，恭维道："过奖了，主要还是张总您给我们年轻人机会！"

一路上大家相谈甚欢，下飞机直到送张总上了接他的汽车，王群阳才松口气，回头看看王啸，不解地问道："你怎么知道他有糖尿病？"

"赌呗，肥胖的人十有八九都有，他又是老板，工作压力巨大，有也不奇怪，一盒药几十块钱，真用不上，大不了给我爸！"王啸神采飞扬地说道。

"今天你立了大功！我只是沾了你的光，我会跟总公司反映，给你升职加薪！"王群阳开心地说道。

王啸这么多年一直有一个做事原则，就是不跟领导争功，连忙说道："别啊，业务是你的，我没做什么！"

"张总说得对，应该把你调到越南总公司来做业务，你等我跟总部反映，短时间恐怕不行，谢总估计也不会放你，但是我会尽量替你争取的。"王群阳若有所思地说道。

去总公司做业务意味着年薪几十万元，王啸当然想去，但是他也没法表态，只好违心地说道："我有今天都是谢总提拔，除非他让我去，不然我就老老实实跟着他。"

王群阳闻言更加欣赏王啸了，说道："嗯，有情有义，这样更好，来日方长，不急，今晚跟我不醉不归，我们今天喝个痛快，明天再飞广州可好？"

"我听领导安排！"王啸欣喜道。

大连因盛产海鲜而闻名，所以本地的日本料理店非常多，有个专门的聚集地。王群阳是台湾人，酷爱日本料理，大连他也不是第一次来，所以就订了一家叫牛角的日本料理店，这家店在日本是非常有名的连锁企业。两人进门后，发现屋里坐着很多讲日语的人，王啸不太喜欢吵闹的环境，刚要开口问王群阳要不要换个地方，突然那群人中有个人跟王群阳用中文打招呼：“王哥，你怎么在这？”

王群阳也是很诧异，自己不认识什么日本人啊，仔细一看，原来是越南林建股份有限公司老板的公子蔡志杰。王群阳打趣道：

“哈哈，原来是你这个假洋鬼子！”

两人走到一起握了握手又抱在一块，一看就是关系非同一般，王群阳想起王啸，就拉过蔡志杰介绍道：“这是我们中国区的采购王啸。”

“蔡总好。”王啸连忙恭敬地递上名片。

“不用客气啦。”蔡志杰接过名片看了看，问道，“你是主管采购的？那对中国市场应该很熟了？”

王啸想了想，谨慎地答道：“市场这么大，不敢说很熟，只能说我们的供应网络能发挥应有的作用，采购是第一步，如果采购做得不好，业务还没卖就输了一半。”

蔡志杰若有所思地点点头。

“不说这些了，你怎么在这儿？”王群阳问道。

“我在这很正常啊，昨天我在早稻田大学的学长结婚娶中国太太，她是大连人，我来参加婚礼，今天就和以前的同学在这聚会。倒是你们两个飞这么远跑这来，不是为了吃顿海鲜这么简单吧？”蔡志杰疑惑地问道。

“我们的正事忙完了，你们喝，我跟王啸就随便找个地方吃点。”王群阳说道。

“行，一会儿完事你打给我，你们住哪个酒店？我过去会合，有事请教你们。”蔡志杰说道。

“好的，一会儿联系！”王群阳和王啸走进里面的包房坐下。

“你想吃点什么？我请客。”王群阳说道。

“这可不行！我是东北人，应当尽地主之谊！”王啸干脆地拒绝。

“那好，晚上你来请。”王群阳道。

“好，我不会点这些，你看着点就行。”王啸说道。

王群阳向服务员交代了要点的菜。

不一会菜就上来了，两人边喝边聊，气氛越来越好，喝得也很尽兴。王群阳突然对王啸说道：“你我都姓王，我比你大 8 岁，我就叫你小王。你觉得成功人士主要靠什么？”

这个王啸当然清楚了，他看了那么多成功学的书，于是答道：“成功主要靠抓住机会和不懈地努力奋斗。”

王群阳闻言推心置腹地说道：“也对也不对，成功主要靠抓住真正的机会，顺应历史潮流趋势，如果没有这个，努力都是白费。冯唐易老，李广难封，自古都是如此。现在机会就摆在你面前，现在越南经济发展速度非常快，就像 20 年前的中国一样，每个真正聪明的人都是靠平台借势赚钱，而不是靠自己那点微薄的力量发展，努力固然重要，但是方向更重要！”

见王啸听罢若有所思，王群阳略带醉意地继续说道：“你等我回去打报告，有机会把你调到越南，去了跟我把贸易部做大做强！”

“难得领导不在乎我出身贫寒又没文化，这是我求之不得的事，感谢领导栽培！”说着王啸起身端起酒杯一饮而尽，表示感谢。

两人惺惺相惜，相谈甚欢，酒越喝越多，互相说了很多肝胆相照的话。王啸酒量有限，最后喝到完全失去记忆了。

第二天醒来，王啸发现自己睡在酒店房间，拿起手机刚要给王群阳打电话，发现了他的短信留言：

“小王，公司那边有急事，我早上和蔡志杰一起飞回越南了。你好好休息，等我好消息。”

王啸努力回想头一天的事，很多事情完全断片儿想不起来了，看看时间已经上午十点多了。这时谢总突然打来电话，问道：“小王，你在哪里？”

“我陪王总在大连，他已经回越南了，我今天回广州。”王啸回答道。

“好，晚上我们广州见面聊，我有重要的事找你！”谢总说完就挂了电话。

王啸心里忐忑不安，老板突然飞中国找我是好事还是坏事?

第四章　越南

1

广州白云机场，T3候机楼，王啸正紧张地在这里等待谢总，等他进一步的指示。他突然飞来让人挺意外的，以前有事都是电话和邮件联系，这次肯定有什么重大事件需要当面处理。看到航班信息提示落地后，王啸去买了一杯咖啡和一包烟，谢总的生活习惯离不开这些。等了不到15分钟，看到谢总推着行李出来，王啸忙迎上去，说道："谢总，一路辛苦了！"

"还好，飞机上睡了一会儿。"谢总轻松地说道。

看到谢总轻松的样子，王啸也跟着放松了下来，随手把烟和咖啡递给谢总。谢总看了看，高兴地说道："我忍了一路了，我们到外面去抽烟吧。"

说着他跟王啸大步流星地走出候机楼，来到外面的停车场。两人坐到车里各自点了一支烟。王啸不爱抽烟，但平时遇到应酬也会抽几支，只是没有烟瘾。

谢总一边抽烟一边说道："你最近做得很不错，公司供应网络现在不管是质量还是价格都开始有竞争力了。"

王啸谦虚地答道："都是老板的信任和提拔，我不过做些跑跑腿的工作。"

"你不用客气，好就是好，你证明了你的实力。听说你这次去大连还帮总公司接了个大单？"谢总疑惑地问道。

"不过是机缘巧合罢了，都是总公司的王经理运筹帷幄，我只是从旁协助他一下。”王啸说道。

“嗯，不管怎么说，你这次很露脸，你可能不知道，我只是公司的执行总裁，上面有董事长，他点名让你跟我去总部开个会。”谢总解释道。

“怎么这么突然？什么时候出发？”王啸问道。

“两天后，等你加急签证办好了，我们就飞越南。现在我们先回D市，你把我送到酒店，你也回家安顿一下，明天不用上班，陪陪女朋友，后天我们一起飞过去。”谢总说道。

“好的，您先睡一会儿，到酒店我叫您。”王啸一边回答一边稳稳地开着公司的奥迪轿车。路上虽然有点拥塞，但王啸还是发挥出职业司机的素质，让后面的谢总舒舒服服地睡到了酒店。

王啸下车把行李拿好，对谢总说道：“谢总，到了。”

“嗯，你把车留下吧，不用陪我，我要出去自己开就行，你也累了一天，回去休息一下吧。”谢总说道。

“好的，那您也早点休息，有事随时打我电话，我先走了。”

王啸说完就走出了酒店，在外面叫了辆出租车回到了宿舍。他静下心来思考这次越南之行，感觉应该是有百利而无一害，别说还有王群阳在那边照应，就算没有，自己这一段工作也没什么差池，所以安心地洗个澡睡觉去了。第二天，王啸给谢娟打了个电话说可能要出差几天。谢娟也没说什么，只是抱怨整天不在一块儿。王啸安慰了几句，说回来给她带礼物，才哄得电话那头的谢娟破涕为笑。放下电话，王啸又给主要的供应商分别打了电话，安排一下工作。不知不觉已经到下午了，王啸就打电话给谢总，问道：“您看要不要跟这些供应商一起吃顿饭，大家都彼此熟悉一下？”

“我正有此意，那就约晚上一起吧！”谢总说道。

晚宴之前，王啸特别叮嘱供应商们，大家不要跟他表现得太亲近，一切以谢总为主，敬酒要先敬谢总。一切安排妥当后，王啸就去酒店接谢总。在车上，谢总问了一下最近的工作安排，都比较满意。

聚餐的地方王啸定在D市的一个客家菜馆。谢总祖上是客家人，清朝末年下南洋去的马来西亚，所以王啸估计他对客家菜还是有所偏好，便提前点好了菜，客家豆腐、东江盐焗鸡、豆豉蒸排骨，梅菜扣肉，这些都是客家美食的代表，剩下点了一些海鲜。谢总本就为人和善、没有架子，所以跟这些供应商一见如故，现场气氛很融洽，大家喝了很多酒。王啸看准了时机站起身来端起酒杯说道："大家听我说几句，我首先感谢谢总给我机会，让我能有幸为谢总和越嘉公司效力！"说完他干了手中一杯三两多的白酒，现场一片掌声。王啸摆了摆手，又把酒倒满继续说道："其次，感谢诸位兄弟姐妹对我们公司的支持！"

说完他又干了一杯，现场再次一片欢呼。王啸又倒了第三杯酒走向谢总，恭敬地说道："我最感谢的是这辈子能遇到谢总这个伯乐，对我无条件地支持和信任！"

说完他要干第三杯。谢总的情绪也被带动起来了，拉着王啸说道："这第三杯我陪你喝！"

然后他转身面对大家说道："以后王啸就是我在中国的全权代表，希望大家多多支持他的工作！"

现场掌声如雷，过了差不多一小时，王啸感觉酒劲开始上头了，但是他也不好意思主动说退场，拉了一下旁边供应商的衣角，对方一下就明白了，站起来打圆场道："今天太晚了，我们让谢总他们先休息，咱们下次再好好聚一下。"

旁边的人也很配合地附和，晚宴就在这样愉快的氛围中结束了，王啸走过去低声跟谢总问道："您没事吧？"

"放心，我没醉，哈，你酒量不错，而且有酒胆。"谢总笑着说道。

“我乱喝的，一会儿酒劲上来就醉了！”王啸说道。

谢总看看时间不早了，对众人说道：“好了，大家各回各家吧，小王送我回去！”

“好的！”

王啸知道今天要喝酒，所以叫了一个朋友帮忙代驾。他把谢总安全地送回酒店休息去了，王啸自己回到宿舍倒下就一醉不起了！

次日早上 9 点，王啸准时到酒店跟谢总汇合，顺便带了一些护肝的保健药给谢总，两人碰面后直奔机场而去。在路上，王啸问道：

“谢总，现在越南这块业务是谁在管？”

“越南的业务是大卫在管，一个印度尼西亚的华侨。中国这边采购的原料除了自己工厂用一部分，还有一半都是卖给越南当地的同行工厂。”谢总解释道。

“那边的大老板是谁？是王群阳的爸爸吗？”王啸继续问道。

“不是的，是蔡敬易董事长，但是他不管，都是他儿子在管，叫蔡家闲，我们都叫他阿闲。他是真正的富二代，家里有几十亿元的资产，所以他对底下人比较简单粗暴，你去了要适应一下他的管理风格。”谢总说道。

“好的！”王啸随口答应，但也没想到后面会跟阿闲有那么多冲突。

2

越嘉公司总部坐落在胡志明市，工厂占地 100 万平方米，下属 5 个分厂，共有员工 5600 多人。王啸所在的贸易部只是公司的冰山一角。公司办公楼气派豪华，因为工厂太大，巡视都要用高尔夫球车。到办公室后，闲总的秘书出来说道：“闲总去视察工厂了，请你们先等一下，十点钟准时开会。”

谢总客气地回应道："好的。"

王啸一看这个架势，就打定主意少说话，一会儿多观察情况。他正在好奇地四处张望，突然看到一个熟悉的身影。

"哈哈，小王，欢迎你来总部学习！"

王啸看到竟是王群阳，兴奋地说道："是啊，想不到我们分开几天又见面了！"

王群阳解释道："闲总知道拿下了杰盛集团的单很开心，所以提出让你过来。"

"谢总，小王，你们先去我办公室喝茶。"王群阳热情地招待大家。大家坐下没一刻钟，就听到秘书喊："闲总回来了，麻烦大家来会议室开会。"来到会议室，上手位坐的就是闲总，戴一副厚厚的眼镜，穿着一身高尔夫球装，大大咧咧地坐在那，要不是戴了只百达斐丽的手表，谁也看不出是大老板！王啸识趣地坐在最后面，因为搞不懂这些人都是什么级别的，所以自己坐最后面肯定没错。只见王群阳在闲总耳边说了几句，闲总目光投向王啸，笑骂道："你跑那么远干吗？坐过来点儿！"

王啸只好硬着头皮坐在了闲总的左边。

闲总说了句："开始吧，请各部门汇报情况。"会议正式开始。

会议室一共有十几个人，分别是家具成品、石材、木料、五金、板材等项目的负责人。众人依次汇报情况，闲总时而点头时而怒斥，整间办公室充满了紧张的气氛，终于轮到王啸所在的薄片部门了，原以为是谢总发言，结果是一个讲着带浓重外国口音中文的人发言，谢总低声跟王啸说道："这个就是大卫。"

"这普通话果然很普通。"王啸心想。大卫重点讲了最近市场因为供应链管理出色，成本和质量控制都好，以前很多不能做的生意突然之间有了竞争力，可以做了。这等于是在变相夸王啸，闲总听完点点头，突然转身对着王啸说道："桦木的供应商有哪几家？"

这些王啸都烂熟于心，张口便答道："程老板、李老板、陈老板，这三家国内做得最大！"

"我们跟哪家采购最多？"闲总继续问道。

"程老板。"王啸如实回答。

闲总冷笑着，突然命令道："开免提打给他，就说你买这么多货，回扣什么时候给？"

闲总此话一出，众人都面面相觑，整个办公室瞬间静到一根针掉下来都能听到！

王啸倒没怎么紧张，因为确实没拿回扣，所以也不怕查，只是怕程老板误会了到时乱说话，但现在如箭在弦，不打电话也不行，所以他故作镇定地打给程老板，打开了免提："程总，你好，我是王啸！"

王啸平时打给程老板都不是这么正式，都是开口叫老程，怎么怎么样，所以他故意搞得非常正式，希望对方能听懂弦外之音，不至于乱说话。

"哦，王总啊，什么指示？"程总一本正经地回话，很明显是听出王啸说话不方便。

"没事，就是前面出了这么多货，你是不是该给我点儿回扣啊？"王啸语气平淡地说道。

明明说话不方便，还要回扣？程总瞬间明白了王啸不是真要回扣的意思！于是他一本正经地说道："咱们合作时你不是说了吗？要阳光透明，所以报给你们公司的就是底价，你要回扣我做不了的，我们公司也不干这种事！"

王啸看了看闲总，只见他点点头，王啸说道："逗你的，别当真，没事我挂了！"说完挂上了电话。

闲总指了指王啸对众人说道："看到没？你们知道我为什么要调王啸过来？我就是让你们看看人家采购做得多清廉！我们内部拿回

扣的风气已经愈演愈烈了。明天你们其中有些人要是能主动向我说明，我尚能网开一面，不然我就不客气了！”

王啸心中暗道：“不好！你这不是拿我当枪使，一来就让我惹众怒吗？”又听闲总继续说道：“现在的采购价格已经有优势了，我们应该向印尼市场发展！”大卫本来就是印尼人，巴不得回去，马上附和说道：“闲总高明！趁现在别人还没反应过来，我有信心打开市场！”

“那原本的越南薄片业务怎么办？”王群阳问道。

“这不有王啸嘛，杰盛的张总他都能拿下，还有什么业务做不了？”闲总轻松地说道。

谢总在旁边暗暗叫苦，可是又不敢说什么。王啸知道，如果这个时候马上就倒向闲总，只会让他和谢总都看不起，于是说道：“我听谢总安排，公司让我做什么我就做什么。”

谢总一看这局面也不好再说什么了，于是对王啸说道：“既然闲总看得起你，你以后就过来做业务吧。”

说完转身对闲总说道：“闲总，我那边也暂时离不开他，可不可以让他回去帮我做三个月，等新来的采购顺利交接，我再让他过来！”

闲总一锤定音，说道：“没问题，就这么定了，散会！”

散会后，王群阳走过来对王啸说道：“小王，恭喜你，以后你过来就跟着我。”

“好的！”王啸知道，这时候一定要跟谢总在一起，不然他容易误会，所以跟王群阳打了招呼就出来了。

出门后谢总说道：“小王，你要好好做，别给我丢人！”

王啸知道这是送顺水人情，马上殷勤地答道：“谢总，采购的事只要有需要，随时找我，现在供应商网络已经很全面了，后面来的采购只要不贪心、跟好单就行，如果有什么需要我出面的，我随时可以处理。”

谢总听王啸这么说，情绪明显好了很多，对王啸说道：“好了，你去休息吧，咱们明天回中国！”

当晚，王啸被王群阳拉去喝酒道别，却没有叫谢总。进入公司才三个月，王啸已经从普通职员变成了老板面前的红人，真是恍若隔世。

第二天，王啸和谢总一大早飞回中国。谢总把他侄儿从马来西亚调来中国跟王啸学习采购，王啸一边教他一边准备去越南的事。转眼间又快三个月了，王啸把谢娟也接来一起居住，领了结婚证，并把她安排在一个供应商的工厂里上班，负责仓库发货。

这天回来，谢娟突然跟王啸说道：“我有一个好消息！你猜猜？”

“我猜不到，你涨工资了？”王啸说道。

“不是！”谢娟不满意地说道。

“那什么好消息，莫不是怀孕了？”王啸开玩笑道。

“嗯，是有了！”谢娟红着脸说道。

王啸突然觉得血往上涌：“我要当爸爸了！”说着欣喜若狂地抱着谢娟，突然又想到什么，又赶紧放下摸了摸她的肚子，恐怕惊吓了宝宝，拿起电话兴奋地跟老家妈妈报喜。妈妈也很高兴：“既然如此，你们已经登记了，赶紧把结婚仪式办了吧！不然孩子生下来也就没时间办了。”就这样，两人请了假，分别去双方老家办了结婚酒席才回来。越南那边一直在催王啸过去述职，两人新婚燕尔，却又不得不分居两地。还好有妈妈帮忙照顾，王啸倒也不担心，跟谢总请示后，告别家人，直飞越嘉公司总部！

3

王啸下飞机后，越嘉公司总部的车已经在机场等候多时了。上车后，王群阳热情地伸出手，说道："小王，欢迎你正式加入贸易部！"

王啸激动地回握，说道："以后要跟您多学习，有什么做得不好的，请多关照！"

王群阳笑道："自己兄弟，不用客气，以后私下你就是我弟弟，公司明面上保持个上下级关系就行。"

王啸欣喜道："好的，谢谢哥哥。"

王群阳继续说道："接下来我先带你熟悉一下客户，第一个月不用急，先跟客户建立关系，接单的事后面顺其自然就好。"

"好的！"王啸说道。

就这样，王啸跟王群阳开始对客户例行拜访。王啸每到一处都虚心地拜访客户，坚持少说多听的原则，他本就是采购出身，又在终端工厂干过，在业务上比以前的大卫更加优秀，他太了解这些采购的心理了，所以每次都应对得非常得体。经过一个多月的走访，王啸基本了解了情况，并和王群阳在跟闲总开会时提出了新的发展计划。

第一就是积极开发财务状况良好的新客户。

第二就是在老客户的基础上开发新产品。过去的业务人员基本都在办公室谈生意，而王啸坚持到现场去走一走。这样有两个好处：一是可以看到客户的真实需要和库存情况，比如客户有需求但没向越嘉下单，王啸会组织供应商争取价格优势来切入订单；二是根据客户库存情况，一旦发现库存不多就主动跟客户推销，这样保持客户仓库的爆满状态，在库存爆满的情况下，别的对手即使报价也不会引起客户的兴趣，因为客户已经被喂饱了。

另外，对于一些攻不进去的客户，王啸的理论是先挤进去拿一张门票，拿客户需求量最少的品种低价做进去，成为对方的供应商，然后再慢慢蚕食客户用量大的产品，从而获得利润。

闲总听后很满意地说道："就照这个策略执行，整个贸易部推广并学习这个策略。"

表面上这个发展计划是王群阳跟着一起提出的，但是闲总明白为什么王啸没来之前他没有提这个计划，知道实际的设计者还是王啸，所以在会议上当场表示："今年王啸负责业务所得纯利总数的5%作为王啸的年薪，也就是说，帮公司赚1000万元，王啸可以拿50万元的年薪。"这是个挑战，也是巨大的机会。

重赏之下，必有勇夫。王啸第一个想到要开发的新客户就是林建公司的蔡志杰。他是老板的公子，但是采购权却不在他手上，他只负责公司的财务管理，上次在大连他本来要找王啸谈事情，但是那天王啸醉得不省人事。所以王啸拜访蔡志杰时，一进门他就笑道："哈哈，你到底还是来越南了，上次打电话给你，你醉得连话都说不清楚。"

王啸脸一红，故意卖惨地说道："别提了，我这点酒量扛不住。我今天是有正事跟你谈，我初来乍到，要开展业务，蔡总关照一下，给点单子救命吧！"

蔡志杰迟疑了一下，说道："这个都是我舅舅在管，我没负责这块业务。之前他总说你们的质量不行，所以我也不了解其中的内情。"

王啸从语气中感觉到他心有不甘，就顺势说道："那生意不做，中午请我吃顿饭应该可以吧？"

"当然，我带你去吃火锅。"蔡志杰说道。

两人开车来到公司附近的一个火锅店，随便点了个麻辣火锅。

王啸意不在此，是想拉着蔡志杰喝酒，等他酒后吐真言，再看看到底有什么问题。两人一边喝一边聊，一开始还互相有点防备，后面越喝越开心，大家就打开天窗说亮话。原来蔡志杰的舅舅一直以他不熟悉产品质量也不熟悉中国市场为借口，不让他染指采购，所以蔡志杰上次在大连就想拉拢王啸帮他，结果王啸喝多了没办法谈。这次他跟王啸直接开门见山地说道："小王，你说要什么条件可以帮我？"

王啸心里也没底，问道："可以给我看看你们家采购的价格和数量吗？"

"可以！"蔡志杰说着，拿出笔记本电脑，里面罗列着各种产品的明细和供应商资料，其中有很多也是越嘉公司的供货商，但是看到价格，王啸大吃一惊，他们的平均采购价格比越嘉高 30%。王啸看完默不作声，很明显，他舅舅从中拿了很多回扣，但这是人家的家事，王啸也不好明说。蔡志杰一看王啸表情，就知道采购价格有问题，于是问道："小王你就跟我说高多少？ 10% 够不够？ 20%？"

看王啸还是沉默，蔡志杰有点坐不住了，追问道："你别跟我说 30%！"

王啸想了想，说道："这样，你挑一个供应商出来，我打电话给他，你现场录音，到时你就明白了！"

蔡志杰随意挑了一个，王啸打电话过去，果然寒暄几句过后，王啸咨询的价格比他们低 30%。蔡志杰铁青着脸听完了通话，怒道："太过分了！这是我亲舅啊，工厂都没这么高利润！"

他气得手微微发抖，缓了好一会儿跟王啸说道："你看这样行不行，以后我们公司所有的采购都委托给你们，然后你们固定赚我 5% 的利润，这样等同大家联合采购，你每年至少多 1000 多万元的订单。"

这种条件王啸求之不得，于是爽快地答应了！

第二天，蔡志杰回去跟他舅舅摊牌，并播放了录音，顺利地拿回了采购权。经过此事，他对王啸非常看重，后期更是成了王啸背后的主要投资人之一。

拿下了林建公司的订单后没多久，王啸又遇到了另一个难缠的对手。天顺公司也是一直不向越嘉公司采购，王啸苦寻了很久的机会未果，据说给天顺供货的供货商黄总跟天顺公司的许总关系很好，既然这层关系比不了，那就拼供应链。王啸开始紧盯黄总在中国跟谁买货。终于有一天，一个跟王啸私交很好的供应商向王啸反映，黄总跟他订了很多苦楝木薄片，这种材料很冷门，全中国只有他一家供应商在做。于是，王啸决定釜底抽薪，直接抢先买断这个供应商两个月内所有的现货，让他短时间内没有货交给黄总，这样倒逼许总向越嘉公司订货，同时会给黄总公司造成实力不济的对外印象。果然，这边黄总接了订单，快 20 天了还交不了货。王啸趁机去拜访天顺公司的许总，言谈之间说自己这边什么货都有，许总这边正发愁苦楝木的原料问题，国外订单一直在催，就随口问道："你们越嘉有苦楝木薄片现货吗？"

"有的，要多少有多少！"王啸答道。

许总明显不信，因为黄总跟他讲市场缺货厉害，于是追问道："那多久能交货？"

"5 天可以到港。"王啸自信满满地说道。

许总一惊，手上的烟差点掉下来，郑重其事地说道："你别开玩笑哦！"

王啸认真地看着许总，说道："我做生意从不开玩笑！"

许总闻言欣喜道："那好，你帮我准备 3 个 40 尺货柜，我要 5 天到港，价格以前我买是 6 块钱每平方米，现在急用，只要能按时到货，价格高一点点我也能接受！"

"那怎么行？我把您当朋友，您有急用我就是不赚钱也不可能趁机跟您涨价，这不是我做人的风格！”王啸一脸真诚地说道。

许总很开心，安排秘书准备了合同，跟王啸签约后还留他吃了午饭，两个人谈得很不错。王啸离开后，马上通知中国供应商发货，供应商也很开心，因为这次买的量比黄总订的要多一倍，因为许总怕再断货，所以增加了采购数量。这次王啸全胜而归，王群阳知道后也替他感到高兴。不仅如此，因为王啸深入客户现场，发现了客户的很多潜在需求，所以对原本的老客户开发新产品的效果也非常显著，订单平均增长了 50%。王群阳决定要带王啸庆祝一下，于是来到当地最大的 KTV，订了最大的包房，刚点了酒坐下，就听到外面一群人吵吵闹闹地走了进来，原来是走错了房间。王啸刚想发火，仔细一看，其中那个老者不是自己一直想开发的大客户洪森集团的李董事长吗？于是王啸连忙起身迎去，掏出名片恭恭敬敬地递上说道：“李董您好！”

对方一脸茫然，明显不认识他。

王啸连忙解释道：“我是越嘉公司的小王，之前去您公司拜访过，都是办公室的秘书接待的，所以您没见过我。”

“哦，我们打完球忘记订房了，走错了房间，不好意思！”李董非常客气地说道。

“不敢不敢，您是前辈，又这么多人，我们就三个人，我们换去隔壁玩就好。”说着王啸叫服务员开始搬自己的酒杯果盘。

“那怎么好意思！”李董嘴上说着，但是这么多人看着，他还是觉得非常有面子，连个不认识的小伙子都知道恭恭敬敬地礼让他。王啸跟李董寒暄了几句就退出包房，去了隔壁的小包间。

喝到中途，王啸想了想跟服务员说道：“把我们公司的酒卡拿过来，我要 4 支红酒。”

王啸拉着王群阳说道：“咱们再去敬一圈酒，反正包房都让了，看看能不能交几个朋友！”

说着两人提着4支红酒开始轮番敬酒。王啸知道李董酷爱打高尔夫球，于是请教了他很多关于打高尔夫球的技巧。李董很开心，一边教一边喝，就这样一直喝到了半夜。王啸把李董扶上接他的汽车，正要告别，李董突然说道："你是越嘉公司小王对吧？"

"是的，李董，您有什么吩咐？"

李董没说话，掏出刚才王啸给的名片，跟司机要了支笔，在背面签名，回头对王啸说道："以后想要跟我们公司做生意就直接找周副总，明天你去找他，把名片给他就行，具体的事你们谈，我早就不管这些了。"

王啸大喜过望，目送李董的车离开，想不到喝个酒都能捡个大客户。王群阳也很开心地说道："小王，去我们家，咱们继续喝！"说着叫司机载着他们一路回到家。

王群阳住在守德高尔夫球场旁边的别墅里，环境非常好。到家了之后，菲佣迎出来帮忙把王群阳扶到卧室，他已经完全醉了。王啸被安排在楼下的客房休息，第二天醒来已经快十点了，他收拾一下，让司机把自己送到了洪森集团，让秘书小姐转达说自己想拜访一下周副总，结果对方却说周副总今天约满了，没办法接待。王啸突然想起那张名片，忙拿出来递给秘书小姐，对方疑惑地接过来一看背面，脸色一变就跑进了周副总办公室。不一会儿，周副总就出来了，一边热情地安排秘书小姐倒茶，一边解释道："今天开会很忙，刚刚才结束。"

王啸跟周副总寒暄了几句，就进入正题。出乎意料的是，周副总并没有过分地打压价格，只是在交货期上要求比较严格。洽谈进行得非常顺利，王啸最终接到了洪森集团下半年的采购订单。

签约之后，王啸又顺道拜访了杰盛集团的张总，因为他们两家公司相距不远。之后，王啸返回王群阳家向他汇报，他昨晚喝得太醉，今天没有出门。王啸大概算了一下，按目前的情况，从王啸的业务中，公司大概能赚 1000 万元，王啸应该能分红 50 万元，这是他以前想都不敢想的收入。

他现在终于有信心可以让家人过上幸福的好日子了！家里谢娟也已经怀孕待产，王啸跟公司请假回去陪产，一切都那么顺风顺水。回去后不久，谢娟顺利产下男婴，王啸取名叫天天。在儿子满月后，王啸依依不舍地辞别老婆孩子，返回越南继续工作。

就这样春去秋来，眨眼过了一年，年底将至，王啸的业务越做越好，跟王群阳和蔡志杰的关系也近如兄弟，正当王啸心心念念地盼着拿到分红的 50 多万元，回国买房买车的时候，突然接到闲总打来的电话，通知他当晚全体开会。

王啸兴高采烈地往公司赶，却见王群阳脸色苍白。

“怎么了？发生什么事了？”王啸问道。

“等下无论发生什么，你都不要太激动。”王群阳不无担心地说道。

“什么意思？”王啸突然有种不祥的预感。

第五章　逼上梁山

1

在越嘉公司总部会议室，王啸和王群阳感觉气氛很古怪，大家都静静地坐着不说话。王啸觉得自己工作上没什么问题，所以也没多想，还是照例坐在后面。不一会儿，闲总走进来，会议正式开始，还是跟往常一样地汇报工作。

大家依次汇报完毕，闲总说："过去的一年大家都辛苦了，根据各部门业务的完成情况，公司的年薪分红有所调整，不是今年新开发客户的业绩，不计入分红标准！"

王啸听到后简直不敢相信自己的耳朵，因为这意味着他一半以上的业绩都被取消了！也就是说，今年的业绩分红只能拿到25万元。他想站起来问问闲总为什么。但是王群阳在底下偷偷地拉住了他。就这样，王啸强忍着不满，等到了会议结束。闲总刚要走，王啸说："闲总，我有事情汇报，麻烦您等我一下。"

王群阳一看拦不住，就低声对王啸说："不要冲动，来日方长。"说完也走了出去。

王啸"嗯"了一声。等所有人都走完，闲总不等王啸说话就抢先开口说："我知道你想问什么，那些固定的客户，本来就会买，不应该算你们的业绩。"

"那如果这样，我丢掉这些客户也算正常？因为这些本来就应该买的，不买跟我没关系？"王啸反问道。

"公司现有的客户，如果做丢了，是你业务的失职，当然要处罚！”闲总傲慢地说道。

“做了没奖励，丢了却要处罚，哪有这样的道理？我在老客户基础上开发的新产品，这个都是我自己的努力，为什么也没奖励？”王啸争辩道。

“我实话跟你说吧，你一个新来的基层员工，要领50万元薪水，收入比现在公司有些高层都高，会引起公司整个管理层的不满，所以只有牺牲你。”闲总面有难色地说道。

“好吧，您这样说我就知道了。”王啸强忍着怒火说道。“那没事我先出去了。”他说完就头也不回地走出了会议室。

王群阳在外面车里等他。

“你是不是早就知道了？”王啸对王群阳问道。

王群阳说：“我也是早上才知道，因为你的薪水超过了公司总部所有中层干部的薪水，甚至比一些高层的都高，董事会要平衡这些高管的情绪，只好牺牲你。”

“公司不以赚钱能力为考核，而以高低等级为核心，你觉得这样的公司有前途吗？”王啸愤怒地问道。

王群阳说：“我知道你受委屈了，看看以后找个机会来弥补。”

“算了，我退出！”王啸斩钉截铁地说。

“我要自己创业，既然公司认为客户都是公司的固定资产，那我也没有发展的舞台，与其坐以待毙，不如拼死一搏！”王啸说道。

“我知道这件事公司做得不对，具体的事你自己拿主意，不管你在不在公司，你都是我弟弟！”王群阳真诚地说道。

“谢谢，我去准备我自己的路了。”王啸沉声说道。

回到宿舍，王啸开始计算自己跳出公司单干的可能性。

第一，贸易公司启动资金至少需要100万元，自己只有10万元，从哪里解决资金缺口问题？

第二，供应商有多少能支持自己？如果供应商能给到优惠的价格和 30 天以上的结款周期，那操作起来就容易多了！

第三，有多少客户能支持自己？新客户跟自己私人关系很好，王啸比较有把握，老客户那边如果能把开发的新产品带走，也有很可观的利润。

王啸把整件事做了反复的推演，最后得出了一个方案，即先跟供应商吹吹风，看看供应这边什么情况，如果供应没问题，就有小一半的成功机会了；其次解决钱的问题，拿了分红，加上自己原本的 10 万元，就有 35 万元了，如果可以借到 100 万元，自己就有一半的成功机会；最后跟客户坦白，看客户的反应，如果能有一半客户支持自己，那起码有七成以上的成功机会，如果有七成的成功机会，就值得奋力一拼。打定了主意以后，王啸就开始积极联络供应商。对这些人，王啸再熟悉不过，他们最关心两件事：一个是有没有订单，另一个是能不能及时回款。

王啸需要先在主要供应商这边获得支持，这样一些中小供应商就会望风跟随。同时，这两个月先不能帮公司接订单了，这样客户就有一个空仓期，如此可以为自己离开公司后创造订单需求，同时也给供应商创造公司订单已经被王啸抢走的假象。王啸用了两周的时间对供应商进行摸底调查，大概确定了主要供应商基本是站在自己这边的。因为王啸做采购时从没有为难过他们，做事也兢兢业业，所以他们对王啸的人品非常认可。这样下一步就是看怎么解决钱的问题，王啸为此想到了蔡志杰，便找了个理由约他。

王啸打电话说："杰哥，中午有空吗，陪我出来吃顿饭。"

"行啊，你怎么今天这么有空？"蔡志杰惊奇地问道。

"心情不好，出来陪我喝酒。"王啸故意说道。

"好，你来我公司，一会儿我们一起去。"蔡志杰说。

"好，见面聊。"王啸说道。

两人碰面后寒暄了几句，蔡志杰问道："你想吃点什么？"

"无所谓，只是有点闷，想找你喝酒。"王啸郁闷地回应道。

"那跟我吃火锅吧，简单，就上次那家。"蔡志杰说完，就叫司机把两人送到了上次那家重庆火锅，随便点了些东西，坐定了问道："出什么事了，我看你情绪不对啊？"

王啸简单地把薪水的事跟蔡志杰说了说。

"怎么可以这样？你们也是大集团公司，老板说话都不算数，那底下的人怎么可能努力工作！"蔡志杰愤慨道。

王啸无奈地说道："我也没想到会变成这样，我不想做了，想自己出来创业！"

蔡志杰拿起酒杯说道："我先恭喜你，你出来我肯定全力支持你，我家的订单都是你的！"

"感谢杰哥，另外，我还有个资金缺口，想你帮我一下，我每年的纯利不超过 50%，如果一人一半的话也就是每个人 25%，我想向你融资 100 万元，按每个月 2% 的利率分红，全年是 24%，这样账目就比较简单，只是我现在身无长物，没什么资产能担保这 100 万元。"王啸说着低下了头。

"钱是小事，就凭你这个人，在我心里就不止 100 万元，什么时候要钱？我们立个合同就行。"蔡志杰大方地说道。

王啸没想到他最担心的融资问题解决得如此顺利，心头大喜，举起酒杯，对着蔡志杰一饮而尽，表示感谢。

"不只是这个，以后你无论投资什么，我都是你身后的投资人。"蔡志杰郑重地说道。

两个人越说越投机，只觉相见恨晚，从中午一直喝到晚上 10 点多，蔡志杰拉王啸去家里别墅做客，并且让管家专门准备了一个房间给王啸，让王啸以后来越南都住这边。

第二天，王啸睡醒已经是中午，担心蔡志杰不记得昨天的承诺，又跟他重复了一遍计划，蔡志杰表示自己昨天没醉，让王啸大胆去做就是了。

有了资金就有了底气，就算老供应商不支持，也可以开发新的供应商，王啸开始试探性地了解有多少客户会支持自己。他先在供应商这边宣传大部分客户都会跟自己走，这样供应商怕丢掉客户，就会支持自己；然后又在客户这边宣传大部分供应商都支持自己，客户也不想丢掉稳定的供应商。王啸提出，在原本越嘉公司销售价的基础上降价 2%，供应商那边在越嘉公司采购价的基础上提价 2%，但是付款条件是到货 30 天付款，这样的好处是可以有效放大资金杠杆。

如此，客户和供应商两边都得到了好处，并且两边都以为对方已经倒戈，自己不得不支持王啸，所以计划进行得非常顺利，不仅王啸新开发的客户全部支持他自己创业，连公司的老客户也有一半暗地里把订单留给了王啸。就这样，在年底休假之前，王啸领到了分红的 25 万元，就跟闲总递交了辞职信。闲总虽然有点惊讶，但是并没有产生警觉，他觉得王啸一来没钱，二来对市场和客户的接触时间太短，没办法跟公司竞争，所以稍加犹豫就痛快地批准了王啸的辞职请求。

等谢总知道王啸辞职后已经来不及阻拦了，王啸跟谢总讲明了原因，谢总也表示理解。适逢春节，王啸回国后马不停蹄地跟供应商谈判、订货。因为都是老朋友，王啸从供应商这里获得了大量的支持，所以春节假期一结束，王啸就已经发出了近千万元的订单，越嘉公司那边因为新上任的采购是谢总临时调过来的侄儿，他做采购业务的方法都是王啸教的，所以业务上完全不是对手。

很快，半年之后，因为中国区的项目亏损累累，这块业务被越嘉公司总部彻底停止了，王啸顺利地接收了这个项目原有的所有资源，把生意做得风生水起。

随着时间的推移，王啸很快赚到了自己的第一个 100 万元，资金也越来越充裕。这时，越南市场开始流行一种叫相思木的薄片，销量非常好，主要是在越南本地采伐、加工。王啸经过跟踪研究发现，这种产品竟然有 40% 的毛利率，并且潜在市场会越来越大，本地的原料已经供应不足了。既然是越南有的，那我国邻近越南的海南和广西也一定有。王啸决定回国拓展这个供应链。这个想法如果可以实现，将产生巨大的可持续收益。

首先要解决的是加工厂的问题。在选择加工厂的过程中，王啸结识了森德木业的马总，他年龄与王啸相近，聪明大气，对合作商表现得积极有诚意，王啸跟他很合得来。

两人兵分两路，马总去海南、王啸去广西找相思木原木，经过一个多月，马总终于在海南找到了一家专门做相思木的工厂福栖木业，于是通知王啸一起过去看原材料。到了产地之后，他们发现供应商的生产规模很大，以王啸目前订单的用量，根本不足以引起供应商的重视，哪怕是想见见福栖木业的老板都非常困难。王啸灵机一动，故意在当地放风声说自己要在当地租厂房加工相思木，还经常抬高价格收购产地的木头。果然，没多久，福栖木业的老板就主动打电话约王啸。

“您好，是王总吗？我是福栖木业的老板，我叫梁国荣，想约您一块吃顿饭，您看什么时候方便？”电话那头梁总客气地说道。

“梁总，您好，我是王啸，吃饭随时欢迎啊，时间地点您挑，我请客！”王啸也热情地回应道。

“我看择日不如撞日，就今晚 7 点吧，在莆田海鲜酒楼，不见不散！”梁总说道。

“客随主便，您是这里的东家，那我就恭敬不如从命了，晚上见！”王啸说完轻轻地挂断电话。

“鱼终于上钩了！”王啸兴奋地跟马总说道。

“晚上吃饭你就表明身份，说准备投资建加工厂，我是跟你合作，咱俩唱个双簧给梁总看。”王啸狡猾地笑道。

晚上 7 点，莆田海鲜酒楼，王啸和马总被服务员引到 VIP 包房。桌上摆满了各式各样的海鲜大餐，坐在主位的一个红光满面的人热情地伸出手打招呼。不用说王啸也知道，此人必是梁总，走过去跟他握了握手回礼，并转身介绍马总给他认识。三人坐下寒暄了几句，梁总就开门见山地对王啸说道：“早就听说王总你们要来这边做相思木，只是我最近不在海南，所以一回来就想跟你们聊聊，看看大家怎么合作赚钱。”

“我们初来乍到不懂规矩，有什么不对的地方梁总多担待。”说着王啸举起杯敬了梁总一杯。

“不敢，我听说你们收货的价格比我们公司高很多，长远来看对大家都是伤害。”梁总担忧地说道。

“我们也是没办法，我们要的木头就是你们产品里最好最大的，小的我们用不了，所以我们只有出高价收刚锯掉的原木。”王啸故意假装无奈地说道。

“那好办啊，你们为什么不直接找我？我把我们最大最好的原木挑给你们，价格按你们目前收购的价格高 10% 就可以了，剩下的我们一样可以用，我们不需要那么大的木头。”

梁总终于说出了王啸最想听到的话。

“这样啊，好是好，只怕质量和数量没办法保证。”王啸故作为难地说道。

“你放心，质量有问题随时找我，数量上，我所有出厂的货优先给你，你不要我们再卖别人，只要你们不在当地抬高收购价格跟我捣乱，别的都好说。你们买得少，价格高点影响也不大，但我每个月采购几千吨，一吨高 100 块都不得了！”梁总说道。

“既然您发话了，我们自然要给您这个面子，大家合作可以双赢，竞争都没好处，自然是要共同发展才对，马总本来都要在这边设工厂了！”王啸一本正经地说道。

马总忙跟着附和说道：“我已在广东工厂准备了设备想搬过来，毕竟这样可以现场加工，方便很多，不过，最终看王总的意思。”

“既然梁总这边能配合我们，那还是跟梁总合作共赢，请梁总把木头发到广东您的工厂加工。”王啸忙出来打圆场道。

“好的，王总请放心，木材这边我保证你的优先权。”梁总信誓旦旦地说道。

“这样就祝我们合作愉快！”王啸满意地说道。

三人站起身共同举杯欢庆。生意场上最完美的合作就是让每一个人都觉得自己赢了。这次谈判，王啸如愿地拿到了最好的原料；马总也不可能真的去海南设厂，真正的目的也达到了，就是拿到了相思木在广东的加工订单；而梁总感觉既阻挡了一个竞争对手，又从对手那里赚到了产品增值收益！

如此皆大欢喜，是真正意义的完美！

2

王啸在海南确定好相思木的供应合同以后，马上返回了越南，因为相思木市场需求越来越大。王啸分别拜访了越南当地生产相思木薄片的几个工厂谈合作，结果四处碰壁。对方觉得自己是工厂，王啸需要比他们多付加工费，中国的成本肯定比越南高，认为王啸的产品没有什么竞争力，所以根本谈不拢。

事出无奈，王啸只好通知这些工厂，如果他们不能回避王啸的客户，他就要打价格战，让相思木的整体市场价降低20%！敢这样做，王啸是经过深思熟虑的，这些工厂虽然有本地采购、本地加工的优势，但是设备陈旧、效率低下，再加上本地采购的原木大大小小都有，所以每家工厂一个月的产能大概就是 10 万平方米，三家工厂总计也不超过 30 万平方米。因为产能受限，所以它们不得不提高产品利润率，而王啸的原木都是最大的，加上马总的进口加工设备，每个月产能至少是它们的两倍，所以即使降低产品利润率也可以靠产量赚回来。但是越南本地工厂如果只有 20% 的毛利率，扣除各种费用成本，就没什么钱可赚了。

王啸跟他们陈述利害关系之后，大家总算达成一致，因为王啸的资金和精力有限，不可能垄断市场，所以不如跟大家合作，各自做自己的客户，这样都有稳定的收入。

搞定一切之后，马总那边也开始正式生产，但经常出现各种各样的问题，比如，梁总送过来的木头虽然整体上比越南的原木要好很多，但是品质也总是时好时坏，他又垄断了源头，马总不敢得罪他，怕批评过头了引起矛盾不好平息。于是王啸略微思索了一下，拿起电话打给了梁总，跟他说起品质问题，虽然口气很客气，但是故意在电话里讲得没完没了，其间梁总几次想结束通话，王啸都抓住他不放，这样几次下来，终于把他搞烦了，于是专门安排了一个人负责给王啸挑选原木，特别叮嘱他一定要满足要求。这些大老板每天有很多事要做，哪有空天天听王啸念经似的电话轰炸，想发火，王啸又客客气气地在请教，唯一的办法就是尽量满足王啸的要求，省得被他唠叨，王啸就是故意利用这个心理战术来实现目标的。从那以后，原木的质量越来越稳定。

王啸在整个供应链做了两部分库存。第一是原木，如果梁总涨价，他就停止购买他的原木，启动库存原木，这样要是几个月梁总卖不出木材，他还要找王啸，所以他这边不敢轻易涨价。第二是薄片成品，也做了几十万平方米的库存，如果马总这边给他涨价，他就停掉马总的加工订单，所以马总也不敢轻易涨价。就这样做好了一切准备，王啸开始在越南市场全面推广自己的相思木，因为品质稳定、价格公道，王啸很快就成了市场占有率第一名的相思木供应商。

此后不到两年时间，王啸的财富快速增加，很快就突破了500万元现金资产，这还不算他买了两套公寓出租，买了台雪铁龙C5代步。日子过得越来越好，谢娟没有再上班，偶尔帮着王啸做财务报表和跟踪出货，又有王啸妈妈帮忙带娃，她平日里大部分时间都在玩手机打游戏。两人虽然不吵架，但是共同话题越来越少。可能大部分的家庭都是如此，事业和爱情本就很难平衡，夫妻相处久了都平淡得像亲人一样，没有了过去的激情。天天快三岁了，王啸觉得自己既然已经完成第一阶段的资本积累，就应该把精力转回中国，这样可以多陪陪父母和孩子。于是他找了一天同时约蔡志杰和王群阳出来吃饭，席间跟他们讲了自己的想法。蔡志杰听后觉得王啸应该继续留在越南发展，有他们的帮助，王啸不管做什么都会很顺利。这时王群阳突然说道："小王，你记得我在大连时我跟你说过的关于命运的问题吗？"

王啸回答道："我记得，印象深刻！"

王群阳摇了摇头继续说道："上次都醉了，我没有跟你说明白。命运本身是一道选择题，看似你选择了自己的方向，实际上受限于环境、资源、行业、朋友圈、当下条件等，你的资源注定了你只有那么几个选项，比如鱼，你看它可以自由选择，其实它被限定在了水里，所以微观上是你选择了自己的命运，宏观上还是命运限定了方向。"

王群阳沉吟了片刻继续说道："作为一个普通人，没有好的家庭背景就对应没有好的社交关系，无法第一时间获得好的商业机会，甚至也很难获得好的婚姻伴侣。人生靠努力能改变的事情本就寥寥无几，每个人的起跑线都在不同维度，有些人出生就在别人一辈子无法企及的高度，譬如有的人出生就拥有巨额财富，还有的人天生就有各种优势，比如令别人望尘莫及的高智商，你努力学习几天甚至几年的东西，别人看一眼就懂了。这一切的因，导致了形成不同人生状态的果，我管它叫人生瓶颈，想要突破人生瓶颈就需要站在更高处降维打击。你在越南有我们在，你在行业内发展没有瓶颈限制，你回到中国去，完全要重新开始，你能接受吗？”

王啸回应道：“不是我能不能接受的问题，我是中国人，迟早都要回中国去，现在回去那边建立关系和资源，可以一直保持，而我在越南的这些资源关系早晚会因为天各一方而失去，既然这样，不如早点回去。”

“你想好了就行，不管你在哪，我跟蔡志杰都会在你背后支持你！”王群阳说着看了蔡志杰一眼。

蔡志杰点点头说道：“这样也好，落叶归根，以后中国有好机会叫我们大家一起合作赚钱！”

“好的，谢谢两位哥哥一直以来的支持，没有你们我也不会有今天的成绩！”王啸感激地说道。

“都是自家兄弟，不说这些了。”蔡志杰说道。

三人一边喝一边聊，正所谓酒逢知己千杯少，王啸很享受这种氛围，只是他酒量有限，很快就醉到不省人事了。

3

自从做相思木薄片以来，王啸手上的订单都一直是饱和状态。眼见形势一片大好，王啸定期每两个月来一次越南，每次都在蔡志杰的别墅小住两周左右，既能有时间走访一遍客户，又不会影响在中国的发展。这样留在国内的时间变长了，就有很多时间考察可以投资的生意。但是王啸发现一个问题，不管做什么生意，都至少要有个团队，用过去做贸易那种单枪匹马的方式找不到合适的生意做。

而且国内竞争的激烈程度超乎想象，通常国外一个行业有二三十年生命周期的行业，国内可能五年就走完了，因为国外一个行业可能只有几十、几百个工厂，行业的龙头企业是靠长时间的技术升级慢慢形成的，国内一个行业可能有几万、几十万家企业，比的是谁胆子大、扩张快，先成为规模第一的龙头，后面才慢慢升级技术。而且很多行业都是内卷严重，市场早就饱和了，无论切入哪个，都是虎口夺食，就算你短时间确立了领先优势，后面一堆跟随者会马上把你的优势抹平。

在经济发展的过程中，很多行业的热度都是昙花一现，如果要做实体经济，就需要不断转行，逃离夕阳行业，进入朝阳行业，每次转行，旧行业的技术研发成果、固定资产投入都要放弃，而进入新的行业又是一场残酷的淘汰赛。

高成长的行业都是以科技为先锋，王啸这点资本连启动资金都不够。唯一的办法就是股权投资，既然没办法自己通过创业进入这些心仪的行业，那就只有在二级市场上买入这些公司的股票，这是普通人参与这些行业的唯一办法。

想到这，王啸又回忆起自己当年的梦想就是做股票，当时自己没条件，现在有这么多资金，炒股又不影响自己继续做贸易，学会了以后还可以教自己的孩子，这样就算他读书不好，也不至于没有一技之长。根据马斯洛需求层次理论，人们满足最低层次的生理需求之后，就会开始追求安全需求和归属需求的满足，达到中级层次，最终的目标是自我实现，从而不再庸庸碌碌，活出自己想要的样子，完成对梦想的追求。

王啸认为，与其在不同行业之间胡乱跟风切换，还不如就坚持做金融行业。金融是连接所有行业的纽带，如果出现问题也可以快速兑现资金。于是王啸下定决心，集中全部力量来做好股票交易，王啸把以前买的关于股票的书都拿出来读，开始恶补相关基础知识。

这一天马总登门拜访，看到王啸在看股票的书，说道："王总还有这个雅兴？这玩意可不安全。"

"商场上没有绝对的安全，你觉得你开工厂就安全吗？"王啸反问道。

马总说道："我来找你有好事，你有没有兴趣一起跟我做工厂，我可以让一部分股份给你。"

"没兴趣，我不打算再做贸易公司了。"王啸不假思索地回答道。

"为什么？你这几年做得多好啊？"马总羡慕地说道。

"你也说过，咱们家具这个行业，既属于非生活刚需品，又属于耐用品，要不是这些年房地产市场暴发，这个行业也不会有这么长的繁荣周期。"王啸解释道。

"管那么多干什么？有钱赚就行了，这行业你做了这么久，里面随便混都有口饭吃。"马总说道。

"你说得没错，但是人不能一辈子就混口饭吃而已。咱们这个行业现在很多企业赚的利润，说白了就是靠上面忽悠客户，下面压迫供应商，这种钱我赚得恶心。我的理想一直都是做一个没有铜臭味的商人。"王啸悠然地说道。

"你太理想化了，赚钱哪有这么容易？"马总不服气地说道。

"你不觉得现在木材加工行业发展也发展不上去，死也死不了，吃蛋糕的人数没变化，做蛋糕的人却越来越多吗？"王啸一针见血地说道。

马总点点头说道："确实是这样，以前只有几家工厂，天天求我帮忙加工的人都排队，现在完全反过来了，我天天求这些'大爷'，就算给活了，结款也要拖上很久。"

"所以说做这个行业你只能是你，而做金融你可以是任何人，人生赚钱有三个阶段，第一是靠资源赚钱，发挥自己的优势；第二是靠资源成长过程中培养的能力赚钱；第三是靠资本赚钱。你看过去美国、欧洲、日本的经济发展史就知道，最终制造业都会饱和，资本只能流向资本运作的市场，比如房地产、股票等。”王啸解释道。

“相思木市场销路这么好，你就不考虑再扩张了吗？”马总不解地问道。

“家具也是时尚潮流的一种，现在流行不代表以后依然流行，如果不懂得急流勇退，一直玩命地扩张，一旦市场反转，这些小众产品的冷门货就会积压在仓库里，到时就是亏本也很难成交。”王啸说道。

马总问道：“那你今后的打算是什么？”

“我就想做好股票，实现自己的梦想！”王啸说道。

“书读得太多就会脱离实际，你这活得太奢侈了。”马总摇摇头说道，“不过作为好朋友，我祝你早日实现梦想！”

马总嘴上虽然这样说，心里却十分怀疑王啸这个决定是否正确，而王啸心意已决，自己也不好再做阻拦。

“我知道这很难，但是现在不做，等我年纪大了更没有胆量去做，我不想到死的那天，自己因为一直心心念念但却没有勇气去做的事而后悔！毕竟人只能活一次，我想活成自己想要的样子！”王啸毅然决然地说道。

第六章　初出茅庐

1

2015年7月，王啸把公司正式从越南迁回中国。

有个朋友刚好在证券公司实习，所以王啸拜托他帮忙开户。账户资产需要达到200万元才能拿到比较低的佣金，贸易公司这边现在现金流非常充裕，所以这不是太大的问题。王啸很快办好了手续，正式开通了股票账户。这个时刻，王啸等了十几年，他从18岁开始就向往股票投资，那时只能在图书馆里看看书过瘾；到现在可以进大户室，恍如隔世。但是他不知道，“股市有风险，投资需谨慎”这短短十个字背后，有多少家破人亡的悲催故事。过去说炒股的人，十个里面七亏两平一赚，每个人都侥幸地以为自己是那两平一赚的小部分人。王啸也一样，他觉得自己当年在图书馆系统地学过两年，手上又有大把的现金收入，只要肯努力学习，就算不赚，也不至于亏太多钱。他就像一个刚上前线的新兵，根本不知道战场的残酷。

当时正是股市从高点5000多点暴跌到3400点，在王啸的眼里，他觉得是抄底的机会来了。因为之前学过投资大师巴菲特的价值投资理念，所以王啸一开始建仓就选择了低市盈率同时市值又接近净资产的中国S化。当时国际油价已经跌到38美元一桶，王啸觉得油价不可能一直这么低，所以200万元都买了中国S化。当时想着大不了拿着股票，每年分红也有接近2%的收益率。结果买进去没几个月，很多股票都在反弹上涨，唯独中国S化市值跌破了净资产，还一直在跌。虽然每天波动得很少，但是每天都会跌一点，几个月下来已经亏损了 30 多万元。终于，王啸也开始动摇了，心里想是不是中国 S 化有什么未公布的利空消息？因为恐惧，在最近一次的快速下跌中，王啸卖出了所有的股票。卖出后，股票却开始单边地每天上涨，在连续涨了 5 天以后，王啸因为怕踏空行情，又把中国 S 化的股票高价买了回来。这样一番折腾，多亏了 10 万元，这样累计亏损已经达到了 40 万元，这么高的损失，让王啸难以接受。他开始研究如何在保持持仓的情况下，既不丢掉手中的仓位，还能赚点差价（俗称“做 T”）。经过长期观察研究，王啸设计了一套做 T 的方法，具体如下。

做 T 方法论

做 T 先要看个股和板块的变化，主要根据两种不同的市场状态来采取不同的策略。市场无论怎么变化，其状态最终只有两种——波动和趋势。波动代表震荡和分歧，趋势代表加强和一致。

所以做 T 的前提是，先判定板块和个股的相对关系，如果板块强、个股又领先板块涨幅，技术形态和成交量都支持多头趋势，那就做正 T，先买后卖。这种适合开盘就加仓一次，比例通常是底仓的 30% ~ 50%，既然是趋势走势，那盘中第一次拉高后出现的分歧就很重要，如果回落不破分时图的重要支撑位，那就保留仓位，以守趋势为主；如果破了支撑位，就以做差价为主，卖出一定份额的底仓。

如果板块和个股同时处在震荡模式就需要做反 T，开盘底仓先卖后买，等股价下跌一段后观察托单的位置是否成为有效支撑，如果出现止跌企稳的迹象，并有大单开始买入，再买回早上卖掉的部分持仓。

具体判断可重点参考以下几点。

第一是下跌的幅度最好小于 5%，且成交量比较小，不能是直线下砸。

第二是下跌至关键位置时，股价必须快速带量反弹拉起，超过分时均线。

第三是以第一次下跌后的低点为基准，后续下跌日内不破这个低点。

第四是需要一定的成交量完成日内的筹码交换。

使用这个方案之后，王啸有效地利用盘中波动做了差价，慢慢地把成本降了下来，亏损减少到了 20 万元之内。这时，王啸觉得根据巴菲特的理论操作，持股周期太长、赚钱太慢，一旦错了不好纠正。所以他开始倾向于中线的波段投资。这个交易策略侧重于公司本身的成长性，中国 S 化虽然是行业巨头，但是成长性却不好。彼得·林奇是成长股方面的理论大师，王啸以前也学过他的理论。根据成长股理论，王啸开始对股票背后的公司进行深入研究，重点关注公司的成长性特点，包括但不限于以下几点。

1. 公司的核心产品和独特竞争力。

2. 公司的行业垄断地位（特许经营）。

3. 公司强大的现金流和低负债经营能力。

4. 公司的高成长率和高盈利水平。

5. 公司潜在的无形资产。

6. 公司优秀的管理层和良好的发展潜力。

7. 公司获得主流市场投资者的集中认可。

8. 公司远远领先于行业的高技术实力。

根据这些条件，王啸选择止损中国 S 化的持仓，总计亏损 20 万元。这次亏损之后，王啸再也不敢那样一次花 200 万元重仓买一只股票了。他选了很久，以 56 元 / 股的价格买了 30 万元的易 S 展示，这次这只股票如有神助，不到 20 天就涨到了 120 元 / 股。王啸看着账户从亏损 20 万元变成盈利 10 万元，赶紧把这个易 S 展示抛了。不管怎么说，总算是不亏钱了，王啸在心有余悸的同时又有点飘飘然，觉得凭自己的聪明，只要努力，肯定可以做好股票。

结果易 S 展示很快就冲到了 170 元 / 股，王啸不由得开始后悔自己当初买得太少，持仓的时间太短。

他当时跟所有的新股民一样，既贪心又冲动，所谓的总结教训，只是根据前次的因果关系做出的更正，其实下一次的交易又是全新的因果关系。这种情况就像你上周感冒了医生给你开了感冒药，这周你有点不舒服，直接根据上周的状况吃同样的感冒药，有百害而无一利。但是，他当时对市场的认知就是如此肤浅，不管怎么说，赚了钱就是有底气，信心满满。刚好大盘那轮大跳水过后，很多股票开始反弹，王啸从中选了几只操作，虽然有亏有赚，但是总体上还是赚的多。

就这样，王啸稀里糊涂地炒股赚钱，木业那边也很顺利地赚钱，真可谓春风得意马蹄疾，唯独这些年跟谢娟相处得并不好。这些年王啸一路过关斩将，思维方式和过去的自己已是天壤之别，但是谢娟还跟当初打工时一样，两人平时能沟通的话不多，有点像电脑硬件已经是最新的了，软件却还是 Windows 95。王啸每天忙着研究股票，谢娟每天忙着打游戏看韩剧，反正两人各忙各的，倒也不吵架，也算各得其乐。面对交易市场每天过山车一样的变化，产生的多巴胺远比男欢女爱要高得多，所以王啸也很少主动要求什么。加上现在孩子也大了，晚上研究股票需要一个安静的房间，王啸索性搬到书房去住了。当时也没多想，谁也不知道这会成为两人感情裂痕的开始。

自从炒股以后，王啸开始变得视野开阔起来，上到国家政策，下到市井流言，没有不关注的，认识的朋友也从以前一成不变的家具圈子，变得三教九流都有接触。证券公司举办的沙龙、各种股票群的线下聚会，他都会参加。既然是聚会就免不了交流，不管什么时候，市场上都会有人阶段性地赚钱。这些人不免会大谈特谈自己的方法论，仿佛自己掌握了财富密码。更有些人只谈成功经验，不谈失败结果，所以给大家造成了股票市场赚钱很容易的假象。王啸发现，股票大部分情况下都在一定的价格区间内波动。这期间，股价会处于混沌状态，无规律地波动，虽然也会有技术上的阻力位和支撑位，但是这些位置并不是有效的。

影响股价波动的原因有很多，有基本面的问题、技术面的问题，也有情绪方面的问题，基本无法预测，唯一的办法是放弃股价的震荡阶段，等出现真正的趋势性方向才跟随买入。这样就出现了一个问题，如果只持有一只个股，那么 80% 的时间可能都是没有趋势、不能操作的，这样没办法合理地利用资金。当时王啸想到的解决方法是多买几只个股，这是很多新手常踏入的误区。新股民通常都是入市只建仓一只股票，开始仓位很小，慢慢做着做着就变成重仓了，见识过股票的风险之后，不敢再重仓，所以会每只个股只买一点，并且同时买很多只，所谓的分散风险。这就等于说你有一个团共计 9 个连的兵力，当派一个连出去打仗不顺利时，就把剩下的 8 个连都分别派出去打仗，妄想用其他连队的胜利来对冲第一个连的损失，这种昏招儿跟赌博没什么两样。这样做的另一个坏处是，一旦持有很多只股票，你就会被动地踏入频繁交易的陷阱，然而重仓一只，就会踏入一旦犯错误就无法弥补损失的陷阱。所以这两个看起来很不错的策略用起来都是凶多吉少。

很不幸，王啸当时并没有这个觉悟，所以把手里的 200 多万元分别买了十多只股票，这样单只股票虽然有涨有跌，但是当时在大盘整体反弹的情况下，王啸最终在 2016 年元旦之前把持仓市值做到了 242 万元，半年盈利 21%。

王啸对这个结果还是比较满意的。当时正值元旦假期，股票群里一些朋友计划举行一次大型聚会，时间定在2016年1月3日到4日，在D市最大的五星级酒店包一个会场，1月3日主要是聚餐交流，1月4日请了当时著名的股评家李教授到场实盘给大家讲解股票操作。

1月3日晚上，共有200多位各界人士到场欢聚，8人一桌，总计摆了20多桌。王啸不喜欢出风头，所以就找了个角落坐下来。这桌坐了8个人，大家彼此做了自我介绍，五男三女，最年长的男士姓陈，是个大学老师，三位女士中有两位姓张的姐妹，另一位是她们的闺蜜，也姓陈，是跟着来凑热闹的，另外三位男士是她们的男朋友。这里面陈老师学问最好，他是某大学的金融系教授，于是大家热情请求陈老师传授炒股心得。陈老师谦让了一下说："我个人的想法是，对基本面最重要的是行业政策，包括尚未实行、正在规划中的远期政策和即将实行的近期政策。"

"那要怎么对比呢？"王啸问道。

"主要对比过去3年行业的历史增速，展望未来3年行业的预期增速，还有1年行业预期增速，半年行业增速，3个月行业增速，用这些数据进行交叉对比，从而推导出行业处于上升周期还是下降周期。"陈老师自信地说。

"投资就是在优秀的行业赛道中选择高成长的公司。"陈老师继续说道。

大家似懂非懂地跟着点头，几位女士一脸崇拜地望着陈老师。王啸虽然有点疑问，但也说不出哪里不对劲。

"分析基本面，第一需要详细的数据，第二需要专业的知识，这两点大部分散户都不具备。就算知道了怎么分析，因为条件的限制，得出的结论也多半是错的，这又应该怎么办？"王啸继续跟陈老师提问道。

“是的，所以这也是大多数人进入股市都亏钱的原因。”陈老师回答道。

这时，陈小姐插嘴说道：“我入市半年的总体收益还可以，反正跌了我就补，等有盈利了我才卖，总体上赚了不少呢！”

“那靠的只是运气，还是要学基本功。”陈老师说。

大家对市场都是一知半解，所以看法也不尽相同，基本上很难真正有效地沟通，都是各执一词。

这种聚会其实学不到什么东西，反而会影响自己，把原本的策略搞乱了。这就像你本来有块不太准的指南针，虽然不是特别准，但还是有点用处。但是一下多了十几块同样的指南针，你会发现还不如只有一块指南针的决策准确率高。因为当你的水平有限，不知道什么是错的时候，自然也不知道什么是对。只是散户有从众心理，觉得越多人认可就越安全，但是股票市场是博弈的过程，注定是少部分人赚大部分人的钱，所以保持独立思考至关重要。

大家热情高涨地吃饭喝酒到深夜，才各自回酒店房间休息，只等第二天 1 月 4 日李教授带大家实盘操作。

1 月 4 日早晨 9 点，李教授准时出现了，他身穿一套黑色西服，扎一条蓝色方格领带，年纪大概 50 岁，中等身材，戴一副金丝眼镜，迈着轻盈的步伐走上主席台发言。

“各位同学，大家好！今天是 2016 年的第一个交易日，也是一个全新的开始，大盘指数已经从股灾之后回到了 3600 点附近，经过过去一周的盘整，大盘可能在本周迎来新的高点，根据历史的经验，今天必然是个开门红的行情，请大家把握机会，珍惜手中的筹码，坐等本月大盘指数突破 3800 点！”

李教授的一番话说得激情澎湃，底下的 200 多位观众掌声如雷，包括王啸在内，大家都很激动，都以为肯定要跟着老师赚大钱了！

很快，时间来到了 9:15 的集合竞价时间，市场表现很弱，这时有很多个股在竞价阶段就开在 –7% 以下，人群中开始蔓延恐慌的情绪。

这时，李教授跟大家科普道："9:20 之前的报价都是可以撤单的，所以大家不用过分惊慌，9:25 以后的价格才是真实的价格。"

大家这才松了一口气，但是不免有些人交头接耳地议论纷纷，王啸手上持仓的个股都有接近 20% 的盈利，所以他根本不慌，放着等等看就是了。

9:25 股票集合竞价完成，当天下跌的股票数量占据了总数量的 80%，王啸手中的十几只股票都是公司成长性优良的白马股，但是早上也都开在 –5% 左右。王啸心里隐约有种不祥的预感，但是看看台上气定神闲的李教授，他觉得自己的股票应该不至于出什么问题，所以也没多想。终于等到了 9:30 开盘，大盘指数只在 3535 点横盘震荡了 5 分钟，便一头栽下去跌到 3489 点，在这个位置又横盘震荡整理。

这时，李教授在台上发言安抚大家说道："这个位置应该是日内的低点，手中有仓位的可以加仓等待反弹，没有仓位的可以建一部分仓位！"

台下的人已经没了早上的热情，彼此面面相觑。不见有多少人动手，但是都还心存侥幸。大盘指数在 3489 点这个位置只维持了 10 分钟左右，10:01 分大盘指数忽然跳水，急速下跌，在 15 分钟时间内跌了近 100 点，从 3489 直接跳水至 3398 点。

这时现场开始有人哀嚎道："我的股票跌停了！"

"我的也是！"

"还有我！"

恐慌的情绪迅速蔓延，王啸看了看自己的持仓，平均跌幅为 7%，但是还没有跌停。

这时同桌的陈老师也一脸沮丧地说道：

“我一半的持仓股都跌停了！”

王啸反过来安慰他道：“应该没事，大盘指数很少跌这么严重，应该会有反弹的！”

“希望吧，我有种不祥的预感！”陈老师说道。

台下的人们已经开始乱作一团，大家还是寄希望于李教授，毕竟人家是专家嘛，于是又请求李教授上台给大家分析分析。因为早上连续两次分析都被打脸，李教授开始模棱两可地说道：“应该是技术性调整，一般这种情况下，当天或第二天都有修复行情，大家根据自己的风险接受程度来操作，风险承受不住的可以先适当减仓。”

“早上说加仓的是你，T+1 制度，现在想减也卖不掉啊！”台下有人抱怨道。

“就是，还以为什么大神，这分析水平还不如我！”

台下的非议越来越多了！

李教授脸色略微一红说道：“盘中总会有波动的啊，谁也不能确定盘中会有多大的振幅，但是这个位置有很强的技术支撑，请大家多点耐心！”

大盘指数此时应声反弹了一点，整个上午虽然没什么上攻动力，但也没再继续创新低，仿佛印证了李教授的分析一样，大家的情绪也总算恢复了一些。

这时，王啸这桌从不说话的陈小姐的男朋友突然对陈小姐说道：“别玩了，市场这样，不知道后面会发生什么事，先退出来吧。”

“没事吧，都跌了这么多了，下午反弹再卖。”陈小姐回应道。

“谁能确定下午有没有反弹？这个老师的话一定对吗？”

“好吧，听你的！”

陈小姐虽然不情愿，但是看得出来，她还是很听男朋友话的。有了陈小姐的带头，一起来的张姓姐妹也都清空了仓位，只剩下她们的男朋友、陈老师和王啸还在观望，他们想等看看再说。就这样慢慢熬到了中午收盘，大家聚餐时气氛已经没有之前热络，更多的是担心和互相打探被套了多少钱。当听到对方说被套得比自己还深、亏损比自己还严重时，表面上虽然还在安慰对方，但是心里会暗暗感到抚慰，因为至少自己不是最惨的那个。

王啸本身股票是盈利状态，就算今天大跌了也还有10%的盈利，所以心态很轻松。倒是陈老师没了早上侃侃而谈的心情，这餐饭大家都食不知其味，也无心再去听李教授中午进行的复盘。饭后，大家忐忑不安地回到酒店会议室等待着下午开盘。

下午1点，大盘指数刚开盘就继续向下滑落，下跌的速度非常快。很多人发现自己挂了卖出，但是无法以市价成交，不得已撤单后继续卖出。也许是这样的行为加速了下跌，跌停的股票数量很快超过了500只，王啸手上的股票也有3只跌停了。现场的恐慌情绪再次蔓延，只听到有人喊：

“股灾了，快跑吧！”

“快看，大盘指数熔断了！！！！”

13点13分，大盘指数熔断！这个是从西方学来的交易规则，本意是当大盘大跌超过阈值时，暂停交易15分钟，让大家冷静一下情绪，能更理性地投资。但是在A股散户看来，这就是跑不掉的意思，活生生把这个防范风险的好意变成了灾难！

随着指数熔断，所有交易暂停，会议大厅里的人们瞬间情绪爆发了。这时候大家才发现李教授不知道何时悄悄地走了！于是愤怒的人们开始向主办方怒吼：“骗子，还钱！”

大家把所有的情绪都发泄在了主办方身上，现场极度混乱，有人崩溃地大叫，也有人默默无声地流泪，更多的人还是死盯着手机上停止交易的K线图，不敢相信这一切竟然是真的！

“我全跌停了！”

“我也是全跌停！”

“我也是！”

人群中喊着跌停的人就像击鼓传花一样，从一个角落开始蔓延到四周，王啸从没见过如此恐怖的场景，仿佛世界末日一般混乱不堪。因为这些钱只是王啸的部分资产，加上之前有盈利，足够应对这个损失，所以他倒没觉得怎么样，还不断安抚着身边的人。突然，陈老师身子一挺，倒在地上抽搐了几下，晕过去了。

旁边的女士大叫着：“不好了，死人了！”她吓得连滚带爬地跑了出去。王啸第一时间打了 120 急救电话，酒店方面也马上安排人员进行急救。

因为场面严重混乱，酒店方面不得已报了警，警察到场后迅速维持秩序，一边安抚大家，一边向主办方了解情况。

这时熔断暂停的 15 分钟已过，大盘指数恢复交易，跌停的股票数量瞬间突破了 1000 只，大家都不顾一切地拼命卖股票，就像着火的电影院一样，大家都拼命地挤向出口。后果可想而知，所有人都在卖，但所有人都卖不掉，现场情绪极度恐慌，有人尖叫、有人怒骂，更多的人是崩溃地大哭。现场的几个警察一边安抚大家一边呼叫支援，真是活生生的人间惨剧。

王啸手上十几只股票根本来不及下单卖出，而且这时候想卖也卖不出去，他索性放着不管了，整个人也像被击垮了一样，瘫软地靠在椅子上。

主办方宣布聚会结束，增援的警察也开始疏散人群，大家如同逃离火灾现场一样，被警察引导着一个个垂头丧气地走出了酒店。王啸心有余悸地回到车上，心情久久不能平复。仔细回想了一下，他觉得同桌那个陈小姐的男朋友很有先见之明，于是便给主办方打电话询问那位先生的联系方式，结果主办方根本不敢接电话。王啸没办法，只好给主办方发了条短信，解释说自己不是兴师问罪，只是想了解情况，再次拨打主办方电话，对方才接了。王啸先是问了陈老师的抢救情况，得知是心肌梗死，已经度过危险期了，然后又问了陈小姐男朋友的电话和姓名。

陈小姐的男朋友姓张，王啸快速地拨通了他的电话，电话接通后简单地跟他寒暄了几句：“张总，您好！我是今天聚会上的王啸。”

“哦，你好，有什么事吗？”张总回答道。

“没有，就是佩服您今天上午非常及时地清空仓位，对市场的判断太准了！”王啸奉承道。

“没有啦，只是运气好，我也没想到会发生这么严重的股灾！”张总说道。

“我想请教您，当时您是基于什么原因做出如此正确的决定的？”王啸好奇地问道。

张总沉吟片刻说道：“王先生开过车吧，当前方出现不明情况时，我们的第一反应都是刹车，我投资的原理也是一样，我不知道会发生股灾，但是市场出现如此异常的情况，我的第一反应就是先退出来观察，而不是留在那里等事情发生！”

王啸恍然大悟，说：“那如果你退出来错了呢？”

“如果错了，我就再买回去，手续费才几个钱，做投资首先是要能控制风险，因为盈利多少是市场行情给的，无法预测，但是止损是自己可以控制的。”张总在电话那头解释道。

“感谢您真诚的分享，获益良多，谢谢！”王啸说道。

“不客气，都是股民，大家互相学习。”张总说道。

“那好，您有空了多联系！”王啸说道。

“好的。”张总说完挂断了电话。

王啸回味着张总的话，觉得很有道理，但是当天已经来不及交易了，只好等第二天再看看。

1 月 5 日，开盘大盘指数虽然小幅反弹，但是王啸的持仓股却继续下跌。反正已经跌了这么多，王啸认为这些都是业绩优良的成长股，肯定会率先反弹的，所以还是继续持有。

1 月 6 日，开盘大盘继续小幅度反弹，但是王啸的持仓股却还在跌，这时前期的盈利基本都跌没了，王啸还是不甘心就这样止损，“反正基本面好，人家投资大师都是持股几年几十年，索性拿着不动了”。

1 月 7 日早上 9:45，王啸和往常一样还在忙家具贸易的工作，也没看盘，突然看到新闻说股市再次熔断了，他慌忙打开手机一看，果然满仓跌停，这次是真的本金都亏了，想卖又卖不出去，想着等熔断后交易恢复了再卖，结果停牌 15 分钟时间刚结束不到一分钟，大盘指数再次熔断，当天交易终止。王啸彻底被打蒙了，呆呆地看着电脑陷入了沉思。于是，他把之前的交易记录都找了出来，分析问题的所在，发现自己犯了散户最致命的几个错误。

1. 重仓持有一只个股，导致没有回旋的余地，一旦方向错误，就无法挽回。

2. 持仓股过多，导致被动地频繁交易，既增加了交易成本，又错失了趋势性机会，并且在风险来临时，因为持仓品种过多，无法快速处理。

3. 不止损，就像张总说的那样，明知道前面有危险，还一直不刹车，把盈利变成小亏、小亏变成大亏。

所以解决方案就是：持有 2 ~ 4 只股票，买入前设定好止损点、止盈点，按计划交易，这样就可以有效地防止上述问题。

第七章　危机时刻

1

2016年，2月3日，距离上次千股跌停已经过去整整一个月了，大盘指数从1月4日开始单边下跌了一个月，从3400多点最低跌到了2638点，足足跌了700多点，而个股的跌幅更是远高于大盘指数的跌幅。王啸由于经验不足，没有及时止损，导致整个持仓亏损严重。一开始亏损40万元时，王啸觉得应该跌不动了，就持股没动，结果就这样每天跌一点，到2月3日，亏损已达100万元，持仓股平均跌幅达50%。王啸开始深刻地反思自己的错误，自己选的公司明明都是好公司，为什么不在市场反弹时领涨，反而还进一步下跌，走得比大盘指数还差呢？

经过对数据的跟踪分析，王啸才找到问题所在，因为这些都是流动性好的白马股，在市场不好的时候，跌幅相对较小，一旦市场开始反弹，很多人就会卖掉持仓里这些跌幅相对小的个股，去摊平补仓那些超跌严重的个股，这样就造成了前期跌幅小的强势股补跌，只有强势股补跌完成，大盘指数才基本跌到波段底部。

因为亏损严重，王啸很久都不愿打开股票账户面对事实，自己究竟是错在哪里了？对股票背后的公司确实进行了研究，但是股票市场必然有股票市场的规律，股票市场的规律应该如何发现？股票市场的规律又是什么？要想发现内在的规律，第一步就是观察，那怎样观察才是科学有效的？市场信息浩瀚如海，有宏观的、有微观的，要怎么去观察和梳理这些信息线索来进行决策呢？

王啸通过一段时间对市场的观察，发现了一些问题。首先，观察市场最大的障碍不在技术上，而是主观意识。千人千面，万人万解，每个人都有自己的性格特点、是非好恶、认知和能力等，这些会形成有色眼镜，导致一个人观察到的市场只是他潜意识里认可的市场，这会无限放大他喜欢的因素，同时忽视厌恶的因素。要做到能真正客观地观察市场，就要放弃所有的主观意识，不论好恶，也就是要做到无我。不管是王阳明的心学所追求的知行合一，还是电视剧《天道》里讲的道法自然，前提都是要先做到无我。李嘉诚晚年有一句自勉的话叫作"建立自我，追求无我"。光是这个境界，普通人可能就很难参悟，当你克服了主观意识障碍后，观察到的市场才是真正的市场。

这时，第二个问题就是如何处理天量的市场信息。观察复杂信息最好的方法就是化繁为简，就像你看到一棵参天大树虽然遮天蔽日，但是你要修剪它，最主要的不是看它有多少枝枝叶叶，而是看它的树干在哪里，主要的树枝有哪几条，分支在哪里。处理复杂信息也一样，最核心的底层逻辑就是树干，对市场走向具有决定性的信息就是树枝，每个环节的细节部分就是树叶。这样你就可以快速地简化复杂信息，才不至于在观察市场时被天量信息所迷惑。而分析市场信息正好相反，需要化简为繁，把最核心的底层逻辑当作树干，观察到的核心信息当作树枝，然后再充分地解读每个细节，也就是分析每根树枝上的树叶。

王啸在研究股票方面倾注了大量的精力，同时越南木材贸易也在稳步推进，依然是每两个月飞过去一次，每次就住在蔡志杰家的别墅。随着越来越多中国人到越南设厂，王啸的订单可以预见在未来必将大幅萎缩，所以股票这边需要加大投资力度。因为亏损，现在只剩下了 100 万元本金，王啸从贸易公司那边又转了 200 万元到股票账户中，这样总计有 300 万元本金。他想着只要有一波像样的行情，涨 30% 就可以回本了，到时再把资金抽出去。

经过之前总结的经验，王啸已经把持仓股缩减到了 4 只，这样操作起来更科学一些。只是这些股票这一段一直单边下跌，并没有带来多少做 T 的机会，成本比较高，现在都浮亏 40% 以上，所以要等这些股票开始出现反弹才能有解套的机会。

王啸利用业余时间经常去证券营业部找一个朋友喝茶，这个朋友叫李子兴，就是他帮王啸开的户。这一天是周六，券商组织沙龙聚会，王啸正好过来参加。聚会中采用各种交易模式的人都有，其中有一个人引起了王啸的注意。他自称交易的成功率高达 80%，这是个很惊人的数据。在场的开始并没有多少人相信他这个成绩是真的，直到他晒出了他的交易记录，王啸大致看了一下，确实有 80% 的胜率。于是王啸深入地研究了他所有的交易记录，发现了一件很有趣的事，他开仓的买点并不是很好，但是他总能够持股到股价反弹时获利卖出，而他止损的股票基本都在他卖出后大幅下跌。王啸很想请教他是如何做到的，便让李子兴帮忙约他一起吃个饭，顺便跟他讨教经验。沙龙结束后，李子兴邀约成功，三人来到了附近的一家湖南菜馆，李子兴是湖南人，进门后找了个包房坐下，点了几个有特色的湖南菜，叫了几瓶啤酒，三人边吃边聊。李子兴帮王啸引荐道："王总，这位是周国强周大哥，今年 45 岁，在电信公司做工程师。"

"你好，周大哥，我叫王啸，做点小生意。"王啸一边自我介绍一边热情地笑着跟周国强握手。

"你好，很高兴认识你！"周国强也热情地回应道。

一番简单的交流过后，王啸单刀直入地问道："周大哥，我想请教你个问题，我看你的交易成功率做得很好，卖点的时机把握得很巧妙，真心地想跟您学习几招，还望您多指教！"王啸端起酒杯恭敬地说道。

"好说，王总您太客气了，大家相互交流没什么。"周国强举杯回应道。

两人一饮而尽。周国强思索了一会儿说道："相信王总也看到了，我的买入时机点并不是很好，很多股票是持有了一段时间后，出现了上涨机会才逢高卖出，而止损的股票又基本都能减少损失，说起来道理很简单。我这个成功率高，主要是因为止损点设立得比较科学，一般人设立止损点依据的都是自己的心理承受范围，比如亏了多少个百分点就止损，或者一旦大幅下跌超过心理预期就止损出局，我设立止损的核心思想是，先找出趋势性上升的技术结构，再找出整个技术结构的支撑点，然后以损定位，把买点设在结构支撑点的位置，并且把止损点设在结构支撑点的波动区间之外，这样的好处是股价一旦跌破了这个止损点，整个上升趋势就不存在了，就可以毫不犹豫地止损，而因为止损点在这个支撑点的波动区之外，日常波动也不会触发止损点引起频繁止损。"

原来如此。王啸听后顿觉如梦初醒，这一直是他交易上的痛点之一，因为止损点设定得不对，经常遇到触发止损的情况，一开始王啸还能坚持做到在止损点卖出，有时候卖出了股价又马上反弹，所以后来执行得就比较随意，但是没有及时止损的股票又往往会一直跌。这个问题困扰王啸很久了，想不到今天在这里找到了原因。王啸感激地起身给周国强倒满了酒，又连忙拿起自己的酒杯向周国强敬酒表示感谢。

王啸也把自己做 T 和选股的经验跟周国强介绍了一下，他也觉得不错，两人聊得很投机，反倒忽略了旁边的李子兴，还好他也不介意。就这样聊了很多，大家都有所得，分别时互相留了电话、微信，才各自散去。

回来的路上，李子兴神秘地对王啸说："王哥，我有个消息跟你讲一下，你自己知道就好。"

“什么事，这么神秘？”王啸好奇地问道。

“我们证券公司最近在搞上市，进度还可以，应该问题不大，如果上市成功，那我们的大股东 JL 股份的估值会有很大的提高，估计能涨 50% 以上，你可以跟踪一下这只股票。”李子兴真诚地说道。

“消息可靠吗？”王啸疑虑重重地问道。

“这都是公开的消息，你在证监会网站可以查到我们的申报资料，公司内部这块现在一切正常，只是走个流程罢了。”李子兴肯定地说道。

“好的，那我留意一下，谢谢你哈，赚钱了给你发大红包！”王啸高兴地说道。

“那不用，我是觉得王哥你这个人不错，愿意交你这个朋友。”李子兴说道。

“当然，我一直拿你当好朋友。”王啸回应道。

王啸开车把李子兴送回公司，自己也回家打开电脑去看那只 JL 股份，开始研究各方面的报告，果然它的控股子公司就是李子兴所在的证券公司，而且在证监会网站上也可以查到公司申请上市的资料，有这样一个利好跟在后面，后期的股价肯定有机会大涨。王啸新调进账户的 200 万元一直都没有交易，正好现在是个时机。但是经过之前的亏损，王啸谨慎了很多，打算就用今天周国强的方法选择买点，等这个买点出现再交易，所以他设了个到价提醒的预警就去准备明天的工作了。后面几天 JL 股份的股价一直没有回到王啸设定的买点价格，只是在上方小幅波动，一直到周五下午，王啸正在跟供应商聊天喝茶，突然手机提示股价跌到了设定的买点位置。王啸犹豫了一下，先买进了 100 万元，同时在支撑点的波动区外设立了止损点，剩下 100 万元留着按自己的方法做 T 降低成本。这种策略就是用时间换空间，就这样随着时间一天天地过去，2 个月后，JL 股份已经比当初买入的价格涨了 10%，而王啸通过做 T 也放大了收益，目前100万元持仓盈利20万元，也就是20%的收益。有了这个盈利基础，王啸心里开始有底气了，准备找机会加仓到200万元，这样涨50%刚好弥补前面亏损的那100万元。

王啸这样计划着，只是没想到自己即将踏入更大的危机之中！

2

越南胡志明市，王啸过来跑业务拜访客户，依旧住在蔡志杰家里。现在因为竞争激烈，很多供应商都自己跑到越南来销售，这使得王啸这种贸易公司像过去那样赚居间费的机会越来越少。王啸也理解，毕竟生意越来越难做了，还好王啸有相思木薄片这个主力品种支撑了大部分业务收入。这次过来是因为越南政府开放了外资买卖土地的权限，外国投资者可以合法地买入土地并享受50年的产权。

王啸这次来是因为准备了一个大的项目，找到了国内最强的原木供应商赵总，生产上有最强团队的朱总，加上蔡志杰这个大客户同时也是大金主，还有自己这个销售渠道，四个方面合作在越南开一间原木加工厂，生产出来的产品蔡志杰的工厂就能用一半，剩下的王啸负责在越南市场销售。这个计划成功的概率非常高，因为越南现在不论人工还是税收都比中国便宜，而且最大的客户蔡志杰本身就是投资商，这样既不愁资金也不愁订单。所以王啸把大家拉到蔡志杰家开会说明市场前景和投资计划，蔡志杰投600万元占50%的股份，王啸投200万元占18%的股份，比普通股东多2个百分点的管理股，朱总投200万元占16%的股份，赵总投200万元占16%的股份，其实王啸和蔡志杰并不差他们这400万元，只是他们一个控制原料，一个控制生产，如果不能入股绑在一条船上，那以后的公司运作就没有保障。王啸逐个介绍了整个商业计划的构想。等王啸讲完，朱总突然问道："投资多久可以收回本金？"

“最多一年，如果顺利的话，8 个月就可以。”王啸自信地说道。

“怎么保证我们投资资本的安全？”赵总问道。

“公司注册在中国，我们把资金打过去，然后再以公司的名义投资越南主体，收益的部分找律师做保本协议，保证你们 3 年内拿回全部投资本金，我以个人资产给你们做担保。”王啸回应道。

“整体上肯定没问题，这是个大好机会，趁现在国内还没人过来设同类的工厂，我们做了就有先发优势。”王啸自信地说道。

“我需要考虑一下。”赵总看了一眼朱总说道。

“我也要回家跟我老婆商量一下。”朱总说道。

“好的，请大家尽快给我回复。”王啸说道。

聊完了这些，蔡志杰在别墅区外面的酒店宴请了赵总他们，宴会结束后送他们回酒店休息。

在回来的车上，蔡志杰问道：“他们能投吗？”

“估计不能，这两个人比我想的要保守得多，做大生意的人要有野心，我们这么好的条件，我还在国内给他们担保，他们都不敢投，如果我是赵总一定投，因为公司做起来他就等于多了一个稳定的大客户，如果做不起来我也有保本协议给他们，万无一失的投资！”王啸说着遗憾地摇摇头。

“如果我们自己投资、自己运营行不行？”蔡志杰问道。

“不行的，这行最重要的是原木供应商，这个是最上游，其次是生产技术，如果他们不投，我们没有这个优势，情愿先不做！”王啸说道。

“嗯，你看着办！”蔡志杰说道。

第二天，王啸带着赵总他们去拜访了王群阳，虽然离开公司已经几年了，但是王啸每次回越南都会约王群阳，大家关系一直保持得很好，这次拜访后，通过王群阳的关系给赵总搭线做成了几单生意，这样既是卖个人情给他，也显示了王啸在当地的能量。

很快，两周过去了，赵总他们最终还是决定先不投资越南。王啸知道，如果这样，自己在木业圈后面就是等着一点点被蚕食，但也不好说什么，只好辞别了蔡志杰，跟赵总他们一起回中国。

回来后，王啸决心在股票这边投入更大的精力。赵总在分别的时候很不好意思，送了王啸一块劳力士手表，客气地说："王总，没投资真不是不放心您，是我这边暂时没这个精力，请多包涵！"

"没什么，这个表太贵了，我不能收。"王啸说道。

"这个一定要收，交到你这个朋友我很开心！"赵总说道。

王啸推辞不掉，只好收下，晚上回家拿出来端详，这是一款经典的劳力士日志型手表，五珠链的表链，白金表壳，经典的蓝宝石玻璃镜面，蓝色表盘上镶嵌着钻石，在灯光下闪闪发亮，王啸很喜欢，但是自己确实不舍得买这种东西，过去只是在杂志上看看，想不到自己竟然也能拥有。这样也好，以后有应酬也有个唬人的玩意儿。出差这段时间，JL 股份的股票又涨了 10%，加上做 T 的差价，王啸 100 万元持仓盈利已经达到了 30 万元，晚上看公告时，那家券商的上市审批已经排到了第三名。王啸算了一下，如果投 200 万元进去，那么盈利 50% 正好回本；就算不盈利，这里已经有 30 万元盈利，如果不行，大不了卖掉就是，哪怕出现一个跌停的极端情况，也不至于亏钱。计划好之后，第二天王啸就在盘中的低点分批买入，收盘时仓位已经达到了 200 万元。王啸想着坐等上市成功后，自己股票一波回本，再撤出 100 万元资金。

3

时光飞逝，岁月如梭，2017 年 5 月 1 日假期，王啸陪着家人度假，天天这时已经上幼儿园了，很活泼也很可爱，长得白白胖胖的，笑起来脸上还有两个酒窝，缠着爸爸带他去游乐场玩。王啸平时陪他本来就少，难得有机会正好带全家人一起出去玩，到中午，王啸订了 D 市最高的五星级酒店顶楼的旋转餐厅，上面的樱花会馆可以俯瞰整个城市的繁华，以前跟马总来这里吃过，正好这次带家人一同过来吃顿大餐。

进门后服务员客气地打招呼："请问有订房吗？"

"有的，王先生，手机号 1501767××××。"王啸说道。

"王总您好！请这边跟我来，您订的窗边的位置。"服务员一边说一边在前面带路。

王啸一家人走进包房坐好，王啸示意服务员拿菜单过来！

"这里好漂亮啊！"王啸的妈妈说道。

"是很漂亮，还很香呢！"谢娟闻了一下大厅里弥漫着淡淡的香水味，说道。

天天则是兴奋地跟着旋转餐厅跑来跑去，好像是想弄懂为什么地面会转。

王啸对服务员说道："我要一个芝士焗龙虾、清蒸帝王蟹、黑椒神户牛排，另外再要一个海胆拼象拔蚌刺身。"

"请您稍等片刻，我这就去安排。"服务员笑吟吟地说道。

"别点太多，吃不了。"王啸爸爸说道。

"你们吃就好，别的不用管！"王啸说道。

不一会菜就陆续上来了，王啸父母还是第一次见到这么大的螃蟹，不由连连称奇，谢娟也是忙着拍照留念，王啸则抱着儿子喂饭。全家人其乐融融，全然不知几天后的狂风骤雨。

一家人开开心心吃完饭，王啸走到服务台买单，他不想让爸妈看到花了多少钱，只想让他们吃得高兴就好。回家的路上，谢娟对王啸说："老公，我那个香奈儿的化妆品快用完了，你出国回来再帮我买一套。"

"好的。"

王啸对谢娟的吃穿用度从不吝啬，毕竟这个女人从自己穷光蛋时就跟着自己，现在日子好过了，对她好点也不为过。

王啸把他们送回家，自己又开车去图书馆看书。他发现图书馆虽然满书架炒股的书，但都是各说各话，虽然写的也都是知识，但是彼此之间有很多冲突的地方，让人无所适从。对普通散户来说，对市场的认知本身就是盲人摸象，想要成长，首先要对市场有个整体上的清晰认知，之后才能知道自己应该往哪个方向去努力。如果你对市场认知不够，对自我认知不够，那这时候你根本不知道应该读什么书。但是大部分人都是恨不得把所有书都读一遍，把其中自己认为对的组合起来，就觉得是交易系统了。这就好像种花，你要知道什么样的花用什么肥料，这样才能种好花，而不是把所有的肥料都给花施上，那样花不死才怪。

王啸就挑自己最短板的基本面分析方面的书，借了几本回家研究。因为是假期，所以可以安心读书。在看了这么多分析基本面的书之后，王啸越来越觉得散户做基本面研究难度非常大，而且得出的结论也很容易出现错误。首先，散户基本上不可能跑到上市公司去实地调研，而能看到的年报、公告都是 3 个月之前的数据；相反，机构有行业分析师对整个行业进行分析，可以直接对上市公司进行现场调研，而且分析师具有调研分析的专业知识。机构就像是三甲医院，可以带病人做各种检查并有专业的医生分析病情，而散户就像拿着病人 3 个月前的体检报告，靠着网上、书上的资料自学怎么分析病情。这样一比较，散户的分析完全不靠谱，这么多专业机构每天都在调研，凭什么你随便看看报告就能掌握先机？很多券商机构都有研报分析和推荐个股的服务，所以散户要做的不是从烂苹果里选好苹果，而是从好苹果里选金苹果，完全可以把基本面的分析委托给更专业的人，自己只要搞好交易方面的事情就好了，然后从研报中寻找适合的目标股，而不是自己在家闭门造车一样地做所谓的基本面分析。于是，王啸开始把交易学习的重点放在操盘方面。很快假期就过去了，5 月 2 日晚上，李子兴突然来电话，王啸心悬起来了，这时候来电话，不会是好事，多半是坏事。

“喂，王总吗？我是李子兴啊！”电话那头的李子兴焦急地说道。

“是我，怎么了？”王啸定住神儿回应道。

“我们公司因为董事长涉嫌行贿被抓，上市审批被终结了！”李子兴带着哭腔说道。

“什么？那 JL 股份的股票怎么办？”王啸焦急地问道。

“肯定会跌停的，只是跌多少不清楚！”李子兴回应道。

“怎么突然这样？一点征兆也没有！”王啸埋怨道。

“王总，这种是‘黑天鹅’事件，谁也无法预知！”李子兴回应道。

确实如此，王啸也怪不得他，只能怪自己运气不好，他没再说什么，挂断了电话。

王啸上网搜索相关信息，果然论坛里已经炸了锅，看情形明天的跌停是跑不掉了。只希望这 30 万元的盈利能够扛住亏损就好，此刻王啸只想保住本金！

5 月 3 日早上开盘，JL 股份的股票果然在竞价时段就一字跌停，连个跑路的机会都不给。紧接着 5 月 4 日、5 月 5 日，连续三日跌停，王啸的持仓由之前赚 30 万元变成亏损几十万元。因为出了这种事不知道后市如何发展，董事长被抓了，公司都有可能出问题，所以这时就谈不上什么估值水平了，王啸不得已又止损出来，在这只股票上总计亏了 70 万元。

这次的打击对王啸伤害很大，他觉得如果要想赚钱，自己必须系统地学习，所以开始寻找一些股票培训机构的课程。不找不知道，他发现了很多教授这方面课程的老师，有教基本面的，有教技术面的，还有教所谓战术的。一般都是先卖一个几百块的推广课程，推广课程里面一般都是些游戏环节，或者一些交易系统的框架和知识点，然后再从学员中间找有钱又有心学习的人进行后面的大课培训。平心而论，这些课程并不是完全无用，但是交易如此复杂的东西，想要通过几日就学到速成的法门，必然是不够的。只是当时的王啸也没有这个觉悟，正所谓病急乱投医。王啸连续累计亏损了 170 万元，自然是想尽快找到可以交易获利的方法。

王啸报名学了一个专门教技术分析的林老师的课程，一共 3 天，学费 28800 元。虽然有点贵，但是想想之前亏的 170 万元，王啸咬着牙还是交了钱，课程内容从波浪理论到布林通道线和 K 线组合及成交量都有，因为王啸还要忙着贸易公司这边的事情，所以安排在一周后开始上课。王啸计划利用这一周的空闲时间跑书店看看有没有相关的书。

D 市的新华书店总部位于市政府的东南面，对面是一个公园。在繁华的都市中，宁静是最稀缺的，王啸心乱的时候就喜欢躲在书店里让自己安静下来。书店很大，分上下两层，各种图书按类别排好，金融类的书因为相对冷门，被排在书店的东北角，王啸在这边看边选，选了一本《通往财务自由之路》放在了篮子里，这本书很系统地讲了投资哲学，体系完整、思想深刻，王啸在图书馆看过，据说卖得很好，这个书店也只剩下一本。正在找其他合适的书的时候，转角处一个背影把王啸的目光瞬间吸引了过去，只见一个身材高挑的女孩，一头乌黑的秀发，身着一件古驰款米黄色的连衣裙，让王啸看得心神荡漾。空调从那边吹来的风里还飘着淡淡的香奈儿 5 号的香水味，王啸很熟悉这个味道，因为每次出国都帮谢娟买，心想着“可惜我结婚了，如此美女只能看看罢了”。王啸定了定神，心里自我安慰地想，根据概率来说，身材这么好的女孩大部分脸都不好看，不然满街都是明星了。这样想着，心里瞬间就平衡多了。正在恍惚间，那个女孩突然转身过来，二人四目相对，王啸的目光被这张精致的脸蛋牢牢地锁住了，标准的瓜子脸，鼻梁高挺，一双眼睛又大又圆，女孩被王啸看得不好意思，扭过脸去。王啸这才发现自己的失态，正想快速地从旁边走过去，突然那女孩好像看到了什么，说道："喂，你别走。"

王啸好奇地停下脚步，想着"虽然这样看你不礼貌，但是也不至于不让我走吧"，于是问道："怎么了？"

"你这本《通往财务自由之路》哪里找到的？我怎么找了两个书店都没有？"那女孩说道。

原来是这个，王啸呵呵一笑说道："这里的最后一本，被我买了！"

"啊！"女孩失望地说，忽然，眼珠一转，对王啸嗲声说道："哥哥，这本书你让给我吧，好不好？"

王啸心道："凭什么啊？我也找了很久，难道好看就可以为所欲为吗？"他看了眼女孩，虽然不忍拒绝她，但想了想又狠下心说道："不行，我也找了很久了。"

女孩平时应该是很少被拒绝的，所以更加任性地想要，于是对王啸说道："这本让给我，你篮子里的其他书我送你！这样行不行？"

这样一来，王啸心里不高兴了，心想"有钱了不起啊"，但他不好意思跟女孩争执，就说道："这本书很枯燥，讲金融原理的，不适合女孩，你这么漂亮，应该去看看时装杂志什么的，比这个好玩多了。"

女孩一听很不高兴，坚持要买，两人在这僵持不下，王啸突然心念一动，说道："这书你肯定都没看过，'圣杯传奇'是第几章的开头？"王啸心想她肯定不知道，想让她知难而退。

"第一章！"女孩几乎脱口而出。

王啸打开书看了看还真是，但是又不甘心把到手的书白白让给她，于是问道："你这么熟悉这本书，难道是学金融的？"

"呵呵，你猜对了。"女孩微微一笑地说道。

王啸还是不想把书让给她，转念一想，突然对她说道："既然大家都是学金融的，自然是概率说了算，说着拿出一个硬币，字是我，花是你，谁赢了归谁，这样最公平。"

"好，一言为定！"女孩霸气地说道。

王啸拿出硬币，随手在桌子上一转，十几秒后硬币歪歪扭扭地平躺在桌上，菊花的一面朝上。

"哈哈，我赢了！"女孩开心地说道。

王啸心有不甘，但是愿赌服输，大男人总不能耍赖吧，于是大大方方地拿出书来递给女孩。女孩接过书，做了个鬼脸，一溜烟似地跑了。

留下王啸呆呆地站在那里，他想想虽然丢了书，但也算是让给美女了，人生就这样，有些人跟你的缘分也许注定就是擦肩而过，不知道如此美女，以后会便宜谁家的小伙子，自己不能拥有，但是看看也好，就像路边的花朵，不一定要摘下来，远远地欣赏也是一种美。

过后的几天，王啸忙着贸易公司的事，有空就学学股票，日子也算过得充实，心里有时还是会想起那个女孩的背影，不过也没当回事儿。转眼周末到了，王啸想起报名的股票课程，就开车去了上课的地点，为了做金融，王啸已经把自己的雪铁龙 C5 换成了沃尔沃 SUV，再加上赵总送的劳力士手表，至少看起来有点老板的样子了。上课的地点在 D 市的文华酒店，这里环境优美，周边也十分繁华，王啸停好车后进入酒店大厅领了识别卡，他被分在第一组。王啸到了会议室看到桌上第一组的标牌，就大大咧咧地先坐下休息，正闭目养神，突然有人拍了自己一下，王啸回头一看，又惊又喜地说道："你怎么在这？"

第八章　后院起火

1

2018年，3月5日，D市文华酒店会议厅，王啸正在闭目养神，被人在身后一拍，回头一看，正是前几天书店偶遇的女孩，王啸不由脱口而出：“你怎么在这？”

“哈哈，怎么你能来我不能来？”女孩笑吟吟地说道。

“那不敢，只是突然觉得世界好像也没想象的大嘛！”王啸风趣地回应道。

女孩今天穿了一套芬迪的西服套裙，跟那日相见的气质完全不同，整个人妥妥的御姐范儿，只是不变的依然是那双吸睛的大长腿，听到王啸这么说，她也不由莞尔一笑，说道：“既然这么有缘，交个朋友吧，我叫黄嘉雯。”说着大大方方地递过名片。王啸伸手接过名片一看：F泰基金，业务代表黄嘉雯。王啸心想“还真是做金融的”，转身从包里拿出自己的名片递给了黄嘉雯，说道：“做点小生意糊口，我叫王啸。”

黄嘉雯拿着名片看了看打趣道：“做国外贸易还叫小生意啊？你太谦虚了，你这个名字好，很霸气！”

“竟然这么有缘，我也是分在这个第一组。”黄嘉雯说道。

“你也是来学习的吗？”王啸好奇地问道。

“不是，我们跟这个课程有合作，我是过来看看有没有潜在的客户可以挖掘几个。”黄嘉雯不紧不慢地说道。

王啸听她一说就明白了，因为能花几万块钱上股票课程的，大部分人账户资金规模都比较大，私募基金的门槛是最低一份 100 万元，这样这种课程里确实会有很多潜在的客户。

课程还没开始，两人在那边你一言我一语地聊了起来。同桌的学员也陆陆续续地到了，大家互相自我介绍，整桌男人的焦点都被黄嘉雯夺去了。王啸在一旁感叹："怪不得都说英雄难过美人关，今日一见，果然如此。"9 点，主讲的林老师准时进入了会场，大家起立鼓掌欢迎。

林老师看年龄也就 40 多岁，身材极为高大，一双眼睛炯炯有神，穿了一身黑色的西装，说话声音低沉而有磁性，他站在台上对大家激情澎湃地说道："同学们好！欢迎大家来到'技术分析赢家'这个课程的现场，往后的三天将是改变你们命运的三天，你们将在这里完成交易的蜕变，成为市场上真正的赢家。"

台下的观众也非常热情地迎合着。就这样，林老师从技术分析的历史开始讲起。技术分析的基石假设之一是，历史将会重演，所以技术分析是从交易图表的变化中预测未来的变化。王啸虽然不懂技术分析，但是觉得这样的方法无异于刻舟求剑，虽然历史确实会重演，但是每一只个股本身的基本面情况不同，当时所面对的市场环境不同，股票背后的持有者心态也不同，技术分析更像一个随时留下痕迹的跟踪信号，对持股的投资者有一定的帮助，而对于把它当作一个买卖信号，王啸始终有点怀疑是否真的有效。

当时的王啸还没真正领会技术分析的精髓，所以也不好提出自己的疑问，如果技术分析没用，就不会有这么多机构的电脑上都是各种技术分析图，存在即有理，能被广泛应用，必然有它存在的意义。目前技术分析流派的广泛传播，导致两个问题：一是一致性越来越强，因为直观的技术分析形态，让普通人更容易了解市场趋势；二是价格波动性加剧，正因为认同的人越多，趋势越强，所以价格的波动空间越大。再说，操作上总要有个依据才能保持交易的一致性，只有保持交易的一致性才能发挥概率优势，既然现在没有自己的操作标准，那用技术分析作为短期内的操作标准也未尝不可。想到这，王啸开始非常认真地学习技术分析，既然要质疑它，更要把它真正搞清楚，这样才有可能发现技术分析的缺点，加以弥补。这几天的课程从波浪理论讲起，最后一直讲到K线组合应用和布林通道的用法等，王啸是整个小组里最认真专一的学生，而黄嘉雯一有时间基本都在跟小组里的同学聊天加微信，她的目的很明确，就是找到有实力的同学，推荐她们公司的产品。两天学习下来，她已经成功发展了一个客户。小组里有个很有实力的孙总，带着妻子一起过来学习，黄嘉雯一直跟他们保持着距离，不太好意思靠近。

这天下课后，黄嘉雯过来找王啸聊天说道："王总，要不要支持我一下，跟我买几份基金啊？"

"我这点实力就算了，我不过自己随便玩玩而已。"王啸尴尬地说道。

"你为什么不找孙总？你看他谈吐优雅，太太珠光宝气的，肯定有实力可以买你们的基金。"王啸不解地问道。

"我找了啊，没效果，感觉他家里理财都是老婆说了算，她太太我找过几次都没用。"黄嘉雯哀怨地说道。

"我看到你找他们聊天了，不过你这个做业务的方法不对。"王啸沉吟了片刻说道。

"哪里不对？你教教我！"黄嘉雯说道。

"我教你有什么好处？"王啸打趣地说道。

"请你吃大餐，地方随你选！"黄嘉雯说道。

"有美女请我吃饭，那是我无上的荣光啊！"王啸说道。

"快说，怎么搞定孙总，别卖关子了！"黄嘉雯催促道。

"其实很简单，你没发现孙总老婆很排斥你吗？"王啸问道。

"发现了，所以我才对他们束手无策。"黄嘉雯无奈地说道。

“这是正常的，你这么漂亮，哪个女的看到了都不放心你跟她老公接触，所以你同时接触他们两个是错误的，你应该找机会单独接触孙总，又故意让他老婆知道。她为了你不缠着她老公，反倒有可能跟你买基金！”王啸笑眯眯地说道。

“好吧，那我试试，如果成了请你吃大餐！”黄嘉雯开心地说道。

次日，林老师继续总结技术分析，主要讲大盘指数震荡行情的操作策略，震荡市主要做波段，以箱体底部支撑反弹和超跌反弹买入为主，不可追高。激进的做法是，小仓位短时间炒作短线热点板块龙头股，只能是小仓位短时间做，而且必须是短线龙头股。在震荡市行情中。保守的做法是跟随箱体震荡，在箱体底部低吸、顶部高抛的策略成功率高一些。所以合理的做法就是多做波段套利，少做趋势追高。一旦主线板块开始回调，接涨的热点散乱，无法带领大盘上涨，股价最终就会被回调的主线板块拖下水，形成普跌的走势。

震荡行情中，应主要做回落支撑策略，而且只做主线行情的标的股。当大盘走势由震荡行情变为下跌趋势时，一旦支撑位被击穿，就一定只卖出、不买进，因为只要有买进，空仓就是一句空话，空仓是要空在大跌之前，而不是大跌中，大跌中空仓的只能叫割肉。

虽然这些理论不无道理，但是王啸经过几天学习之后，觉得其实不用这么复杂，放弃无规律的震荡行情，只坚持做趋势行情就好，这样既简单又有效，越复杂的东西就越不稳定。在王啸专心上课的同时，黄嘉雯也在一本正经地跟孙总请教问题，孙太太在旁边明明很不高兴，又不好发作。就这样熬到下课，黄嘉雯又拉着孙总向他推荐她们公司的基金产品，只见孙太太不动声色地拉着孙总说道：“老公，我觉得这个产品还行，我们买两份吧！”

孙总自然顺势说道：“那就听老婆的。”

孙太太放开孙总，一把拉着黄嘉雯说："我老公平时很忙，你这个事直接找我好了，我们加个微信。"说着把自己的手机微信打开让黄嘉雯加她好友。

"好的，谢谢孙太太！"黄嘉雯一边加微信，一边偷偷地跟王啸竖起了大拇指。

很快，三天的课程结束了，王啸感觉自己学了很多技术分析的方法，但是又好像什么都不会，以前不懂这些的时候，虽然操作起来简单粗暴，但是自己还是有方向的，现在学了这么多，却反倒好像掉入了迷宫。为什么大家都说股市是精英的坟墓？因为越聪明就有越多想法和思路，必然会有越多的交易计划。这时就会出现两个问题。第一是各种交易计划执行起来遇到的决策数量多、时间短而信息又不完全，加上情绪变化的干扰，必然会产生决策错误、形成混乱的局面，而执行的交易计划效果往往很差，从而产生更混乱的局面；第二是当你有很多交易计划时，无法坚定地执行其中任何一个，因为选择太多，每个选择的结果又不确定是输还是赢，所以即使当时使用的策略是有效的，但任何一个模式都难免有亏损的时候，这时候你就会陷入自我怀疑，导致频繁地更换策略，由此导致错误的交易频繁发生，陷入无限死循环。

其实盈亏同源，当你回避风险的时候也同样回避了利润，只有亏掉该亏的钱才能赚到该赚的钱，老老实实坚持一种有胜率优势的策略，时间长了就能获得胜率优势的效果。这些都是很久以后，王啸在亏损无数次后反思才得出的体会。当时的市场环境本就非常恶劣，加上王啸交易上的迷茫，每天起早贪黑地研究，白天盯盘，晚上复盘，为了交易，他还专门买了一个 4 屏电脑，一个屏看大盘，一个屏看板块，一个屏看市场综合信息，一个屏看个股 K 线结构，这样就不用来回切换，节省了时间。虽然做了这么多努力，但是账户余额却不断缩水，上次 JL 股份的股票做 T 后还有 230 万元，现在就仅剩 150 万元了。从做股票以来，王啸两次总计投入 400 万元，现在亏损已经超过 60%。看着身边那些买房的朋友这几年轻轻松松地资产翻倍，王啸心里说不上来什么滋味。炒股的人在大多数人眼里就是不务正业的赌徒，包括王啸的父母也是这样想，所以一直反对他炒股。谢娟倒是不反对，因为这几年她根本就不管王啸，自己天天吃喝玩乐打游戏，忙得不亦乐乎。

从贸易公司抽调这么多资金出来，最终还是影响了贸易业务的发展。这几年，王啸原来的供应商都在越南开了分公司，基本上开一家就等于王啸的公司少了一个销售产品，公司总体能保持不亏钱主要还是靠相思木薄片这个产品强大的竞争力。但是这一天王啸听到王群阳传来了不好的消息，中国市场的刘总已经在越南设厂了，全部采用欧洲设备，产能每个月 80 万平方米。这个刘总本身就是亿万富翁，实力雄厚，与这种竞争对手对上，胜算极小，这就是商场啊！

自从刘总去越南建厂之后，王啸总有一种不祥的预感，屋漏偏逢连夜雨，杰盛集团的张总因身体问题退休了，新上任的李总跟中国来的刘总是老乡，所以上任之后就把张总原本给王啸的订单转给了刘总，导致王啸公司的销售一下萎缩了近三分之一。王啸为这个事跑了几次越南，李总都避而不见，没办法，一朝天子一朝臣，生意场就是这样，同样的条件下自然是先关照熟人。这几天股票市场又连续下跌，王啸手中的持仓又跌了 10%，整个人情绪很低落。

一天，王啸正在家看盘，突然手机里传来银行卡的消费提示短信：

【****银行】您尾号 9771 账户 04 月 06 日 12:37 账户消费 3700 元在哥弟女装专柜，余额 15332.44 元。

王啸看了一眼就知道是谢娟在买衣服，因为副卡在她那里。他也没在意，女人嘛，买点儿衣服正常，他就从不管她这些消费，但是不一会儿一条接一条的消费短信传过来，一直到余额只剩下 2000 多元才停下来。王啸心里很不高兴，拿起电话直接打给谢娟："你干啥呢？"

"我逛街买衣服啊！"谢娟回应道。

"最近家里经济状况很紧张，你买衣服我不反对，但是也不用一次买这么多、这么贵的吧！"王啸埋怨道。

"我买件衣服还不行了？哪个女人不穿新衣服！"谢娟在电话里直接发了脾气。

王啸本就心情不好，听到她如此回应，顿时火冒三丈，两个人在电话里大吵了一架，闹了个不欢而散。

王啸放下电话心里很难受，最近这段时间自己都尽量回避跟家人接触，因为不想把负面情绪带给家人，但是又不想强颜欢笑，所以回家基本吃完饭就一个人躲在书房里看股票，每天只有看到儿子欢快的笑容，心情才能好一些，但是又充满了内疚，觉得自己没能照顾好他。

晚上回到家，谢娟看到王啸回来，直接转身进了房间没理他，只留下天天在客厅里喊道："爸爸，你回来啦！"

王啸俯身抱起了儿子，亲了亲天天稚嫩的脸蛋。

"好扎啊！"天天一边咯咯地笑一边忙着躲闪。

"爸爸，我六一想跟我同学去杭州玩，他老家在那边，听说有很多好玩的地方。"天天开心地说道。

王啸想了一下，今年确实忙得都没有时间带孩子出去玩，这样也好，但是小孩子一个人跟别人家长出去也不放心，让谢娟也一块去散散心好了，这样也可以缓和一下跟她的关系。想到这，王啸抱着天天说："那你要听妈妈的话哦，我让妈妈陪你去！"

"好的，谢谢爸爸！"天天说着转头亲了爸爸一口。

王啸放下天天走进房间，谢娟还在生气，看他走进来也不理他，王啸走过去，刚想抱她，谢娟扭身背对着王啸，看到她如此，王啸也无可奈何，只好低声说道：“对不起了，我不是心疼你花钱买衣服，是刚好公司资金上有困难，加上最近做什么都很不顺利，所以压力太大，你也别生气了！”

谢娟没说话，只是低头在那里哭。王啸安慰了几句，从皮包里拿出 2 万块钱，递给谢娟说道：“儿子同学请他六一去杭州玩，你哥不也正好在那边嘛，你也去散散心，今年也没带孩子出去玩，正好这是个机会。”

谢娟扭头看了看，没说话。王啸把钱放下，自己回书房去了。

2

2018 年 3 月 23 日，王啸早上起来吃过早饭，在电脑前看盘，因为昨夜美联储加息超预期，今天注定 A 股市场要受到影响低开，但是以前外盘的影响都是早盘低开后震荡，下午就慢慢涨回来了，所以他也没有过于在意。9:25 竞价结束，王啸一看电脑，整个脸色都变了，持仓的所有票都是低开 5% 左右，自从上次 2016 年熔断之后，已经很少有这么异常的情况了，说明市场对加息的利空反应远超预期。

王啸的持仓总市值经过这段时间的连续下跌，只剩下不到 110 万元，如果按今天开盘这个跌法，很快就会跌破 100 万元。本来手中的股票分散成 6 只个股，想着总有个涨跌不同步的对冲，没想到，从 2018 年 2 月开始，持仓几乎天天跌，虽然分散了持股，每天总体只跌一点点，但是在长时间阴跌的情况下，等发现趋势不对时，已经被深度套牢。这就是温水煮青蛙，如果是像 2016 年那样暴跌，王啸早就警觉地止损了。现在出现加速下跌，王啸只能减少持仓规模，于是他决定用马丁格尔策略——这个决定后来让王啸后怕很多年，即只保留一只基本面最安全的股票，初始仓位 25 万元，若这只股票下跌 10%，就补仓 25 万元，这样总仓位就有 50 万元；如果此后又继续跌 10%，就把剩下的 50 万元现金全部补仓，完成满仓的目标。

当时王啸没想到后面还有更惨烈的下跌，以为千股跌停都过去了，跌了这么久，这里应该就是底部了。经过一天的挣扎，王啸只保留了一只 QS 药机，这只股票今年已经跌了 40% 了。一方面，王啸觉得医疗是黄金成长赛道，以后老龄化社会必不可少，具有防守性质；另一方面，自己既没那么多精力去跟踪，也没有那个技术去做太复杂的交易，这只股票波动比较小，所以想就拿着等机会。几年中连续亏钱让王啸备受打击，粗略统计一下，王啸个人的净资产已经只剩下 200 多万元，如果这几年没炒股，而是买两套房，自己反倒完成了千万元身家的目标。所以王啸心情很郁闷，整个人天天闷在书房里，也不愿跟家人多说话。

这天早上，马总突然来电话，说梁总最近送到的相思木原木数量少了很多，让王啸跟他沟通一下。王啸打给梁总，对方解释说是因为雨季的关系，所以王啸只是跟他嘱咐了几句让他尽快发货。放下电话，王啸想想自己很久没去越南拜访客户了，于是联系了蔡志杰，约了第二天直飞越南胡志明市。

王啸到了越南之后，第一件事就是跟蔡志杰去参观中国来的刘总开的加工厂。蔡志杰的公司是终端工厂，刘总他们一直想做他的供货商，听说蔡志杰要来很开心。刘总并没有见过王啸，蔡志杰就说他是自己公司的业务员，带王啸在刘总公司里里外外地看了一圈。王啸偷偷地跟蔡志杰说道："他们现在做的跟我们之前要拉赵总和朱总做的工厂是一样的，只是当时他们两个不肯投资，错过了大好时机！"王啸一边说一边遗憾地摇摇头。

蔡志杰拍了拍王啸安慰道："是的，你的眼光一直都很准，他们在这边动作很大，又是本地生产，对你的冲击是长期而深远的，你要小心他们。”

“唉，怎么小心都一样，客户也要逐利，别说他们，哪天你要跟他买我都能理解，毕竟你工厂也几百号人要吃饭。”王啸说道。

“嗯，他们找我很多次了，也知道咱俩的关系，如果他们的价格跟你差距超过 5%，我就只能公事公办了。”蔡志杰说道。

“理解，我们是兄弟，做不做生意都不影响我们的友情！”王啸说道。

“你也不用太担心，他们目前在越南买的相思木没你的原料有优势，虽然是自己加工，价格便宜点，但是货的等级不如你的好。”蔡志杰说道。

两个人从刘总的工厂出来后，迎面看到一台车直接开进刘总的工厂。两台车交错之间，王啸看到对面车内有一个熟悉的身影，但是一时之间又想不起来是谁，就没再多想。

出厂门后王啸先打了电话约了王群阳晚上一起吃饭，又继续走访了几个客户，发现现在自己只有在相思木薄片领域还有竞争力，别的产品市场已经被中国来的厂商抢完了，这些厂商的成本平均比王啸低 8%。做贸易赚的就是这点利润，所以王啸干脆跟客户挑明了，说自己做不了，让他们跟别人买，省得客户为难。晚上，王群阳到了酒店，王啸远远地看到就迎了出来。

“哥哥，好久不见，最近还好吗？”王啸热情地说道。

“还行，你好像胖了，看来过得不错！”王群阳笑道。

“难得聚一块儿，今天晚上大家喝个痛快。”蔡志杰对王群阳说道。

三个人走进包房，蔡志杰事先已经点好了菜，大家坐下边喝边聊，气氛很融洽。王啸不由回想到自己刚来越南的那个时候，第一次喝酒也是这三个人，一晃眼时间过了这么多年，大家还跟当年一样亲如兄弟，心里非常感动。虽然身价相差悬殊，但是相交贵在知心，有这两个好兄弟也不枉此生了。几个人推杯换盏，喝得很尽兴。王啸喝得迷迷糊糊，但脑子里却还不自觉地在想在刘总工厂门口看到的车上那个人，怎么那么眼熟，到底是谁？突然间他脑海中闪过一个人，吓得汗毛都竖起来了，瞬间酒醒了一半，那个人怎么这么像海南的梁总！！！

蔡志杰看王啸突然间脸色惨白，忙问道："怎么了，身体不舒服吗？"

"没事，我出去打个电话。"王啸心事重重地说道。

王啸找了个安静的角落，拿出电话打给海南梁总，电话响了很久对方却没有接。王啸看了看时间，晚上 9 点多，就又一次打了过去，这次响了几声后对方终于接了。

"王总，你好，刚才在外面没听到，你找我有什么事吗？"电话那头梁总慢声说道。

王啸不能确定在刘总工厂门口看到的是不是他，索性直接诈他一下，故意在电话里说道："梁总，来越南怎么不跟我说一声，跟刘总谈得怎么样？"

"什么刘总？哦，你是说今天那个工厂啊？我是被人拉过来越南玩的，不知道你也在越南。"梁总见被王啸识破，只好狡辩道。

王啸心里一沉，完了，这次自己被人釜底抽薪了，顿时觉得自己被耍了，但是生意场上，你也不可能不让别人卖吧。

王啸不忿地问道："梁总，大家合作这么多年，我自问没啥对不起你的，你能有新客户也替你高兴，我就问一件事，刘总买了多少？价格是多少？"

王啸此时还抱着侥幸心理，想着如果他们没签合约，也许自己还有机会把原木截下来。

"他跟我签了两年的合同，价格跟你一样，数量是你的三倍，他们工厂很大，你也看到了！”梁总不好意思地回答道。

完了，这次彻底完了，自己最有优势的产品市场也被抢走了。王啸心里跟刀绞一般地痛，但是他也知道，早晚会有这么一天。物竞天择，适者生存。

事已至此，不能让事情进一步恶化了，王啸决定先稳住梁总，于是客客气气地跟梁总说道：“没事，生意大家做，这样吧，原木这里我每立方米按现在的价格再跟你涨 100 人民币，但是你要优先把最好的木头供给我！”

“可以的，都是老朋友了，你说怎么样就怎么样。”梁总顺势说道。

挂断电话，王啸回到包间，把情况跟蔡志杰他们说了一下。他们也一筹莫展，王群阳问道：“既然事已至此，你为什么还要抬高原木的价格？”

“因为我后面本就不打算多买了，我买得少就要精品多一些；另外，抬高价格后，梁总自然也会找机会跟刘总涨价，他是个很会钻空子的生意人。”王啸解释道。

“下一步你打算怎么办？”蔡志杰问道。

“找刘总谈判，我后面不做了，他给我一段时间，让我把手上的货处理完，我退出相思木薄片市场，这样他就少了一个竞争对手，反正他现在还没开始生产相思木薄片，所以对他也没有影响。”王啸无奈地说道。

“看来也只好如此了，那需要我帮你约刘总吗？”蔡志杰问道。

“需要，明天上午吧，你是他的客户，他肯定不敢拒绝你！”王啸说道。

“好的，交给我吧，明天我陪你去，他要是赶尽杀绝，我帮你收拾他！”蔡志杰安慰道。

这样几个人也没有再喝下去的心情了。大家道别后，王啸跟蔡志杰回他家别墅住，这里的菲佣已经认识王啸了，早帮他收拾好了房间。王啸躺下，一晚上辗转反侧，没睡踏实。

第二天早上，王啸胡乱跟蔡志杰吃了碗越南米粉就来到了刘总的工厂。业务经理客气地把他们迎接进了刘总的办公室。刘总快步地迎了出来，他已经见过蔡志杰几次了，所以跟蔡志杰热情地握了握手，转身对着王啸说道："你就是王啸吧？我可是久仰大名，今天算见到真人了！"

"刘总，您客气了，做点小生意糊口，让您笑话了！"王啸客气地回应道。

刘总让几人坐下喝茶，王啸前天就见过刘总，知道他是个很老到的人，所以也不想废话，开门见山地说道："刘总，看年纪您是长辈，我就开门见山了。我知道您工厂要大量生产相思木了，您也知道小弟我就靠这点产品活着，您如果生产，我自然没有优势跟您竞争，今天来不为别的，只求刘总给我几个月的时间差，先不要动我的客户，让我把手中的存货清理掉，后面我退出这个产品的市场，就算是给您让个道，不给您添乱！"王啸恭敬地说道。

"噢？我还没开始动你就知道了？并且为什么这么快就放弃了？这个产品你在越南做得最好，大家都知道，这样放弃岂不可惜？"刘总好奇地问道。

"没办法，狐狸再狡猾也斗不过老虎！我跟您的差距不是一点半点，既然长期下去没有胜算，我何必再浪费时间。"王啸老老实实地回应道。

"如果等您产品上市，我要跟您竞争，只能降低售价，这样我既少赚了钱，又破坏了原本的市场生态，既然这样，干吗不请您高抬贵手让条道给我，我把库存出完，这个市场就是您的了。"王啸这话看似恭敬，但是也等于提醒刘总，如果不让，他就降价，到时候刘总产量多，他受的损失更大。

蔡志杰看刘总要说话，自己抢先说道："刘总，王啸是我兄弟，大家都是好朋友。"

"蔡总，多虑了，王总这个提议我没有异议，说真的，我还挺佩服的，我在他这个年纪尚没有他的思维能力，做事杀伐果断，很有魄力！"刘总赞道。

"感谢刘总谬赞，那咱们就一言为定，您给我 4 个月时间处理库存就好！"王啸感激地说道。

谈妥了这个，蔡志杰推说还有事，谢绝了刘总中午留下吃饭的邀请。出来后王啸自己带着司机把所有的客户跑了一圈，费了九牛二虎之力跟客户签了后面 4 个月的合同，刚好够把仓库的存货出清。回到蔡志杰家，王啸整个人累得瘫在床上睡着了。

第二天王啸睡到很晚才起来，告别了蔡志杰飞回中国，安排完成给越南的订单，时间一天天地流逝，转眼到了 6 月 4 日，王啸终于出完了所有的库存。那只 QS 药机中途因为下跌到了设定的买点，王啸两次补仓已经 100 万元满仓了，目前盈利 10%，持仓总计 110 万元。

谢娟陪着天天跟同学一家去了杭州过六一儿童节，王啸难得清静下来，既没有货要出了，老婆孩子也不在家。晚上，王啸突然收到消息——QS 药机公司因为官司 8 个银行账户被冻结了！这个消息简直是晴天霹雳，王啸不由暗暗叫苦，上次 JL 股份"黑天鹅"事件历历在目，所以当晚 12 点就把持仓的 QS 药机挂在跌停价卖出。果然不出所料，次日开盘 QS 药机封跌停开盘，但是因为王啸是头天半夜挂的单，优先成交，所以在跌停打开的瞬间全卖出。死里逃生，躲过一劫，这让王啸非常高兴，自己能满仓躲过真是奇迹。自此以后，王啸再也不敢满仓一只股票了。

谢娟和天天晚上从杭州飞回来，王啸去机场接机，见面后天天很兴奋，一路说个不停，谢娟在旁边默默不语。突然，越南传来坏消息，刘总在市场上放出风声说王啸以后不做相思木薄片了，有两个客户觉得这样以后跟王啸也没什么来往了，直接翻脸扣住货款不给，找借口说到货的相思木薄片生了虫，王啸不得不办理加急签证，准备去越南处理。第二天办理好签证，王啸让谢娟送自己去机场，到了机场后王啸下车，发现谢娟欲言又止，以为她是担心货款的事，就安慰道："放心吧，我能处理好，你在家看好孩子就行！"

"不是的，我想说，等你回来我们把婚离了吧！"

"啊！"王啸瞬间被惊得目瞪口呆！

第九章　峰回路转

1

越南胡志明市，王啸乘坐的航班刚落地，蔡志杰的电话就打过来说道："我到了，在老地方等你上车。"

"好的，我大概需要 15 分钟。"王啸答道。

胡志明市虽然是越南的大城市，但是机场却不大，一般从落地到拿到行李最多 15 分钟，王啸在这来来回回不知道飞了多少次，只是这次的心情跟以往完全不同，不只是做了多年的贸易即将终结，同时终结的还有十几年的感情。在来的路上，王啸怎么也想不通为什么谢娟突然要离婚，但是他目前也无暇顾及，只留下一句"等我回来再说"，就狼狈地上了飞机，仿佛飞走了就可以逃避这一切。拿到行李，王啸出了机场大厅，蔡志杰的奔驰已经停在 3 号门口了，司机下车用蹩脚的中文向王啸问好，接过行李放在后备厢。王啸上车后，蔡志杰笑着对王啸说道："这边新开了个日料店，味道很不错，我给你接风！"

"不了，我们直接回家，叫菲佣给我煮碗面就行。"王啸神色凝重地说道。

蔡志杰一看王啸脸色不对，就跟司机说回家，路上王啸简单地跟蔡志杰说了一下生意上的情况，因为离婚的事还没确定，所以就没提。

蔡志杰说道："如果这样说，这个钱不好收的，你也知道，这点钱还不够国际官司的律师费。"

“我应该可以处理好，想要全身而退是不可能了，就看这些人还有没有剩下一点情面了！”王啸无奈地说道。

“实在不行，我帮你找本地的黑帮，他们肯定能要回来！”蔡志杰愤怒地说道。

“不用，咱们做生意尽量不招惹这些人。”王啸毫不犹豫地说道。

“那最好，反正有什么需要尽管开口。”蔡志杰大方地说道。

很快到了蔡志杰家，菲佣已经煮好了面，王啸随便吃了口就回房间去整理资料了。

第二天一早，王啸就叫司机载他赶往第一个客户周总的工厂。这个客户是王啸最近几年开发的，平时关系还可以，想不到会突然来这么一下。车到工厂大门后，保安看是本地的车辆，所以很顺利地放行了。王啸走进办公室，跟前台小姐说要见周总，结果等了一小时也没见到，打电话对方也不接。王啸没办法，打给了蔡志杰问道：“你认识周总他们出货的客户是哪些人吗？他现在不见我，我想你帮我拉他们客户来一起，我就不信客户他也不见！”

“我认识一个叫麦克的美国人，是个中国通，汉语比你我都标准，关系还不错，他在越南很多工厂都下单，也包括周总他们，我现在约他过去跟你会合！”蔡志杰说完挂断电话，帮王啸约麦克，王啸在周总的工厂又等了快一小时，蔡志杰带着麦克过来，果然周总从办公室出来迎接麦克，假装没看到王啸，就想迎着麦克他们往里走，这时蔡志杰发挥了僚机的作用，假装很惊讶向王啸打招呼道：“王总你也在这啊！”

他这样一说，周总也没办法再装看不见了，转身故作惊讶地埋怨前台小姐说道：

“王总什么时候来的？怎么不让他进去？”

前台小姐听得脸上一副快晕死的表情，可是也不敢说什么。

王啸忙打圆场道：“我也是刚到没多久。”

“既然碰到了，一起进去坐吧，都是熟人。”蔡志杰对王啸说道。

周总也只好叫王啸一起进去。几个人进去泡茶，麦克向周总问起了订单进度。说起来也巧，因为相思木最近在美国流行，所以麦克订的刚好都是相思木薄片。他又听蔡志杰说王啸就是相思木薄片的供应商，所以很感兴趣，就跟王啸打听相思木的一些植物特性、生长周期之类的问题，兜了几个圈子，麦克突然问道：“王总，你的相思木薄片每平方米价格是多少？”

王啸知道这个问题关乎生死，因为周总不可能老老实实地把买原料的价格对客户报实价，一般都会报高成本好多获利润，所以这个价格要回答高多少才合适，王啸也不知道。他索性就比实际的卖价报高 50%，跟麦克说道：“麦克先生，我们的售价是每平方米 1.5 美元。”

麦克听了没说话，拿过桌上的计算器按了半天，对周总说道：“那你们的利润也不算高啊！”

周总在旁边一颗悬着的心总算放下了，忙顺势说道：“麦克先生，所以才说跟贵公司只是交个朋友的价格，比起价格，我们更珍惜跟贵公司的友谊！”

王啸心道：“这个周总够黑的，赚这么多还装好人！姓周可惜了，应该姓韦，跟韦小宝一样奸猾！”

后面几个人聊了一会儿，蔡志杰看时机差不多了，就找借口把麦克拉走了，只留下王啸和周总。周总送走麦克他们，回来马上换了副嘴脸对王啸说道：“我知道你来干什么的，你最后这几批货里面都有虫孔，你看怎么处理好？”

王啸想了想说道：“货是我的，有问题我处理是应该的，相信你也听说了，相思木薄片后面我不做了，如果你觉得货有问题，我把货拉去蔡志杰工厂，请他帮我卖，以他跟麦克的关系，麦克一定会帮忙，到时麦克肯定要卖回给你们，可能货转一圈又以更高的价格回到您工厂。何必这么折腾，我刚才不也全力在帮您吗？你就扣个 10% 作为惩罚算了，我的货就算有生虫的，也绝不会超过这个数量。”

周总听罢无奈地点了点头说道：“既然王总自己都这么说了，那就这样吧，我们明天准时付款。”

“好的，感谢周总这几年的支持，有机会中国见！”王啸真诚地说道。

辞别周总，王啸去找第二个欠款不给的客户。这个客户是越南华侨，跟王啸合作以来各方面都比较配合，今年说扩大生产，所以这几个月订了很多货。等王啸到了地方才发现，工厂今早就被当地的警察查封了。跟周围人打听才知道，老板已经跑路去了外国，这种情况神仙也没办法，王啸只好叫司机载他返回。

到蔡志杰家以后，王啸统计了一下损失，主要第二个客户那边血本无归，之后又清算了一下，把当年创业借蔡志杰的 100 万元连本带利还给他。王啸当时创业成功之后一直没还这笔资金，就当帮蔡志杰理财了，现在越南的生意结束，就正好还给他。扣款加烂账损失总计 110 万元，王啸在越南这边还剩下 130 万元。忙忙碌碌这么多年，最后只剩下这点钱，王啸心里很失望。晚上跟蔡志杰喝酒说到谢娟突然想离婚的事，蔡志杰安慰道：“女人就这样，你回去好好哄哄就是了！”

“我其实对她早就失望透顶了，只是不想孩子没有妈妈，以后在单亲家庭长大！”王啸喝得晕乎乎地说道。

“不提这些不开心的，你我兄弟今天一醉方休！”蔡志杰心痛地看着王啸说道。

2

王啸早上辞别蔡志杰，从越南飞回 D 市，在机场里给谢娟买了些化妆品，给天天也买了玩具，让谢娟带着天天来接他，一见面天天就兴奋地冲过来，王啸抱起天天亲了好一会儿，天天试探地问道：“爸爸，有没有帮我买玩具啊！”

“有的，回家拿给你。”王啸说道。

一路上谢娟也没有说话，王啸在后面抱着天天讲故事，心里却在想自己还能不能给儿子这个完整的家了。晚上路上的车比较少，很快就到家了。王啸低声跟谢娟说了句：“我明天跟你聊聊。”

“嗯，好的！”谢娟也没再说什么。

第二天早上，谢娟送天天去了幼儿园，王啸睡醒看看表已经 10 点多了，想了想，在谢娟最喜欢吃的伯顿餐厅定了个包房，自己起床洗漱了一下，给谢娟发了个微信约她在那里碰面。王啸提早一步过去，进入包房后，领班小姐认出了王啸：“王总，今天吃点什么？”

“你好，麻烦帮我点菜，就平时我太太爱吃的油爆双脆、豆豉蒸排骨、红烧肉、糖醋鱼、白灼虾、姜葱炒蟹、蒜蓉生菜这些都来一份！”王啸说道。

“好的，请问您这边几位呢？”

“就我们两个人。”王啸说道。

“王总，那点这些菜吃不完哦！”领班善意地提醒道。

“你别管，只管上就是了！”王啸有点不耐烦地说道。

“您和太太感情真好！”领班临走时说了一句。

王啸心里苦笑了一下，也不想解释。

菜陆续地上齐了，谢娟也到了，一进门看到一桌子菜，愣了一下说道：“怎么点这么多？”

王啸没说话，拉过椅子让她坐下，解释道："这都是你爱吃的，先吃饭，有什么事吃完再说。"

谢娟放下皮包开始用餐，王啸也没说话，跟着一起静静地吃饭，过了一会儿，王啸看谢娟吃得差不多了，就问道："能说说什么情况吗？为什么好好的突然要离婚？"

谢娟放下筷子说道："没什么，就觉得这日子过得没意思！你天天忙你的，也从不关心我，我们白天好夫妻，晚上好邻居！"

"就这？我承认我最近对你关心确实不够，但是我以为你天天打游戏、看韩剧过得挺开心的，大不了我以后抽时间多陪陪你就是了！"王啸安慰道。

"你也别说以后怎么样，我反正过够了，我们好合好散吧！"谢娟斩钉截铁地说道。

"我们离婚了，天天怎么办？他还这么小？你忍心让他过没有妈妈的生活吗？"王啸不忍地说道。

"天天有奶奶照顾我很放心，反正平时也都是她在照顾。"谢娟说道。

"你也知道我这几年生意不好，钱都套在股票里，手上没什么钱，这次去越南又亏了很多钱！"王啸黯然地说道。

"我不要你的钱，也不要孩子，我就想一个人过！"谢娟表情严肃地说道。

王啸听到她连孩子都不要，心里怒火一下就燃起来了，想了想还是压住怒火跟谢娟解释道："我不知道你咋想的，可能觉得我冷落了你，但是生活并不像你看的韩剧里演的那样，都是浪漫爱情、不食人间烟火，如果说人生幸福的餐桌上也有面前这七道菜，那每道菜对应的是亲情、爱情、友情、事业、财富、健康和好运，但是人不可能不留遗憾地全部拥有，真实的生活是像这桌菜一样，你这个吃得多了，另外的就吃得少了，人的精力、时间就像胃一样，只有这么多，咱们家这个情况，你我都是出身贫寒，要维持现在的生活质量就已经耗光了我所有的精力了！”

“所以我想过我想要的生活！”谢娟争辩道。

“问题是你只是凭感觉任性妄为，其实并不知道你真正需要的是什么。人在小孩时喜欢糖，长大了喜欢酒，糖是甜的，酒是苦的，小时候不懂酒那么苦，大人们为什么喜欢喝，长大后才明白，能麻醉自己、逃避生活，酒这点苦算什么？

“爱情是一种情绪，是情绪就有变化，每一个情绪高点都是唯一的，就像你打单机游戏，全部通关一次以后，后面再怎么打都不会觉得更好玩！这时你就会觉得别的游戏更好玩，但是再次通关以后，你会发现这跟上个游戏比起来也并没有什么特别的，感觉永远是没玩过的游戏更好！爱情就像风一样，哪怕曾经掀起惊涛骇浪，也可能很快就消失不见，风平浪静后都是升华成亲情一样的存在！”

王啸极力地解释道。

“所以你终于承认了，你早就不爱我了吧？”谢娟幽怨地说道。

“我对你至少也是另一种爱，物质基础决定了生活方式，如果家里只有一块钱，肯定是拿来买馒头而不是买玫瑰。每个人都想活成自己想要的样子，但是你想做什么和你能做什么是两回事。我每天想的都是怎么赚钱养家，让你们过好的生活，确实没办法挖空心思去哄你开心。”王啸继续解释，希望能让谢娟回心转意，但是无论怎么说她都不为所动。王啸也有些累了，就跟她说看在孩子的分上，请她回去再考虑一下。就这样两个人不欢而散，王啸自己先走了。

晚上回到家，王啸在车上跟蔡志杰打了个电话，简单地说了谢娟坚持离婚，但是也没什么特别的原因，因为两人既没有吵架，也没有冷战，就是正常地过日子，王啸也不知道为什么突然会这样！

蔡志杰听完，在电话那头沉默了一会儿说道：“你有没有想过，她是不是外面有人了？”

“应该不至于吧，说真的她也不算漂亮，一个农村姑娘，人也不够聪明。”王啸回应道。

“你自己都说了，人是会变的！”蔡志杰反驳道。

王啸从未往这个方面想过，匆匆地跟蔡志杰挂断电话，回到家里突然想起什么，于是跟天天说：“爸爸带你去楼下买好吃的！”

“好啊！”天天很开心地说道。

王啸带着天天在楼下的肯德基里吃冰激凌，看天天吃得开心，就随意地问了一句：“杭州好玩吗？”

“好玩啊，妈妈带我玩了好几个地方。”天天说道。

“爸爸问你，妈妈晚上有没有留你一个人在房间的时候？”王啸紧张地问道。

“有啊，有几次半夜我睡醒了，她都不在我身边，我打电话给她，她很久才回来！”天天漫不经心地说道。

王啸瞬间火就上来了，心想：“她竟然真的敢这样，还把孩子一个人留在房间里！不用说，那个跟她约会的人肯定也在酒店的另一个房间。”

“这个贱人！”王啸心里骂道，“我还百般挽留，既然如此，还有什么好说的？自己辛辛苦苦努力赚钱，老婆却在外面跟人约会！”

之前王啸就发现她打游戏的时候经常“老公老公”地叫别人，他也没在意，毕竟游戏里都是这样乱叫的。想到这些，王啸气得脸色发青，但是不想吓到天天，所以回家后也没有跟谢娟对质。

第二天，等所有人都出门了，家里只剩下王啸跟谢娟。王啸对谢娟问道：“你是不是真的想离，如果你现在改变主意，我就当什么都没发生过！”王啸还是想哪怕牺牲自己也要给天天一个完整的家。

“是，我想好了！”谢娟没有丝毫动摇的意思。

“既然如此，我成全你！”王啸拿出户口本说道。

两人开车直接去了婚姻登记处，办完了手续，出来之后两人平静地吃了一顿饭，也算是和平分手，只是不敢跟天天说，只说谢娟的妈妈在老家生病，需要回去照顾。谢娟本来把王啸送的首饰、名表、包包这些都要留给王啸，王啸拒绝了，说道："既然是送你的，就带着吧。夫妻一场，留个纪念！"

说到这，两人都黯然泪下，毕竟一起这么多年，虽然不能白头到老，也希望一别两宽、各生欢喜吧！

第二天一早，王啸送谢娟去车站，还是没忍心，在她包里放了一笔钱，就当是最后送一程吧。分别时，王啸依依不舍，毕竟这么多年的感情，到了检票口，他含泪说道："娟子，抱一下吧，祝你幸福！"

谢娟轻轻地抱了一下王啸，什么也没说，转身就走了。王啸在原地看了很久，想看看谢娟有没有回头看看，直到她的身影离开视线也没见到。

果然是变心的女人最绝情！

3

王啸送走了谢娟，开车来到了马总的工厂，现在这里已经全面停产了，他过来是要跟马总清算一下尾款。马总看到王啸过来，把他带到楼上办公室里详谈。

"接下来有什么打算吗？"马总问道。

"还不知道，打算二次创业找点事做。"王啸说道。

"别折腾了，过来帮我吧，想入股也行，不想入股帮我管工厂也行，你办事我放心！"马总真诚地说道。

"我不想做木业了，还是那句话，没前途！"王啸说道。

"那你有什么好出路吗？"马总问道。

"改革开放以来，每个时代发大财的人都不一样，80 年代初期，有特殊渠道和资源的人赚了大钱；90 年代开始，胆子大、在各行各业用杠杆把企业规模做大的赚了大钱，比如万科、联想、美的等；2000 年以后，搞互联网经济的赚了大钱，比如阿里、腾讯、百度等；最近这十年，有技术创新的人赚了大钱，比如大疆、华为、比亚迪等，以后的趋势肯定是技术为王，没有核心技术的企业走不远的。”王啸严肃地说道。

“问题是就你现在剩下的这点钱，一没学历，二没资源，能开发什么核心技术？”马总不解地问道。

“普通人能以小博大的机会虽然不多，但也还有，首先是发明，这东西有专利保护，这就是最起码的核心技术，科技类发明需要很高的门槛，这个不用考虑，但是老百姓可以搞有特色的食品，你看老干妈不是发展得挺好嘛！”王啸淡淡地说道。

“这是个办法，还有别的吗？”马总追问道。

“写作也是一条路，但是门槛也很高，需要极高的认知去为大众解决心中的困惑，解决多数人的痛点，这样才有价值，有价值才有市场。”王啸继续解释道。

“那这些跟炒股有什么关系？”马总不解地问道。

“炒股是一边混圈子，一边搞技术研发，一旦成功，前途不可限量；当然，如果失败了，结果也很惨。我现在反正也无事可做，就先研究这个看看有没有机会。”王啸说道。

“好吧，我还是那句话，祝你早日成功。”马总说道。

“我会努力的，有什么事保持联系。”王啸说道。

王啸辞别马总开车回家，找了个天天不在的时候跟父母说了离婚的事，只是没说谢娟出轨的事，他自觉难以启齿，父母难以理解，但木已成舟，只好先瞒着天天。

王啸想利用这段时间在家好好地做股票，于是从 7 月初开始就每天在家看盘分析，做交易总结，忙得晕头转向，但成绩却越来越差，到10月正好3个月时间，又亏了60多万元，大盘指数也一路跌到了2500点，整个A股市场哀嚎一片。王啸终于扛不住了，算了一下只剩下150万元的资产，自己前前后后在股市亏了近500万元，这个教训太惨痛了。

痛定思痛，王啸总结了以下几个亏损的原因。

第一，因为市场上好机会不一定很多，但风险却随时存在，进入市场后要先看风险，后看机会，自己的风险意识太差了，这么长时间一直满仓操作，总想着快速回本，就没想过满仓的风险好比汽车最高速度是每小时200千米，但是没人会总跑到这个速度，能跑多快是要看路况的。同样，在股市中建多少仓位要看市场环境的好坏。明知道市场环境不好还要满仓，就像你明知道这条路很烂，但却非要开到爆表的速度，如此怎能不败？主要的风险是整体大市的系统性风险，以及相关个股的博弈性风险；次要风险是操作风险等小概率事件。遇到系统性风险时，就像对方乱箭齐射，这时刀法再快也没用，所以一定要回避乱箭齐射的风险。最好的办法就是空仓，空仓是应对系统性风险的唯一有效措施。

第二，风险控制的首要手段是在行情不确定有明确趋势时空仓；其次是止盈，止盈是在行情正在发生趋势性衰退时主动减仓；最后才是止损，止损是在行情已经发生趋势性变化时被动减仓。股票价格的变化有很多不确定性因素，需要用大的趋势周期去包容操盘中的错误和小周期的不确定性，所以顺大势、逆小势是一种主动性的风险控制策略。

既然意识到目前股票市场不行，资金又不能这样空着，正好马总帮王啸接了个相思木国内地板料的订单，整个生产加交货工期差不多4个月，即到2019年3月下旬。王啸觉得做完这个订单再回来炒股也不迟，就签了这个订单。

没想到 2019 年 2 月到 4 月大盘指数开始暴力反转，很多个股走出了翻倍的行情，而王啸的资金都压在原料上，眼看着大好行情自己却没有钱买入，只能感叹造化弄人。古诗有云：时来天地皆同力，运去英雄不自由！王啸现在只好一边学习、一边等资金回款到位，“技术分析赢家”课程正好本周有一次课，王啸现在最不缺的就是时间了，所以第一时间报了名，心里想“说不定还能遇到那个黄嘉雯，跟美女聊天也是一种幸福”。上次一别后虽然彼此留了电话，但是王啸有自知之明，没有给她打过，也没接到过她的电话，大家本就萍水相逢，随缘就好。

第二天王啸过来上课，果然黄嘉雯不在，林老师继续老调重弹地讲技术分析，课程也没什么新意。听课到下午四点多，王啸正准备走，却见黄嘉雯在门口跟他招手，于是跟林老师打了个招呼，就从教室里出来了。

黄嘉雯嗔怒道：“你怎么不打电话给我？我打给你也不接？”

“没有啊，我哪里敢不接大美女的电话！”王啸惶恐道。

“就前几个月，我们分开不久我想请你吃饭，打你电话都是关机，后来忙别的事就忘了找你。”黄嘉雯追问道。

王啸想了一下那个时间，自己在越南，于是解释道：“我当时在越南，所以中国的手机关机了。”

“原来如此，走吧，今天请你吃饭，上次说好的！”黄嘉雯热情地说道。

“好啊，能让美女请我吃饭是我的荣幸！”王啸风趣地说道。

“坐我车吧，我带你吃正宗的川菜。”黄嘉雯说道。

“原来她是四川人。”王啸心道。走到外面，路旁停着一辆红色新款的奥迪 A4，不用说，这就是黄嘉雯的车了。上车之后她一路开得行云流水，很快就到了一家叫天府之国的饭店。黄嘉雯麻利地停好车，进门报了自己的手机号，服务员带路引着他们进了里面的广元包间，这里面的房间都是以四川的地名来命名的。

“你看看喜欢吃什么？”黄嘉雯把菜谱递过来。

“川菜我只知道水煮肉片和麻婆豆腐，就这两个吧。”王啸随意地说道。

“那再上一些海鲜，串串虾和辣炒花蛤，一瓶泸州老窖。”黄嘉雯对服务员说道。

“还喝酒啊！”王啸惊讶道。

“给你点的啊，我陪你少喝点。”黄嘉雯热情地说道。

既然如此，王啸也不好拒绝，很快菜就上来了。

香气浓郁，色泽红亮，一看就是非常地道的川味美食，黄嘉雯端起酒杯对王啸说道：“王总，感谢你的指点，以后多多指教！”

“客气了，举手之劳而已。”王啸客气地回应道。“不用叫王总，我现在已经不是老板了，贸易那条路断了！”王啸尴尬地解释道。

“条条大路通罗马，以你的能力，没问题的，那我以后就叫你啸哥。”黄嘉雯安慰道。

“好，那我就直接叫你嘉雯，现在都不流行叫人小姐。”王啸打趣道。

“嗯，今后有什么打算？”黄嘉雯问道。

“我的目标其实一直都一样，就是想做好股票，但是现在发现这个难度远远超出我之前的想象，所以也很彷徨！”王啸感叹道。

“你炒股是为了什么？是想赚快钱吗？”黄嘉雯问道。

王啸于是把自己这些年从年轻时梦想炒股到白手起家后，为了梦想又来炒股的经历都跟黄嘉雯讲了一遍，只是没讲老婆出轨离婚的事，因为觉得丢人。

黄嘉雯听后很受感动，说道：“想不到啸哥经历这么坎坷，这年头 20 岁的人有梦想是因为天真，到了中年还能坚持梦想的人少之又少。就凭这个，我敬你一杯！”

两个人边喝边聊，越聊越投机，彼此说了很多各自生活的不易，都觉得跟对方很投缘。黄嘉雯也渐渐喝醉了，对王啸说道："你这样自己在家闭门造车地研究没有出路，读万卷书不如行万里路，行万里路不如高人指路。我认识一个基金经理，水平很好，为人很低调，但是他轻易不收徒弟，我也只有他微信而已，我把他的微信推荐给你，你们聊聊，你这么聪明，说不定他喜欢你，就收你做徒弟了。"

黄嘉雯说着拿起手机，把一个微信号推荐给了王啸，同时跟对方发微信留言说王啸是她的好朋友，很努力也很有天赋，等等。两人放下手机继续喝酒，喝完白酒又各自喝了几瓶啤酒。王啸看黄嘉雯有点醉了，就去买了单，叫了个代驾一起送黄嘉雯回家。上车时还好，等到了地方黄嘉雯已经醉得不省人事了。

没办法，王啸只好把她送到家，进门发现这是一套两居室，里面打扫得干净又温馨。王啸把她扶进卧室，看着她喝醉后的样子，忍不住想亲近一下，刚俯身下去，猛地定了定神，心里暗骂自己禽兽，人家把你当朋友，你竟然想趁机占便宜，想想都羞愧。于是帮她脱了鞋，倒了杯水放在床头柜上，转身快步地走出卧室，轻声锁好大门之后，自己打车回家去了。

王啸走后，黄嘉雯麻利地起身，看了看床头柜上的水，笑了，心道这个朋友看来可交。以她的酒量，喝一瓶白酒也没事，她只是想看看王啸是不是真的像看上去那么真诚，结果很不错，自己没看错人！

王啸坐车到家后，一身酒气，就跑去卫生间洗了个热水澡，整个人也轻松不少。他躺在沙发上无聊地拿起手机，突然微信传来消息，"我通过了你的好友验证请求"，正是那个基金经理！王啸突然觉得好像在迷雾中看到了希望。

第十章　拜师学艺

王啸通过黄嘉雯的介绍，顺利加了 JX 基金经理孟凡宇的微信，这对王啸来说无疑是在迷茫之中找到了方向。王啸不想一开始就黏着人家，让人产生厌恶，所以很客气地发了一段自我介绍给孟凡宇。

“您好，我是嘉雯的朋友，听嘉雯说过您的投资历程，一直仰慕，很高兴认识您，想有空请您吃个饭，您看什么时候方便？”

隔了一会对方回复道：“吃饭不用客气，有什么问题可以留言给我，我看到了会回复，仅供参考。”

“好的，感谢您，我以后如有问题请教，收盘后晚上发给您，您有时间再回即可。”王啸说道。

对方没再回复，王啸想了想，发了个大红包过去，对方也没收。毕竟要取悦一个自己随便都能赚钱的人，靠这点小利是不可能有效的，但是这至少可以表明一个谦卑求教的态度。接下来的日子，王啸自己静心在家研究，遇到一些解答不了的问题，就积攒起来留言给孟凡宇。

一次，王啸问：“分析和操盘产生冲突时，如何选择？如何坚守目标？”

“分析是预判方向，操盘是验证方向，以跟随市场变化方向的操盘为主，有完整的交易计划就能坚守目标。”孟凡宇回复道。

王啸问：“如何在第二波走势中确定是反弹走势还是反转走势？”

“反弹走势多为单独的脉冲信号，反转走势多为板块共振并具有持续性进攻信号。”孟凡宇回复道。

王啸问："短期利益和长期利益冲突时，有什么科学的处理方式？"

"这个要看你目标设定是长还是短，不能执行与目标相反的操作，比如设定的是长期投资，但是却无法接受短期内的波动。"孟凡宇回复道。

王啸问："在无法明确买卖点的情况下，利用分批量化定投的制度优势超越个人能力是不是可行？"

"首先确定方向，方向比努力更重要！"孟凡宇回复道。

王啸问："当止损点已到，但是股价却在重要支撑位时，是该补仓还是止损？"

"按照之前设定的交易计划操盘。"孟凡宇回复道。

王啸问："如果同时出现 3 个投资机会，是应该全力投资第一个，还是第一个重一些，其他两个也分别投一些对冲风险？"

"只做第一个，投资需要优中选优。"孟凡宇回复道。

就这样，两个人通过微信问答，逐渐地熟悉起来了。聊了有差不多两个月，王啸觉得时机差不多了，就在一个周六中午 12 点约孟凡宇出来吃饭，这次他没有拒绝，很爽快地答应了，就约在他家旁边的湘菜馆。王啸带了 2 瓶茅台、4 条黄鹤楼 1916 香烟，还把自己 20 岁时在图书馆做的股票笔记拿了过去，主要想通过这个来向孟凡宇说明自己对股票的热爱不是一时冲动。

王啸 11 点就来到了饭店包房等待孟凡宇，等了差不多有半个小时，只见一个中等身材、身穿休闲夹克、戴金丝眼镜、大概 40 多岁的中年男子走进包房。王啸忙起身迎上去："您好，请问是孟凡宇孟总吧？"

"嗯，我是，你是王啸吧？"孟凡宇一边坐下一边问道。

"是的，这段时间打扰孟总了，一点心意，不成敬意！"王啸说着把烟和酒轻轻地放在孟凡宇身旁，孟总摆摆手示意王啸不用客气。

这种人什么没见过？这点礼物确实不值一提，王啸也没天真到想靠这点礼物就能拜师学艺，要拿出足够的态度和诚意才行。于是他跟孟凡宇说道："孟总，我年轻时便有志于此，对股票的向往绝不是一时冲动，只是自己一直不得其法，今日有幸得遇明师，还请孟总以后能指点迷津。"

说着他把十几年前在图书馆做的笔记递了过去，既然烟酒没有用，大家都是爱炒股的人，王啸希望这份坚持能引起孟凡宇的认可。孟凡宇疑惑地接过来，翻开看了看里面陈旧的墨迹和密密麻麻的笔记，点了点头说道："从这段时间聊天我就发现了，你是个挺有悟性的人，既然能坚持目标和理想，以后应该有前途。今后有什么需要了解的，尽管问我，我一定尽力而为，知无不言，言无不尽。"孟凡宇说道。

"感谢孟总，我一定虚心学习，不负老师教诲。"

孟凡宇点了点头，算是默认了王啸的拜师学艺。王啸心中大喜，可不是谁都有机缘能找一位高水平的基金经理为老师的，自己今天这是撞大运了。于是他忙打开桌上的茅台给孟凡宇倒酒，又叫服务员点了几个菜。两个人边喝边聊，对彼此都有了一个了解。

原来孟凡宇是河北人，因为老婆是湖南人，所以他也跟着习惯了吃湘菜；他 20 世纪 90 年代大学毕业，学的就是金融，后来在券商做分析师；2008 年离职以后，开始自己炒股，经过十几年特别是 2015 年大牛市，实现了财务自由；2016 年跟朋友和以前的客户合伙创立了这个私募基金公司，目前也是处在成长阶段，公司只有一只产品，1000 万元的规模。王啸问了些基金产品销售的问题，表示自己应该可以看看是否能帮忙销售。

"如果能这样最好，我性格比较内向，很多外部路演什么的都很少做，所以基金规模一直增长不起来。"孟凡宇动容地说道。

王啸听了这些情况，心里已经有了打算，毕竟跟人打交道做销售是自己的老本行，虽然没卖过基金，但是自己对股票也算是很有研究，只要熟悉了基金产品，应该可以帮忙卖一些。

想到这，王啸跟孟凡宇说道："您放心吧，我以后除了跟您学炒股，销售的事我也可以做的，我以前就是干销售的！"

两人都很高兴认识对方，边喝边聊。自此，孟凡宇跟王啸就以师徒相称。聚餐结束后，王啸在家潜心研究股票，后面随着学习的深入，他问的问题也越来越深入，孟凡宇基本下班以后都会回复，王啸把孟凡宇关于投资的语录整理后都统一保存了起来，以便自己慢慢领悟和研究，整理的部分笔记如下。

孟师傅投资语录

影响股价运行的因素

在操作过程中会出现很多影响股价运行的因素，但历史会重演，对现阶段大盘技术状态进行分析，可以参考历史走势，推演次数多了也会积累经验，并不一定非要实盘。可以用大盘的历史走势结合当时的经济指标、行业政策一起往后推演，大的变化多是大市、经济层面、技术层面等多因素共振形成的，不是单纯的技术形态变化造成的，买卖操作只能依从技术，基本面不是操作依据。

交易前的计划

可以事先推演几种可能性之下的操作思路，出现任何一种情况，执行相应的计划就行。如果几种情况都没有出现，那么说明市场暂时不好把握，就暂时观察。市场演变的可能性是根据板块强弱和经验来判断的，都有一定的主观性，不过有预案总是好的，实战中就不会乱。没有预案的话，计划就很难执行，有可能随意操作。市场走势与预期不一致，说明判断出了偏差，先跟随市场，再观察变化。真正领悟了这些道理，后面就是一个反复验证的问题，快的话一年就可以形成条件反射。分析市场需要把碎片串起来，通过沙盘推演去验证，再实盘强化，这需要一些时间，学的时候都是碎片，要自己去想各个方面的因素，把它们综合起来，然后再筛选哪些是最重要的，记下来，去做沙盘推演，效果好，就在实盘中去体会，慢慢地就成熟了。

关于市场分析

市场在变化过程中，会出现不同逻辑相互冲突的情形，有公司的、行业的、技术的等很多方面。情形太复杂时，确实难以抉择。没有科学的逻辑与推演，就没有准确的预测；没有准确的预测，就没有合理的策略；没有合理的策略，就没有高效的技术；没有高效的技术，就没有持续的盈利。

如何应对假突破

当股价在右侧带量涨到关键位置时，如果之后放量突破就打个短；如果突破之后不再涨就跑；如果没有突破就不参与，等回落蓄势观察；如果放量突破但走势不流畅，就减仓先观察；如果突破之后攻击力度不强，就先减仓，回落缩量再上涨时再跟进。不太可能预测很准确，都是跟随变化做反应。市道不强，假突破会常见，尽管如此，仍然要选择关键位置的强势股，因为只有强势股才有机会大涨。如果股票在板块中表现相对比较强，我们需要在突破时跟进，表现不强就不参与。强势股回踩时我们可以加一下仓，回踩后如果能再拉起、表现强势，就说明做对了，表现不强势就立即减仓。如果回踩跌穿了支撑位，就随时准备止损。时势造英雄，整体板块强势突破的成功率更高。

短线投机的玩法

对于强势股，短线胜率不会太低，只是不稳定。很多人玩短线失败就是因为贪恋，玩了一次赚了，下次还玩，结果亏了。其实大多数短线股只能玩一次！

做短线的三个要点必须都要考虑：一是主力深度介入，二是必须有效突破，三是符合板块热点。

短线只看技术形态和资金流，比较容易分析，尽量不做机构重仓股。尽量少买一字板的股票，因为一字板大多数情况是赶顶的信号。如果是因重大利好封板，很多情况下主力拿不到多少货，能买到时通常已开始大幅震荡。一只股票如果能让套牢盘都赚钱，大概率不会太差。不以买货为目的的拉高都是陷阱。如果没有重大利好，股票连续出现一字板多半是主力为了逃跑。

短线热点能否持续大概看三点：一是看龙头股的技术状态，二是看市场号召力，三是看联动性是不是很强。有逻辑、市场认可、政策支持就容易形成暴涨行情。只有板块和个股共振走出的趋势，才可以重仓参与，能涨多少要看市场是炒逻辑还是炒泡沫。炒泡沫不要想控制成本，一定要追高，不在高位，主力就不积极。短线股越是赶顶越容易出利润，因为对主力来说，出货前拉升越快越好。短线分歧过后上涨必须加速；如果分歧过后又有分歧，趋势就可能发生转向。分歧之后，我们可以从价格判断方向，从成交量判断短线是否加速。做多的资金对套牢盘的态度决定了后市的发展。

关于短线的补充

次新股只能打短，不强势不买。次新股破位之后，绝不能参与，只能参与强势股。买入比例因人而异，买入后股价必须涨，不涨就一定要撤出。操作周期不同，策略也不同。长线当然是以低吸为主，打短必须追强。

短线要么空仓，要么做强势股，做不强势的股票持股就可能被市场波动消耗盈利，产生亏损。

中线的持仓策略

基本策略就是持有半仓，盘中加半仓，拉高后减半仓。如果走势很强，那么第二天还这样干。这样的好处在于，上涨波段是全仓在赚钱，而且回避了全仓的突发跳水。

中长线标的是不可以一次重仓的，要在跟踪、观察、验证之后，逐步加上去，这是规矩！其实这个策略有一部分适合中线股和短线强势股。中线主要是寻找未来业绩加速上升、目前估值不高的品种，实在找不到才可以选稳健股。个股股性不一样，需要采取不同的策略。

关于消息事件的解读

大趋势向上，市场对消息的解读通常都是正面的。好消息解读为大利好，中性消息解读为小利好，坏消息解读为短期利空、长期利好。

趋势改变需要两个因素：政策拐点、泡沫化。消息事件的影响分几种，包括关键事件、预期事件、黑天鹅由量变到质变的事件、持续性事件、一次性事件、不同类型的事件，对股价的影响各有不同。

操作策略的重点

不同行业、不同风格的股票，操作方法肯定是不一样的。线性成长、阶段性成长、政策风口、情绪炒作、强周期拐点，推动股价的因素很多，分清楚主要是什么因素推动股价，才能知道怎么操作。比如，题材股一般只做市场情绪，不适合潜伏；成长牛股一般是主业聚焦的公司，线性成长的公司适合定投；长线价值投资就要软磨硬泡，趋势不彻底走坏尽量不丢筹码，但是价值投资不是持股不动死等，至少要根据技术走势调整仓位。而处于下降趋势中的股票不能抄底，只有强势股回踩才能抄底。

其实操作做不好，主要在执行层面，执行做不好的主要根源还是两个方面，一是基本面和技术面掌握不准确；二是基本面和技术面逻辑冲突，这时操作上要以市场技术走势为准，再好的逻辑，最终还是要体现在技术走势上。市场运行特点决定操作策略，操作策略又决定技术运用。在策略框架内应用适当的技术分析方法，技术分析交易方法遵循大概率一致性原则，而市场策略是随时变化的。如果技术分析连续失效，就需要调整市场策略。

关于牛市和熊市操作策略

个股年线是牛熊分界线，年线之上只做多，年线之下只做空，年线就是生命线，破了年线就坚决清仓。熊市不看支持位，只看压力位，回避风险；牛市不看压力位，只看支持位，坚定持仓。熊市底部的打击不致命，但是很消耗精力，现在被折磨得死去活来，牛市的时候也会是赚到手软的。新手死在牛市顶，老手死在熊市底。

关于补仓的技巧

个股趋势与板块强弱要协调，个股补仓不能越跌越补，要等下跌加速后缩量再放量转强才补。

好股也不能在下跌时补仓，除非是上升趋势中追高了回踩支持位，出现带量转强才能补仓。好股也是不强不补，冲高回落就减仓，出现涨停板就持股，不开板不走。买入的决策因素通常也必须是卖出的依据，一旦买入的理由不存在了，必须先卖出观察。抄底不加仓，趋势拐点才加仓。

操盘的核心

操盘策略的核心，首先就是风险控制，其次是个人成长和市场环境处于不同阶段时对年化盈利预期的理性管理。主观方面，审视自己的欲望与能力的匹配度。客观方面，检视市场环境是否支持自己的预期设置。另外，还有三个要点——宏观（经济环境）的高度，中观（行业板块）的深度，微观（个股质量）的精度。主观预测客观交易，根据不同的操作周期定策略，符合持股技术形态就拿，技术形态走坏了就卖出，既不用纠结也不用遗憾。

长线投资的策略

长线投资要看是存量资金博弈还是增量资金博弈。存量资金博弈就是内部搏杀，只有最有资金实力的主力才是唯一的赢家。而增量资金博弈才有大众共赢的机会，才会产生长期趋势。例如，周期股在行业上行周期会产生超额利润，会引增量资金入场，行业的政策拐点也是长线投资机会；还有线性成长股，有品牌号召力的行业龙头企业，管理能力都不会太差，只要盈利水平和成长性不出问题，就可以长期持有。

这些回复本身都是碎片化的，但这也是王啸整个交易过程中遇到的各种瓶颈，随着孟老师的解答，他对整个交易的认知达到了全新的高度，开始自己思考更深层的问题，即如何把这些碎片化的东西像乐高一样整合成符合自己的交易系统？市场运行的规律是什么？影响股价运行趋势的根本要素是什么？

这些问题深奥难懂，王啸在图书馆里找遍了各种相关图书，包括大师语录、著作，也未有合理客观的解释。王啸除了在书中寻找答案之外，也对自己多年来的交易进行了复盘，找到当时的错误，通过总结经验来寻找自己交易的问题。在这样自己拼命学又有孟老师指导的情况下，王啸的交易技术突飞猛进。为了感谢孟老师的帮助，王啸找到了当年所有关系不错的供应商搞了次聚会，经过这么多年的发展，当初这些供应商现在很多已经至少是千万元身家了，听说王啸要请大家吃饭，都很踊跃。许多年不见，大家见面自然格外亲切，席间众人对王啸当年的帮助都表示感谢。王啸也不提卖基金的事，只是跟众人叙旧喝酒，通过谈话了解了哪些人在炒股、买基金，暗中记下了这些人的名字，计划着等酒席过后再去分别找他们聊基金投资的事。

晚上喝完酒跟众人分别，王啸拿起电话打给孟师傅，问了一些私募基金购买流程的问题，包括合规投资人认证，还有双录等。次日下午，王啸就去找之前聚会的程总，他是王啸以前力捧的供应商之一，现在这些人里属他的实力最雄厚。王啸发现他现在的公司今非昔比，公司规模比以前大了很多。程总得知王啸今天要来，专门在办公室等他。

一见面，程总说道："王总啊，你可是多年未光临寒舍啦！"

"我后来没怎么做桦木这个品种，所以也不敢叨扰啊！"王啸客气道。

"你这话说得兄弟不爱听，没生意就不能来找我吗？"程总假装生气地说道。

"我不是知道你忙嘛！"王啸忙打圆场说道。

两人坐下寒暄几句过后，程总也不兜圈子，开门见山地问道："王总，我知道你平时挺忙的，今天找我肯定有事，你尽管开口，能帮的小弟一定帮忙！"程总大方地说道。

"是这样的，我听说你也炒股票，收益怎么样？"王啸问道。

"别提了，你也知道咱们家具这个行业现在多难做，我是扩张也扩不动，外面一堆欠账，把我弄火了干脆把钱收回来了，钱收回来又不知道干什么，想着买点股票拿分红吧，结果还一直亏，正愁不知道咋办呢！"程总郁闷地说道。

"我这边认识个基金经理，水平很不错，去年收益有 20%，我想在他那边发个私募基金产品，但是一个产品底线是 1000 万元，我这边差 500 万元，所以想拉你一起投资，问你有没有兴趣。"王啸详细地介绍道。

"既然你敢投，证明你有信心，跟你一起还有什么不放心的？我那些股票放着也是亏，私募基金以前有人找过我，不熟的人我不敢弄，就没投。”程总大方地说道。

“这都是合法合规的，有券商监控，止损线是20%，如果亏损20%，券商那边会自动强平，所以一般来说绝对的风险就是20%，如果盈利超过20%，就从这个盈利中再抽20%给基金公司，简单来说就是盈利20%，你实际的收益是16%，本来有个1%的管理费，我跟他们说免收了。”王啸说道。

“行啊，跟你做我放心的，你什么时候需要我去办手续？”程总说道。

“下周吧，需要基金公司那边过来做合规投资人认证，还要录一段风险提示的视频，行业内叫双录。”王啸说道。

“OK！没问题！昨天人多没喝好，你今天要好好陪我喝一顿！”程总笑着说道。

“好，咱们今天不醉不归！”王啸来找他就知道免不了喝酒，所以心里也是早有准备。就在他公司里，程总叫厨房做了几道菜，人到中年，各自有各自的困难，老朋友见面，心中自然欢喜，两人喝得很尽兴。只是王啸酒量比不过程总，很快就醉得不省人事，程总叫司机把王啸送回了家。王啸第二天睡到10点多才醒，起床收拾了一下，打电话给黄嘉雯。上次拜师孟老师成功后，黄嘉雯一直嚷着让王啸请她这个中间人吃饭，前段时间忙，一直没空，今天正好找她聚聚。

“喂，大美女，有空吗？请你吃饭。”王啸打趣道。

“哎呀，某人终于想起我了，请我吃饭肯定有空，不过我要吃大餐。”黄嘉雯开心地说道。

“日料，还是法餐？”王啸也不吝啬地说道。

“日料吧，法餐太麻烦，吃顿饭几小时，我下午还有事。”黄嘉雯说道。

“那就国际酒店顶楼那个樱花会馆，我12点准时到！”王啸说道。

黄嘉雯看了看手表，还有一个多小时，自己有足够的时间可以化妆打扮一下，就毫不犹豫地答应了！王啸一直想找机会感谢黄嘉雯帮忙介绍孟师傅，想着等下见面空手也不太好，就在国际酒店楼下买了两瓶迪奥的香水做伴手礼，上去樱花会馆定了个包间，自己先叫了壶茶，边喝边等。

不同于一般的女生，黄嘉雯的职业素养让她保持了守时的习惯，还没到 12 点她已经准时出现在了包房，身着碎花长裙，扎了一个干净利索的马尾，戴了块卡地亚手表，斜挎了 LV 的包包，浑身透露着干练与冷艳的高贵气质。她看见王啸打了个招呼，王啸也绅士风度地帮她拉开座椅，两人坐下来。王啸递过菜单跟黄嘉雯说："你随意点，点得不够我来补充。"

黄嘉雯打开菜谱，跟服务员说道："我要这个白甘鲷立鳞烧、软壳蟹天妇罗、黑椒牛舌、银鳕鱼西京烧。"

王啸看她点的都是热菜，知道她今天可能不方便吃凉的，自己就叫了个铁板和牛肉还有海胆炖豆腐。

黄嘉雯看王啸点的也都是热菜，顿时明白了王啸看穿了自己今天身上不方便，不由脸上一红，转移话题问王啸道："你跟孟总那边怎么样？有没有机会进基金公司学习？"

"他没明说，不过他们现在规模很小，只有 1000 万元，我如果能帮他们拉 1000 万元的资金，应该就有机会进去实习。"王啸自信满满地说道。

"你自己投吗？这么大手笔？"黄嘉雯惊讶道。

"不是，我现在拿不出这么多钱，另外拉两个人，每个人 500 万元，两方都以为是跟我一起投的，私募对客户是保密的，他们也不知道彼此的存在。"王啸不好意思地说道。

"哈哈，玩空手道啊？不过这个像你的风格！"黄嘉雯笑嘻嘻地说道。

“我是资金困难，没办法！”王啸解释道。

说话间，菜已经上来了，王啸想到黄嘉雯不方便就也没点酒，这几道菜都是这个会所的招牌菜，风味绝佳。王啸因为头一天宿醉，也没什么胃口，于是招呼黄嘉雯多吃一点儿，自己随便吃了点儿豆腐暖胃。等黄嘉雯吃完，王啸拿出香水说道：“楼下随便买的，一点小礼物，等我正式加入 JX 基金再好好谢你！”

“这么客气干吗？我其实就是想跟你聊天，倒不是真的让你花钱请客送礼。”黄嘉雯正色说道。

“是我心甘情愿被你折服，有美女陪我吃饭聊天是我的荣幸。”王啸开心地说道。

黄嘉雯盈盈一笑，收下了香水说道：“等你正式入职 JX 基金公司，我给你庆祝！”

“好，一言为定！”王啸满怀信心地说道。

“我今天还有事，先走了！”黄嘉雯说道。

王啸把她送出门口，回来打电话约前天聚会时另一个炒股的供应商方总。他跟程总不熟，公司也不在本地，电话响了几声，对方才接电话。

“王总吗？找我有什么事？”方总说道。

“方总，我这边要发行一个私募基金的产品，最低标准是 1000 万元，我这边还差 500 万元，所以想找您帮忙一起并购这个产品！”王啸开门见山地说道。

不同于程总的不懂私募基金，王啸聚会时了解到方总之前买过私募产品，所以王啸才在有了 500 万元的基础之后找他，以他的谨慎，如果不是别人先投，他是不会跟投的！

“可以是可以，基金经理水平怎么样？年化收益率大概多少？”方总问道。

“年化收益率 20%，基金经理水平很好，不然我也不会找你。”王啸信誓旦旦地说道。

“产品叫什么名字？”方总突然问道。

王啸心念一动，就猜到了方总的意思，方总全名为方圆，于是说道：“如果你投了，这个基金产品就叫方圆 1 号！”

“行啊，那我就投 500 万元跟王总玩一下！”方总兴奋地说道。

“好，那我安排基金公司的人去您那边做双录认证。”王啸说道。

“过来吧，我本身就是合格投资人，之前买过私募产品的！”方总自豪地说道。

放下电话，王啸盘算了一下，这样就已经有了 1000 万元，足够发行一只新的基金产品了，自己手上全部的现金也不超过 200 万元，如果跟他们说自己投 200 万元，让他们投 800 万元，程总和方总哪个人也不会投的，现在这样自己不花一分钱就交了进入基金公司的“投名状”。

私募基金对产品的购买者信息都是保密的，两个人都以为合作的对象是王啸，所以只要控制好风险，能保证产品的盈利，就是对朋友有交代了。

想到这，王啸拿起电话打给孟师傅，让他安排公司的人第二天先去方总那边做双录，等回来再去找程总做合规投资人的认证等。孟凡宇很高兴，王啸跟他说帮他卖产品，他本来想也就是说说而已，想不到这么快就有了结果，而且还发了个新产品，这等于公司的资金规模扩大了一倍，他完全有理由再招一个交易员，他知道这是王啸一直想要的，所以孟凡宇跟合伙人李总商量之后，给王啸发来了信息：“JX 基金这边缺少一个交易员，你愿意来试试吗？”

“当然愿意，谢谢师傅的栽培，我一定好好努力！”王啸兴奋地回复道。

“私募基金，我来了！”王啸对着天空大声喊道。

第十一章　私募基金

1

2019 年 7 月 13 日，这是王啸正式去 JX 基金上班的第一天，所以他很早就起来了，找了平时不穿的西服打扮了一下，驱车一路赶往 JX 基金的所在地——D 市南城区金融数码城。这里是 D 市最高档的办公区，里面的企业以金融和科技创新为主，以前王啸每次路过，看着里面进进出出的高级白领，总是充满了羡慕，想不到自己也有一天能走进这个世界，成为其中的一员。想到这，王啸心里不免有些激动。他熟练地在停车场找了个位置停好车，来到了 C 座楼下，感觉自己有点紧张，做了个深呼吸，直接按电梯来到了 7 楼 701，透过门口可以清晰地看到公司标牌上写着醒目的四个红字“JX 基金”。王啸按下门铃，只见一个身着黑色套裙的年轻女士开门迎了出来。

“你好！请问有什么需要吗？”女子彬彬有礼地问道。

“你好，我叫王啸，我找孟总，是过来报到的。”王啸客气地说道。

“原来是王哥，我昨天收到通知了，快请进，大家都在等你呢！”

女士一边热情地说着，一边引着王啸往里走。王啸快速地观察了一下 JX 基金公司，办公室目测有 200 平方米左右，进门就是一个考究的实木茶台，墙上面挂着一块匾，上写着“知行合一”，旁边是两张公共办公桌椅，4 个卡座上放了 4 台电脑。最吸引王啸注意的是办公室中间区域用全透明的玻璃隔出来一个操盘室，里面放了两张硕大的办公桌，桌上背对背放着 4 台六屏电脑，屏幕上显示着各种花花绿绿的股票数据。孟凡宇正在其中一台电脑旁悠闲地喝着咖啡，看到王啸进来，他起身出来说道："欢迎，咱们去会议室吧，大家都在等你。"

王啸跟着孟凡宇往里走，来到转角的会议室，只见里面已经坐了 3 个人，孟凡宇拉过王啸一一介绍。坐会议室主位的是基金的持牌人李总，年纪大概 40 多岁，身着一套高尔夫球运动套装，起身操着略带广东口音的普通话向王啸伸出手说道："王啸，欢迎加入 JX 基金。"

王啸连忙伸出双手，用力地握了握手，说道："一直希望加入您的公司，感谢李总给机会！"

李总点点头示意了一下，孟总继续介绍旁边一位略显肥胖的中年男子："这位你叫斌哥吧，他负责跟券商的对接和一些后勤工作。"

王啸也上去客气地说道："斌哥，以后多关照。"

"王兄，客气了，欢迎您加入。"斌哥回应道。

这时，门口接待的小姐主动对王啸握手说道："王哥，你好，我叫陈茹，负责公司的日常行政工作。"

"你好，辛苦你了！"王啸客气道。

坐在李总旁边的一位身着白色休闲装的女士也站起来主动跟王啸握手说道："你好，我叫艾琳，负责公司的期货交易和风控系统。"

"你好，请多关照。"王啸忙回应道，同时心里暗想，"这个女人能做期货还能做风控，肯定交易水平不凡，懂行的都知道，期货的交易难度比股票高一级。"

孟总看大家都已经做了介绍，就请大家坐下听李总发言。李总直了直身子正色说道："首先欢迎王啸加入我们 JX 基金，成为我们的一员，希望大家以后对王啸的工作多加帮助和支持，王啸因为刚加入，还没有考基金从业资格考试，所以就委屈一下，先跟着孟总了解公司的工作，具体的工作安排听孟总的就好！”

王啸自然是没有异议，于是马上回答道：“好的，做什么都行，只要能跟大家学习就是我的荣幸了！”

孟总说道：“王啸，后面你先跟我熟悉一下公司的交易体系，同时呢，你的销售能力我们都很看好，希望你继续帮助公司拓展客户！”

李总点点头说道：“是的，公司初创，这块一直没有合适的人才，王啸委屈一下先挂职公司的业务代表可好？”

“当然没问题，只要是公司需要的，我做什么都可以。”王啸马上附和道。

就这样，大家简单地做了个交流就结束了早会，会后孟总单独把王啸留了下来，孟总沉吟了片刻说道：“你能来公司我很高兴，但是公司有公司的规定，以后你在公司就叫我孟总，我叫你小王。”

王啸点点头说道：“好的，我都听孟总的。”

孟总继续说道：“进了基金公司就要按职业的交易标准来，过去有什么交易习惯最好都忘了，我会按系统化的交易来培养你，你就坐我旁边。”

王啸兴奋地看着角落那台六屏电脑，心中暗喜，孟总用手指了指说道：“这六个屏，一个屏看大盘，一个屏看板块，一个屏看自选股池，一个屏看综合市场信息，剩下两个屏看指定的个股行情。”

“好的。”

王啸以前自己只用过 4 屏电脑，这次也是第一次接触 6 屏电脑，不由得用手轻轻抚摸着屏幕。

“以后你熟悉了就好了。职业的投资人跟普通投资者最大的分别是什么？”孟总问道。

“这个不知道。”王啸尴尬地回应道。

“首先第一点是风险控制，不做什么比会做什么更重要，赚多少市场说了算，亏多少自己说了算！

“巴菲特那么传奇，也只做自己能力圈范围内的交易，所以你要做两件事。第一是建立自己的股票池，并且只交易这些股票。建股票自选池的水平是区别职业和业余的关键，我们机构交易者绝不可盘中临时决策，头脑一热临时买入某只股票，就算突发利好也不行，虽然会错过部分机会，但是真正的趋势不可能只涨一天，所以盘后有足够的时间研究是不是可以加入股票池。”孟总解释道。

“那这个池要怎么建？”王啸问道。

“这需要复杂的选股策略，包含逻辑、趋势、情绪等，我后面都会毫无保留地教你！”孟总认真地说道。

“谢谢孟总，我一定好好学！”

“嗯，这行跟别的行业不一样，要教你就要毫无保留地教你，不能有所隐瞒，因为交易本就是千难万险，就算我毫无保留，你学了以后应用起来也一样会有很多问题，如果再教得不完整，那就等于害人。所以我既然收了你，就一定全力以赴教你，而你也要百分百信任我，带着怀疑去学会引起执行问题，那样对你也是伤害。什么时候你水平超过我了，再来质疑我！”孟总继续说道。

“孟总，您放心，我对您绝对信任，只是这个选股学起来也要很长时间吧？”王啸小心翼翼地问道。

“这个自然，所以有个速成的法子，就是你直接用我选好的股票池操作，我后面再给你解释选它们的逻辑，这样你一开始就只需要掌握交易的技巧，比如买卖点、资金管理等这些东西就行了。”孟总耐心地解答道。

“那第二件事是什么？”王啸问道。

“遵守交易纪律，相信你在以前的工作中也见过，任何行业都有自己的规矩，这些规矩都是根据行业特色制定的，遵守交易纪律可以让你在长期的交易中保持获胜的概率优势，这些都很枯燥，但是非常必要，不尊重这些规矩，可能偶尔也没问题，甚至还能获利，但是长期来讲绝对是弊大于利，就像经常闯红灯，早晚有一天会出事！”孟总郑重其事地说道。

“这个没问题，我一定遵守孟总的交易纪律。”王啸信誓旦旦地说道。

“今年内部的股票池有 30 多只股票，我晚上发给你，关于交易纪律，还有一些内部的培训资料，晚上我一起发给你。这一个月你就多看，不懂就问，没事的。”孟总说道。

“好的，谢谢孟总！”王啸愉快地说道。

这些资料很多散户做梦都想要，王啸以前也梦寐以求，今天这一切都唾手可得，他觉得自己好像中了彩票一样兴奋。

“你今天先陪陈茹把你那两个客户的双录做了，公司这边今天没什么事了，资料晚上发给你。”孟总说道。

“好的。”

王啸这才想起客户的资料还没双录，于是麻利地开车带着陈茹去找方总他们了！

2

王啸带陈茹先去的方总那边做双录，回来后又去程总那边做了双录，所有事都办好已经是晚上了。王啸回到家，迫不及待地打开电脑，邮箱里果然多了三封新的邮件，发件人正是孟总，邮件的主题分别是“投资交易系统框架”“交易纪律”和“自选股池”。王啸点开“交易纪律”主题的邮件，只见里面简简单单写着 10 条交易纪律。

交易纪律

1. 戒加杠杆摊平补仓，错上加错。

2. 戒频繁交易，没有按计划耐心持股。

3. 戒短期融资交易。

4. 戒满仓单一持股，个股单笔巨额建仓。

5. 以损定位，计算好止损位，破位必清。

6. 戒靠市场传言与内幕消息交易。

7. 戒炒垃圾股和妖股。

8. 戒逆势操作，不预测市场，永远跟随趋势操作。

9. 戒情绪反应过度，冲动地无计划交易。

10. 永远保留部分仓位随时卖出。

都说大道至简，王啸看着这 10 条纪律，很多自己都多次违反过，以后对这些纪律要像法律一样对应严格遵守执行！

王啸意犹未尽地打开第二封邮件——“投资交易系统框架”。这封邮件涉及的内容很多，既有哲学的也有技术的，一看就不是短期内可以快速理解的。王啸决定先好好潜心研究一段时间，再向孟总请教不明之处。

第三封邮件“自选股池”中，除了包括今年已选出的 30 多只股票外，还有一些选股的策略，包括券商的行业分析框架，针对不同类型个股的选股策略。

比如，基本面怎么选股？至少要把握住三个大的主要方向，一是个股经营和财务状况，二是行业和政策，三是致命因素。然后再细化，任何公司，基本面再好也能挑出瑕疵，长期持股一定要跟踪观察和验证，不能满仓赌，有时不紧要的小问题也可能发展成致命因素。基本面分析需要把致命风险因素理解到位。

再比如，科技股怎么选股？

科技股主要看技术本身的市场应用潜力和技术研发水平，科技股比较容易出黑马。科技股的波动幅度较大，因为变化因素多，所以不适合长期持有，持有科技股的核心逻辑在于它的技术优势和核心竞争力，一旦这些发生改变，整个周期都会发生变化。

成长股分析主要看哪些条件？

行业赛道：增长率、“天花板”、“护城河”。

核心竞争力：行业龙头、核心技术、公司治理。

致命风险因素：极小概率事件。

其他还包括：

- 有优秀的财务数据；
- 是行业龙头或细分龙头；
- 业绩稳定、持续增长（收入、利润、市占率）；
- 政策强力支持；
- 事件催化；
- 行业周期拐点；
- 新技术突破；
- 优秀的管理团队。

邮件中还介绍了各种类型股票的特点和对应的交易策略，看得王啸不由感叹，如果光靠自己，不知道要什么时候才能领悟。他心里暗暗感激孟总：“这些东西都不是短时间能快速领悟的，只有后面在实践中摸索着去学习，自己没什么好报答的，多帮公司卖基金产品就好。”想到这儿，他想起黄嘉雯，自己刚入行，对基金产品的销售不熟，熟人就这么几个，都卖完了，后面找新客户还要请教她。

看看时间，晚上 10 点多，王啸拿出电话打给黄嘉雯，响了几声没人接，王啸估计她可能睡了，就没再打，给她微信留了言，自己继续看资料。隔了一会儿，手机微信提示有新信息，王啸看了一眼信息提示是黄嘉雯，正想着她今天回信怎么这么慢时，点开信息一看，瞬间感觉汗毛都竖起来了，吓得拿起车钥匙就往楼下跑！

黄嘉雯回复的信息是："国际酒店 15 楼 KTV，我被喝醉的客户缠住了，快来帮我解围！"

王啸的家离国际酒店大概 20 分钟的车程，王啸冲上车一路狂飙，几个限速路段直接高速通过，后视镜里明显地看到交通违章摄像头的闪光灯在闪烁！王啸顾不得这些，一边开车一边打黄嘉雯手机，发现已经关机了，不由心里暗暗叫苦。他灵机一动，想到自己在国际酒店的 KTV 里还有存酒，于是马上打电话给国际酒店，让他们把酒送到 15 楼 KTV。

"马上送酒过去，小费 500 元！"

"好的，您放心！马上送到！"

接电话的服务生一听说有这么多小费，开心极了。这样安排是因为 KTV 房间里的人肯定不会轻易给 500 元小费，争执之间，就可以给王啸争取几分钟时间。王啸放下电话看了看导航，还有 10 分钟的距离，他继续加快速度前进，就这样用了不到 8 分钟到了酒店大堂门口，进门把钥匙丢给服务生让他停车，自己直奔电梯冲向 15 楼 KTV。

果然，里面因为服务生拿不到小费吵成一团，再看黄嘉雯斜躺在沙发上，已经醉得不省人事了！

KTV 房间里的男客户连忙解释道："黄小姐跟我喝酒，喝醉了，我正准备把她送回酒店去休息！"

王啸冷冷地看了他一眼，说道："黄小姐让我来接她，谢谢你对她的照顾。"说完就俯身抱起黄嘉雯，把她带到楼上酒店房间，在冰箱里拿了瓶矿泉水给她灌了下去，又把她抱到洗手间催吐。折腾了好一会儿，黄嘉雯渐渐清醒过来了，只是还是浑身无力，整个人精神萎靡不振，勉强能说话。

“好点了没有？要不要送你去医院？”王啸关切地问道。

黄嘉雯无力地哼了一声，说道：“我晕得厉害，一动就想吐！”

“那就不动，你在这好好休息一下。”王啸紧张地说道。

黄嘉雯“嗯”了一声就趴在沙发上昏睡过去了！

王啸过去看了看她没有异常情况，想着让她睡会儿也好，就拿了条被子给她盖上，等着黄嘉雯睡醒再说。王啸折腾了半夜也又累又困，想回家睡觉又怕半夜黄嘉雯醒了需要人照顾，既然走不了，索性就在这里住了，王啸起身反锁了房门，回来也没脱衣服，倒在床上就睡了。

第二天早上醒来，王啸看了看表已经 8 点多了。黄嘉雯还在沙发上昏睡不醒，王啸有些担心，就试着叫她起来。叫了半天她才慢慢地醒过来，看见王啸第一句话竟是：“你怎么在这儿？”

王啸又好气又好笑问道：“昨晚发生什么你不记得了吗？”

“头很痛，有点想不起来昨晚的事了！”黄嘉雯呆呆地说道。

王啸把昨晚的事从头到尾跟她讲了一遍，黄嘉雯这才隐隐约约想了起来，尴尬地说道：“我昨天跟他们公司聚餐谈买基金的事，吃饭时他就一直劝我喝酒，你也知道我酒量还可以，没当回事，正好你发信息过来，所以就给你发了那个信息。后面的事完全喝断片儿了。”黄嘉雯回忆着说道。

“那你现在好点没？还有什么需要我帮忙的？”王啸问道。

“我给我闺蜜打电话，让她来接我，你去忙你的吧，昨天真的谢谢你了！！”黄嘉雯说道。

既然有人照顾黄嘉雯，王啸也放心了，安慰了黄嘉雯几句就下楼开车赶往公司，自己可不想才第二天上班就迟到。

到了基金公司正好 9:15，交易刚刚开始，孟总叫王啸在旁边看着，自己跟他讲了一些集合竞价的注意事项，并且打开基金账户，从里面选了两只股票让王啸跟踪观察。王啸偷瞄了一眼账户，看到整个账户基本都是红的，总盈利有500多万元，不由得心旷神怡，想到自己账户上的几只股票都还套在那里，脸上一阵阵发热，下定决心，一定要好好学习，不辜负孟总一番栽培。

就这样忙忙碌碌了一天，王啸心里一直惦记黄嘉雯那边的情况，中午发了条信息问候她，那边也只简单回了一句“没事了”，就没下文了。王啸这边刚到公司，要学的东西很多，也忙着自己的事，忙忙碌碌地过了两三天。这天下午下班，王啸刚下楼，黄嘉雯突然打电话约王啸。

“啸哥，晚上有空吗？请你吃饭？”黄嘉雯说道。

“好啊，吃什么？”王啸问道。

“只要不是国际酒店，别的地方哪都行。”黄嘉雯心有余悸地说道。

王啸看她那天吐得厉害，想让她少吃点辣的，于是说道：“你陪我吃东北大锅炖，这样也能养一下你的胃。”

“好，你发地址给我，我们一会儿见！”黄嘉雯愉快地说道。

王啸从手机里找了地址发给黄嘉雯，自己提前打电话去餐馆订了一个小鸡炖蘑菇、两盘凉菜，然后开车过去跟黄嘉雯汇合。王啸到了地方，黄嘉雯已经在吃了，热气腾腾的大锅里飘着浓郁的香气。

黄嘉雯看到王啸过来，连忙招手示意道：“这味道太香了，快来吃！”

王啸也不废话，坐下来盛了一大碗鸡肉蘑菇就开吃。两个人顾不上说话，各自吃了个心满意足。

王啸看了眼黄嘉雯欲言又止，黄嘉雯知道他想说什么，放下手里的碗筷故作轻松地说道：“我知道啦！以后应酬少喝点儿酒！”

王啸沉默了一会儿说道：“嘉雯，把酒戒了吧！”

“做生意都是烟开路、酒搭桥，你以为我愿意喝啊？”黄嘉雯努努嘴说道。

王啸知道她说的是实情，也不好再劝，就没再说什么，只是默默地把锅里的两个鸡腿都夹给了她。

黄嘉雯看了看碗里的鸡腿，忽然红着双眼对王啸说了句："谢谢你！"

王啸心里觉得奇怪，这孩子也是见过世面的人，俩鸡腿就感动到流泪，也太好收买了吧？

为了缓解尴尬的气氛，王啸故意转移话题说道："我那天想请教你怎么销售私募基金的问题，你有时间给我科普下，这行你是老前辈啊！"

"好的！"黄嘉雯低头偷偷擦了一下眼泪，王啸也假装没看到。

"那我就从基本的说起吧！"黄嘉雯定了定神说道。

"私募基金，顾名思义就是不能公开募集的基金，包括报纸、电视等，只能在小范围的合规投资者中发行，所以这个就很讲究圈子，比如你周围的圈子都是有钱人，你做起来就会很顺利！"

"那圈子里的朋友卖完了怎么办？"王啸问道。

"所以你就要一直扩大你的人际圈，挖掘潜在客户，你第一次跟我见面时，我去上的股票课就是这样的，因为一些高端的商业课上不乏各种大佬，所以很多销售人员都会去试试运气！"黄嘉雯解释道。

"就算拉到了客户，怎么赚钱呢？"王啸不解地问道。

"在没有底薪的情况下，一般你拉到客户在私募基金公司买了产品，过了半年的封闭期，基金公司都会把最高 1% 的管理费返给业务人员做提成，比如你拉的那个 1000 万元，基本上只要这个基金盈利了，就能给你 1% 也就是 10 万元佣金，有的公司为了募资，哪怕产品还没盈利，也会给一些佣金，各家情况不一样的。"黄嘉雯继续解释道。

"那客户凭什么会买一个陌生的产品？"王啸继续问道。

“一般每个产品都有自己的收益率曲线，客户看不到持仓，但是每周能在券商那里看到收益率曲线，客户通过收益率的波动和回撤情况等，自己评估是否购买私募产品。”黄嘉雯答道。

看王啸听得入神，黄嘉雯喝了口茶继续说道：“基本上收益率越高、越稳定，产品就越好卖！但是这里水也很深，去年证监会抓了一个私募基金，这个基金是做那种流通股极少的庄股的，先发 1 号产品，制造高收益率曲线，再利用这个业绩发行 2 号产品继续推高股价，就这样一直发产品，用后面的资金给前面抬轿，前面产品的收益率曲线就会一直上涨，直到推不动了，让最后接盘的产品清盘，但是前面的产品已经赚钱跑了！”

“这都行？那怎么防止这个？”王啸好奇地问道。

“可以要求看基金的投资组合和交易笔数，如果数量很少，就要小心了！”黄嘉雯说道。

“还有哪种基金是比较危险的？”王啸问道。

“以前证监会查处过一些用期货做收益率曲线的，他们同时选两个高波动性的品种，用 4 个人 4 个账户，两个满仓做多，两个满仓做空，然后去参加什么期货大赛，这样只要任何一个方向出了单边走势，他们必然就有一个收益极高的冠军，然后就包装这个账号的收益率曲线发行产品圈钱！”黄嘉雯耐心地解释道。

王啸听得胆战心惊，都知道股票市场危险，但是没想过还有这么多人为的陷阱，今天听到这些也算是开了眼界。

“那你现在销售做得怎么样？”王啸试探地问道。

“我就这样，不好不坏，你也看到了，金融这个圈子分几等人，第一是有资源的，比如有好项目，或者有客户群体，很多真正有钱有背景的富二代，做私募基金随便弄个项目就可以赚个小目标，基金产品销售随随便便也有人一年卖几个亿；第二是有技术的，比如一些很牛的私募基金经理，管理规模几十亿起步，不论基金最后是亏还是赚，光是管理费一年都几千万元；第三才是底层这些边缘的人，比如普通操盘手，还有我这种没背景的基金销售业务员。”黄嘉雯无奈地说道。

“没事，王侯将相，宁有种乎！我们一起努力就是了，总有一天我们也会成功的！”王啸安慰道。

“我是没什么机会了，你要好好努力！孟师傅是个很不错的基金经理，你跟他好好学习！”黄嘉雯鼓励道。

“肯定的，我不仅要学怎么炒股，现在公司让我挂职业务代表帮忙销售，以后我也要跟你一样多去跑客户才行。你以后有什么活动带着我，放心，我不抢你客户。”王啸真诚地说道。

“抢也不怕，竞争对手这么多，也不差你这一个。”黄嘉雯大方地说道。

两个人相谈甚欢，分别的时候黄嘉雯开玩笑说道：“我们俩看谁先财务自由哦！”

“好的，一起努力！”王啸说道。

王啸跟黄嘉雯分别之后回到家，继续看孟总给的资料，突然有了一个想法。第二天，他在公司早会上提出，让公司赋予自己一个权利，就是在网上征集一些高手，通过公司考核即可来公司应聘操盘手，这样的好处有两个，一个是扩大了公司的知名度；另一个是可以有机会接触更多的民间高手，通过考核，学习对方身上的优点，而且说不定也可以募集到资金。鉴于不需要付出什么实际的成本，公司很快就答应了王啸的要求，并给了王啸一个 HR 的虚职。王啸在各大论坛广撒英雄帖，反响热烈，很多民间高手跃跃欲试，一时间王啸的邮箱里充满了各种各样的挑战信。王啸对一些有深度的问题，晚上会请教孟总，这样等于看神仙打架，学双方的招数。对于简单的问题，王啸会用学到的知识回复，而白天又跟着孟总学习操盘策略。如此日复一日，王啸进步神速，从这些辩论和思想的火花中，慢慢对交易有了更深刻的理解。

这一天，王啸下班后像往常一样打开邮箱，发现了一封很有意思的邮件，通篇只有四个字——“着力即差”。王啸不懂这个意思，于是请教孟总。

孟总想了想说道：“这句话出自苏东坡，我理解的意思就是什么事如果做得很吃力，那要么是这件事情本身不对，要么是做事情的方法不对。这个典故用在股票上是表达顺势而为的意思，就是如果你买了股票都不涨，那要么不是上涨趋势，要么就是买点不对！”

“那我应该怎么回他？”王啸问道。

“他既然给了你问题，你就要给他解决问题的方法。你这么聪明，自己多参悟一下。”孟总笑呵呵地说道。

王啸苦思良久，认为既然要顺势而为，那在没有发现趋势、找到规律的时候就应该不为所动，所以他也写了四个字——“无法不为”回复给他。孟总看了连连称赞这个回复精妙绝伦，王啸本以为只是对个对子而已，却不想因此认识了股票学习中的第二位老师！

第十二章　初窥门径

1

2019 年 8 月 16 日，王啸 7 点 30 分就来到了 JX 基金公司，因为孟总昨天打电话说早上要开个早会，今天需要建仓一只新股票。这是个新的机会，王啸想着正好可以把自己原来套牢的股票卖掉，跟着公司建仓。王啸到公司后，估计孟总平时都是 8 点到，就提前 10 分钟帮他泡了咖啡，这样孟总到时咖啡的温度就刚刚好。果然不出所料，8 点，孟总准时出现在了操盘室。

“孟总，早上好！”王啸热情地招呼道。

“好，过来了正好，我有事跟你说。”孟总一边说一边打开了电脑，随着他快速输入代码，电脑显示出一只叫 WE 股份的股票。

孟总示意王啸坐下，说道：“这只股票原本就在我给你的自选股里，它主要是做摄像头芯片的，我看最近的研报，它可能会迎来一个很长的产品增长周期。因为国产替代的需要，加上现在手机开始流行配置多个摄像头，以前的手机后面只有一个摄像头，现在配置两个是平均数，多的甚至有三四个。而且，以后智能汽车也有这方面的需求，我看它的财报显示，销售额增加很快，所以我们先抢先建一部分仓位再说！”

“好，我私人账户可以买吗？”王啸试探地问道。

“可以的，这是个很大的公司，安全性和成长性都很好。”孟总答道。

“买多少仓位合理呢？”王啸不好意思地问道。

“是这样的，只建三成仓，盘中加二成仓，走势强就五成仓隔夜继续持股，不强就只留三成仓，然后围绕这三成仓位做T就行。”孟总说道。

“好的！”王啸不太理解为什么有这么多现金却只买这么少，但是也不敢多问。

孟总交代完就去吃早餐了，留下王啸自己研究这只WE股份。这只股票历史走势很平，长期在那没完没了地盘整，王啸打心里不喜欢这只股，但是孟总重点强调推荐，王啸当然不能质疑他的决定。王啸整理了一下手头能用的资金，大概150万元，决定先买50万元，其他的等孟总通知。

王啸现在要完全放弃自己的主观想法，老老实实听孟总的，这样才能有新的发展。早上开盘后，WE股份的走势并不好，参考5日均线的价格，王啸在5日均线下方设定以昨日最低价买入计划建仓量的一半，以昨日平均价买入一半，这样可以保证今天的买点不会高，如果没能成交就撤单后在尾盘竞价一次性买入。

都设好之后，王啸打开邮箱查看孟总上次发给他的那个交易系统框架的介绍，之前因为时间短，没仔细看，当时也看不太懂，经过这么多天跟着孟总学习，自己感觉是认真学这个的时候了。这篇文章不长，主要是讲交易系统的重要性，系统怎么构成，内容如下。

交易系统框架

成功的交易系统有两个基础，一是对市场规律的正确认识，二是对人性弱点的正确认识。这两个基本条件中任意一点有问题，交易都无法成功。好的交易系统，一定是低频交易，要做好两件事，一是在选股选时上优中选优，等待概率优势；二是需要持有足够长的时间，让趋势发挥出威力！

信任和严格遵守一个有概率优势的交易系统是非常困难的，因为结果分布的随机性会影响你对投资决策的信心，即使是有 70% 胜率优势的系统，也可能连续出现 30% 失败的结果，这会让投资者怀疑系统是否已经失效。所以系统必须是自己打造的，要符合自己的人性特征，这样才有可能形成对系统的信赖。如果心里对系统一直充满疑虑，那早晚会动摇对系统的信心。成功的投资就是简单的盈利模式重复做，而且是大量做。只有这样才能显示出这种模式的大概率特征，才能实现稳定盈利。

一套良好的交易系统是起点，执行力是难点，切实可行的交易策略是重点。

通过不断细化和完善交易系统的细节，你可以让它适应自己的性格，设计优秀的资金管理方案，以减轻交易时的心理压力，做到按计划交易而不是盘中临时交易，以防止因为对投资的不正确认识导致的随意操作；你一定要固化交易流程，以便能够轻松地遵守交易纪律。

因为是在不确定性市场中寻找相对的确定性，所以交易系统只能捕捉符合系统要求的特定行情，这样决策才足够清晰、易于操作，没有任何一个交易系统适用于所有的行情和时间。一个成功的交易系统必须过滤掉大部分的机会，只在特定的时间、特定的范围内有效，而且是相对有效，也就是交易系统有一定的获胜概率。这也是为什么有的人明明有一个好的交易系统，最终还是亏损，因为他在交易系统不能发挥作用的时间和空间里交易，此时交易系统其实是完全无效的，所以不管他多么努力，结果注定还是会失败，就好像你在冬天播种一样。我们要学会舍得，有舍才有得，避开交易系统无效的时间和空间。唯一的办法就是空仓，所以空仓是投机者最常有的状态。假设市场是有效的，股价终会反映一切信息，那么我们投机的时机就来自市场犯错的时候。基本上股票市场的投资主体是人，二级市场的价格波动表现就像是小狗，在遛狗时，狗有时会跑到人的前面，有时会跑到人的后面，但是我们的目标是要看人的动向，同时需要找狗和人严重背离的机会，这个才是投机的关键。

市场的有效性必然会导致市场自身的纠错和修正，所以市场出现犯错的时机通常一闪即逝，而我们的交易系统就是要分析市场可能犯的错误并且抓住这个错误。也就是说，我们的交易系统大部分时间是没有交易机会的，所以大部分时间里我们都要用空仓来应对交易系统的无效性，等待出现交易系统可以发挥作用的机会后再出手，然后耐心地等待，同时在操盘过程中时刻监测，尽可能最大化地实现交易目标，但不强求完全实现目标，一切以市场趋势为核心，顺势而为！

很多失败的交易者不一定是什么都不懂，反而是因为懂得太多，交易理念混乱不成系统，所以决策必然混乱不堪，贪婪和恐惧的底层逻辑就是交易理念混乱和欲望主导的资金管理策略不合理。市场的波动变化很多时候会诱惑我们去更换交易策略，但是盈亏同源，坚持使用最符合胜率优势的交易系统是唯一的出路。

人们在面对多个选择时，即使明知其中一项可以获得最大成功，他们也不愿意轻易放弃其他选择，因为我们的大脑对于风险会本能地排斥和抗拒。所以，能够获得巨大成功的人很少，他们都是能克服那种心理本能的人。所以要有耐心去等大趋势，尽量淡化能力的重要性，更多地看重趋势性的投资机会，在大趋势的格局里，进行重量级的投资。大趋势的形成必然有潜在的逻辑，当趋势被所有人认可的时候，趋势也走到了尽头；当真理都被大家信服的时候，真理就会成为常识！

王啸一边看一边跟孟总请教自己有疑惑的地方，孟总也会耐心地跟王啸解释。王啸全部看完之后问道：“孟总，这些道理非常好，解决了我很多困惑，但是交易系统要用哪些最重要的项目去构建？我又要从哪个方向开始呢？”

“交易系统主要由选股方法，对市场方向的判断——是趋势还是震荡，买点，止损位设置，资金管理，卖点，交易模式胜率，盈亏比和风险控制所组成。”孟总答道。

“选股这些咱们公司已经有现成的，止损位设置我之前有合适的模式，那我先突击研究买点、卖点、趋势与震荡的判断这些好了，这些可能都要用到技术分析，问题是技术分析真的有用吗？”王啸试探地问道。

“对于技术分析指标，你把它当成一个跟踪现在趋势的统计参数就行，但不要把它当成预测未来趋势的工具。”孟总答道。

王啸思考着这些话，没有再问别的问题，这些已经足够他研究一段时间了。王啸看了一下邮箱，突然看到那个写“着力即差”的网友回复了消息，点开一看，回复依旧简单明了：“兄台高论，甚得我心。”后面是他的微信号码，王啸依照号码申请添加了微信好友，很快对方就通过了好友验证，并且发来一条信息介绍自己：“你好，我叫 Jason，是做短线量化交易的。”

“你好，我叫王啸，在一个小私募基金做交易员。”王啸自豪地说道。

“无法不为，就是在没有领悟事物的规律之前，宁愿不动，同时也是谨守交易纪律，不符合就不动的意思吧？”Jason 问道。

“是的，无我发现客观规律，无为遵守客观规律。”王啸回复道。

“厉害，那你怎么看交易系统？”Jason 继续问道。

这个问题王啸刚好看完孟总的交易系统框架，正好抛砖引玉，把孟总的分析发给他，看看他有什么可以交流的东西。想到这，王啸把孟总的总结发给了他，同时问他有什么观点？隔了一会儿，Jason 回复道：“这个总结很不错，我非常赞同，如果非要说什么观点的话，我觉得博弈思维可能也是一种方向。”

“我知道博弈思维的重要性，你有什么具体的想法可以说说让我学习一下吗？”王啸客气地问道。

隔了一会儿，Jason 发了一段很长的回复过来。

在博弈模式下，你赚的就是别人犯错的钱，炒股比的是 3 个方面。第一是信息差，别人不知道，你先知道。第二是认知差，别人没有正确的认知，但你有。信息差不等于认知差，信息差比的是资源和渠道，认知差比的是理解力和判断力，扩大信息差的优势就是靠更细致有效的复盘，提高认知差则需要经验的积累和科学的研究框架，同时借助外部智囊也是一种很好的方式。第三是速度差，在前面两项相似的情况下，你比别人行动得更快！

超越对手就是超越市场，就像有只老虎追你，你不需要比老虎跑得快，只要能比同伴跑得快就行！市场也是一样，只要能做到下面这 10 条，生存就不是问题，剩下的就是在生存的基础上求发展！

1. 比大部分人先发现趋势启动并跟随趋势买入。
2. 比大部分人持股时间科学，对盈利单持股时间更长。
3. 比大部分人止损更快，对止损单持有时间更短。
4. 比大部分人仓位管理更好，资金周转率更高。
5. 比大部分人对市场情绪和行业逻辑理解得更深。
6. 比大部分人的卖点好，卖出更快、卖得更高。
7. 比大部分人心理素质好，理解力和承受力强。
8. 比大部分人纪律性好，按规则交易、接受结果。
9. 比大部分人更坚守策略，策略失效就空仓。
10. 比大部分人更好地执行交易系统，盈亏交给交易系统。

王啸把这段回复认真地看了两遍，觉得自己抛砖引玉又学到了新的知识，就这样两个人一直聊到中午收盘才结束。经过这次聊天，王啸等于无形中又认识了另一个交易方面的老师，感到很开心。

王啸一上午忙着跟 Jason 聊天，都忘记回复黄嘉雯的信息了。自从上次之后，黄嘉雯跟王啸的聊天突然变得越来越频繁，两个人无形之间拉近了很多距离，王啸不敢奢望获得美女倾心相爱，但是有个红颜知己总是人生一大幸事。

正在恍惚间，黄嘉雯打电话过来兴师问罪道："王总，现在发达了，都开始忘了贫贱之交了吗？"

"哪敢啊！我就是上午忙了会儿，我请你吃晚饭赔罪总可以了吧？"王啸殷勤地说道。

"只是吃饭太便宜你了吧，吃完饭还要陪我看电影！"黄嘉雯嗔怒道。

"好的，但有所命，莫敢不从！"王啸欣喜道。

下午开盘，王啸给 WE 股份下的买入单依然没有成交，王啸问了一下孟总要不要市价先买入一部分，孟总只是让王啸耐心等待一下，并叮嘱做一个交易员，要耐得住寂寞，要像狙击手一样潜伏，等待机会。王啸虽然心里有冲动，但还是耐住性子等到临近收盘，发现还没成交，就把委托单全部取消，尾盘集合竞价买入了 50 万元，完成了交易。收盘后公司例行会议讨论今天的交易问题，王啸把自己的疑惑说了出来："孟总，明明有这么多现金，为什么只用三成仓买入？"

"因为是第一次建仓，你需要留有足够多的资金应对上升趋势中的反向波动，在趋势的回落支撑点加仓，等股价出现脉冲性拉高后回落减仓，这样可以同时底仓守趋势，加仓赚震荡波动的钱！"孟总耐心地解释道。

原来如此，王啸感叹自己又学了一招，以前自己的习惯是看好了可能直接就买一半甚至满仓了，但作为专业投资者，明明很看好，但是还能控制仓位应对不确定性，这个真的需要强大的心理素质克制自己贪婪的欲望。王啸心里越来越佩服孟总了。会议上，李总说起这周末有个金融行业的聚会，里面有同行也有很多高净值人士，李总让王啸代替公司出席一下，顺便看看有没有什么客户可以挖掘。这种事孟总都不愿出席，很多基金经理都这样，不愿意直接面对客户，因为优秀的基金经理心思都在如何管理好投资组合上，这种事王啸当然要冲在前头，替公司打前锋，于是一口答应下来。

2

开完会差不多 5 点，王啸开车去接黄嘉雯吃四川火锅，毕竟没有什么比火锅更能吸引一个四川人。到了黄嘉雯家楼下，王啸发了条信息给她后，就耐心地在车上等。过了好一会儿才见黄嘉雯下楼，王啸一看她今天就是精心打扮过的，一条粉色连衣裙配上白色高跟鞋，斜挎着蒂芙尼经典蓝色包，手腕上一条梵克雅宝的四叶草手链，衬托着身份的不凡和高贵的气质。一上车，王啸就闻到香奈儿那个淡淡的山茶花香味，饶是认识了这么久，王啸依然心神荡漾，于是对黄嘉雯赞道：“自从认识了你，感觉自己对美的标准提高了，难怪古人说‘曾经沧海难为水，除却巫山不是云’。”

黄嘉雯听到顿时笑得花枝乱颤，口中却谦虚道：“美女多了去，我还算不上什么。”

“很多美女都是花瓶，只会搔首弄姿，而你是有才华的美女，不可同日而语。”王啸继续恭维道。

“好了，还以为你是直男呢，想不到也会油腔滑调！”黄嘉雯笑盈盈地说道。

王啸尴尬地一笑避而不答，熟练地把车开上了路。途中两人有说有笑，很快就到了火锅店。进入订好的房间后，王啸递过菜单，黄嘉雯熟练地点了鸳鸯锅底，叫了些牛羊肉和毛肚百叶，给王啸点了个抄手，就等服务员安排上菜。

“今天忙什么？我的信息都不回！”黄嘉雯不依不饶地问道。

王啸也没多想就随口回了一句：“早上孟总给我安排建仓一只股票，所以回复你慢了。”

“哦，快说说什么票？”黄嘉雯兴奋地问道。

王啸心里懊悔自己嘴太快，这种事都是公司内部决定的，按保密条款是不能对外讲的，但是自己话已经说出去了，如果不跟她说肯定会得罪她，于是说道：“WE 股份，我也不知道对不对！”

王啸特意强调自己也不确定，就是不想她跟着买入。黄嘉雯打开手机看了看 WE 股份的走势图，漫不经心地问道：“你买了多少？”

王啸很不想回答，但是也不想骗她，只好老老实实地说道：“我买了 50 万元。”

“那我下周也买 50 万元，赚了钱请你吃大餐！”黄嘉雯笑着说道。

王啸不想再提这个话题就问道：“晚上看什么电影？”

“《友情以上》，一部泰国片。”黄嘉雯低声地说道。

王啸也没多想，等火锅上来了，两人边吃边聊，黄嘉雯吃了没多少就喊饱了，让王啸多吃点牛肉。王啸本来胃口就不好，平时也吃得不多，吃了几片就说什么也不吃了。黄嘉雯佯怒道：“你一个一米七五高的壮汉，吃这么点，平时老婆不让你吃吗？”

王啸不假思索地说道：“哪有老婆，早跑了！”

“啊！以前怎么没听你说过？”黄嘉雯惊讶地问道。

“又不是什么好事，有什么好说的！”王啸低声叹道。

“因为什么离婚？”黄嘉雯追问道。

事已至此，王啸也不想隐瞒，就把事情从头到尾说了一遍。黄嘉雯听完摇摇头叹道：

“想不到你还会被绿，只能说明她不懂珍惜你！”

王啸叹一口气说道：“其实这件事之后，我也很认真地反思过自己，要怪只能怪结婚的时候太单纯，只想着责任没想过合不合适，经过反思，我终于明白什么样的人才是真正适合自己的爱人了！”

“噢，快说来听听！”黄嘉雯好奇地追问道。

“我个人的看法，爱与恨不是简单的亲近和厌恶，爱是吸引力法则，人从根本上都是爱自己而又对自己不满意，所以能吸引我们的人，应该70%像是自己的2.0版，就是自己理想中完美的自己，自己现实中又做不到的那个样子，因为脱胎于自己，所以相处得会很舒服，而剩下的30%是完全不同于自己的部分，是自己渴望而又不可获得的，因为这部分比例只有跟自己相似比例的一半，两个人的冲突不会很严重，反而有新鲜感，所以人们才把爱人叫作另一半。因为她弥补了你生命中的缺憾，而让心理上获得极大的愉悦和满足，也许这就是人们所说的幸福感！”王啸淡淡地说道。

“啸哥，你太牛了！这个可能很多人一辈子也想不明白。”黄嘉雯眼里闪着光说道。

“没什么，可能人都是从痛苦中学会成长吧，要不怎么叫涅槃重生，你得先死过一次才能得到新生！”王啸感叹道。

“没什么，别多想，以你的人格魅力，不会缺女人的。”黄嘉雯笑着说道。

“跟女人相处太麻烦，我现在只想做好股票，没那个心思。”王啸认真地说道。

“走吧，电影要开场了。”黄嘉雯催促道。

走出餐厅，楼上就是电影院，黄嘉雯已经买好了电影票，两个人找到座位静静地坐好后，电影刚好开始放映。原来这部电影讲的是男女之间本来是知己，但是后来彼此都产生了好感，又都不敢越雷池一步，因为怕一旦情侣关系结束，原本的朋友关系也同样结束。

随着剧情的发展，黄嘉雯在黑暗中拉住王啸的手，王啸的情绪也被电影感染了，紧紧握着黄嘉雯的手，心里很冲动地想要抱住黄嘉雯，但是就像剧中的主角一样，王啸不确定这段关系的深浅，他也不想失去黄嘉雯这个红颜知己。就这样时间流逝，电影很快结束了，王啸自觉地放开了黄嘉雯的手。两人出来后，王啸说道："我送你回家吧！"

黄嘉雯愣了一下说道："好的！"心里却暗骂"王啸你这个笨蛋"！在车上看到王啸车上的音乐菜单里有刘德华的《笨小孩》，黄嘉雯就故意点了一首，王啸看到这个赞道："哈哈，我也喜欢这首歌！"

黄嘉雯说："喜欢就单曲循环吧！"

很快，王啸把黄嘉雯送到她家楼下。黄嘉雯起身下车就头也不回地走了，留下一脸蒙的王啸还不知道发生了什么事！

次日正好是周末，王啸代表公司去参加D市的高端商务聚会，受命替公司寻找新的客户。自从上次拉了1000万元以后，王啸已经很久没有给公司拉到新的资金了，所以这次也是很希望给公司一个好的结果。来之前王啸特别请示了孟总，为了体现公司的业务水平，除了收益率曲线之外，王啸做的那只WE股份也可以推荐给潜在客户参考，这样可以更快速地让客户认可公司的业务水平，酒会的主办方是一家银行，来的一部分人是券商和各种基金、保险公司的代表，其他的都是D市的高净值人士。王啸在人群中穿插，寻找目标交换名片。

王啸快速地观察了一下现场，穿西服套装的基本都是跟王啸一样来做业务的人，剩下穿休闲装、晚礼服的才是潜在的客户。因为人数众多，王啸需要快速接触，交换名片，对自己感兴趣的才做停留和介绍。

本以为这种场合黄嘉雯一定会来，结果她说回老家给妈妈过生日来不了，王啸不禁有些失望。在全场来回跑了几圈过后，王啸被角落里一个身材高挑、身着香奈儿套裙的女士所吸引。王啸为了做业务，练就了快速分辨客户群体的能力，平时对奢侈品都有研究，女士要看穿着打扮、首饰提包，男士是看名表西服，毕竟一身十几万元的西服不是谁都能穿得起的。这香奈儿套裙是今年的新款，价格 3 万多元，而且还特别把“CHANEL”几个字母做成铂金标志设计在肩带的一侧，不注意根本看不到，名牌就是这样，既要凸显名牌，又要刻意地低调。王啸大大方方地走过去递上名片说道：“您好，女士，我是 JX 基金的操盘手，我叫王啸。”

对方惊讶地看了看名片，伸出手说道：“你好，我叫张晓琪。”

“怎么不到中间去，一个人躲在这儿喝酒？”王啸望着张晓琪手里的红酒杯说道。

“无聊呗，我跟闺蜜过来的，结果她跟男朋友半路跑了，我喝了酒也没开车，等她来接我！”张晓琪幽怨地说道。

王啸虽然不会哄女朋友，但是对于谈客户还是很在行，于是就跟她攀谈起来。王啸一边听她说自己的故事，一边不吝赞美之词，聊了大概一个多小时，两个人就熟络起来。原来张晓琪离异独身，家里原本是做服装厂的，后来父母过世，她继承了工厂之后经营不善，就索性卖了工厂，这次来是看看有什么理财的产品适合自己，这种客户王啸自然不会让她再在这儿多停留一秒给其他人机会，于是王啸就提议送她回家，让她闺蜜不用回来接她了。张晓琪想了想也没拒绝，给闺蜜打了个电话，就跟王啸下了楼。

上车后，王啸知道这种酒会都是自助餐点心什么的，根本吃不饱，于是说道：“这酒会都没什么吃的，时间还早，我知道有间潮汕的螃蟹砂锅粥不错，你可以陪我去吃一口，再送你回家好吗？”

张晓琪人在王啸车上，自然不好拒绝，再说她也确实有点饿，也就不假思索地同意了。王啸倒不是饿得不行，他只是想多争取一些时间跟客户建立关系，所以故意把车开到市区外围的那间粥店，到了之后，王啸叫服务员过来点了4只膏蟹、半斤虾，下锅之后两人慢慢等粥煮熟。王啸耐心听张晓琪讲了她的故事，等她差不多说累了，跟她大概提了一下公司基金的情况，还故作神秘地提了一下WE股份的股票，把自己账户买的50万元的持仓也给她看了一下。张晓琪点点头也没说什么，突然问道："我看你这么晚没回家，不怕老婆查岗吗？"

王啸只好尴尬地答道："我离婚了，自己工作太忙，导致老婆另有新欢。"

"没啥，你不觉得现在好像离婚的人比困在婚姻牢笼里的人更幸福吗？"张晓琪淡淡地说道。

"好像是，一个人简简单单挺好！"王啸回应道。

这时粥已经煮好了，秋天正是螃蟹肥美的时候，黄澄澄的蟹黄跟雪白的蟹肉一起散发着鲜美的味道。王啸帮张晓琪拆了一个螃蟹肉和蟹黄并装了一碗粥给她，自己也喝了一碗。两人聊得投机，好像多年未见的好友一般。吃完粥，王啸看看时间不早了，要送张晓琪回家，张晓琪点点头，一路上王啸想再提一下基金的事，可是又觉得今晚这个寂寞的女人明显就把自己当朋友，自己却一直推荐基金不妥，对她不尊重，所以也绝口不提基金的事，只是跟她说一些童年的趣事，张晓琪在旁边听得津津有味。很快到了她家门口，这是个很大的别墅区，她家在整个别墅区的中心位置，正对着一个人工湖。

张晓琪下车后对王啸说道："我今晚很开心，你说的这个WE股份我下周会关注，希望有机会能合作！"说完大大方方地给了王啸一个拥抱，王啸也绅士地避开敏感位置，回应了这个拥抱。

王啸目送她进门后，上车看看时间已经11点了，于是快马加鞭地赶回家好好睡一觉，醒来已经是周一早上了。王啸还是7点30分赶到公司，7 点 50 分帮孟总冲好咖啡。8 点钟孟总依然准时到了公司，做投资的，守时是基本原则。王啸想再多买一些 WE 股份，于是问孟总道：“我可以今天继续加仓一些 WE 股份吗？”

“可以的，底仓不是有三成仓吗，集合竞价可以再买两成仓，如果开盘后依然很强，就可以再买三成仓，这样总共有八成仓，如果走得特别强就都留着，如果盘中强转弱就把昨天底仓的三成仓卖掉，这样你还是最多五成仓。”孟总解释道。

“那为什么不昨天直接买五成仓？”王啸问道。

“昨天一次买那么多，万一买错了赶上当天股价倒栽葱，当天卖不掉，次日大概率还是低开，这样会浮亏很多，影响交易心态，而你昨天买三成仓，今天集合竞价加二成仓，万一股价反转，你随时可以卖三成仓，如果股价继续向上，你昨天的底仓已经有盈利了，在浮盈基础上再多买三成仓也不怕，大不了股价回落你还是可以减掉底仓，剩下的五成仓不论怎么做 T 都有优势！”孟总继续耐心地解释道。

王啸听得非常服气，这样做确定很安全，既推高了仓位，又保证随时可以跑，要知道 T+1 交易规则之下，最怕的就是股价日内反转跑不了！

9:25 集合竞价结束，王啸又加了二成仓，开盘后 5 分钟，WE 股份快速上涨，王啸请示了孟总，继续加了三成仓。王啸总计持有八成仓 120 万元，WE 股份一路高开高走，到 10 点已经涨停了，但是又迅速打开了涨停。孟总让王啸迅速卖掉昨日底仓那 50 万元，王啸看了一下账户，已经浮盈 10 万元——只有一天的时间，王啸不由从心底里对孟总佩服得五体投地！

这样有 10 万元的盈利，后面再怎么震荡也不怕，就这样一路到下午收盘，WE 股份盘尾又强势涨停，王啸终于迎来了自己交易的新生！

第十三章　突破买点

1

2019 年 9 月 26 日，自从王啸上个月跟孟总买入 WE 股份到现在，股价已经涨了接近 50%，王啸 70 万元的仓位加上平时做 T 的操作，总盈利已经突破 40 万元。但是这只股票昨天突然大跌 6%，整个上升趋势已经被打破了，所以今天早上孟总开会决定清仓这只股票，把新的方向放在食品消费类周期股上。孟总选了只新的目标股 MY 股份，发行股票的是个养猪的公司，行业内的规模龙头，王啸看了一下市盈率，发现它的市盈率达 70 多倍，就很疑惑地问道："孟总，机构的专业投资者不是最在意估值的高低吗？这只股票 70 多倍的市盈率，散户看了都觉得高，为什么我们要买？"

"猪肉这个行业是周期股，相信你以前也听过'猪周期'吧？周期股的特点是在行业上行周期是超额利润，行业上行的时候因为景气最高，所以看起来市盈率非常低，下行周期是一地鸡毛，所以看起来市盈率非常高，但既然是周期股，景气的高低就会有明显的周期变化，行业景气高的时候大家拼命扩大产量，导致供给大量增加，会让景气快速下降；反过来也一样，行业景气低的时候大家都不赚钱，拼命减产，导致供给快速萎缩，需求会让景气上升！"孟总解释道。

"所以我们才要反其道行之，在行业严重亏损、市盈率最高时买入，在行业大把赚钱时卖出？"王啸问道。

"是的，另外还有一个事件推动，大家发现最近关于非洲猪瘟疫情蔓延的新闻越来越多，这种消息看起来是利空，导致成品猪的出栏率下降，但是这个对卫生管理优良的企业是利好，淘汰的只是一些中小养殖户，而且一旦猪瘟疫苗研发获得突破，那这个市场增量将是指数级的！”孟总继续解释道。

“WE 股份的仓位怎么办？它的行情结束了吗？”王啸问道。

“准确地说是单边上涨的趋势结束了，后面可能会有震荡，先出来再说！”孟总淡淡地说道。

“好的，谢谢孟总的分析。”王啸欣喜道。

王啸看了一下自己个人账户的资金已经 200 万元了，一个多月赚了 40 万元，这是王啸几年来收入最多的一个月，要不是孟总在后面坐镇指挥，中途几次王啸都想卖出 WE 股份，毕竟谁都不希望赚的钱再吐出来。在早上开盘竞价时间，王啸看 WE 股份走得很弱，直接先把手上的 WE 股份全部卖出了。后面就等着买入孟总新选的 MY 股份，但是看了一下 MY 股份的走势并不好，早盘集合竞价走得并不强，不适合竞价直接买入，所以就先耐心等。开盘后，WE 股份果然继续下跌，王啸突然想起黄嘉雯也有买这只股票，自己卖了不跟她说的话，会被她骂死，于是连忙把 WE 股份已经清仓的信息用手机截了个图给她，很快她就回复“OK”，王啸这才放心。看了看旁边的孟总，王啸刚想说话，却发现孟总眉头紧皱地盯着电脑，仔细一看才知道，开盘才半小时，MY 股份竟然已经临近跌停了！是判断错误还是有什么未知利空？王啸不敢打扰孟总的思路，这时突然一个陌生号码打来电话。王啸接起电话，对方说道：“王总，还记得我吗？我是张晓琪，你上次说那个 WE 股份我也买了，想请教你一下，这两天连续跌是什么情况？”

一个多月没联系，王啸都快把她忘了，听她一说才知道原来她也买了，忙问道：“那有盈利吗？”

“有的，最高的时候盈利 40%，现在是 30%，所以才麻烦你帮我看看。”张晓琪开心地说道。

王啸沉吟了一下，说道：“既然有这么多盈利就卖了吧，落袋为安！”

“好的，谢谢你哦，晚点联系！”张晓琪说完，快速地挂断电话去卖股票了。

王啸看看孟总解释道：“上次会上认识的那个客户，公司不是说这个票不涉及公司的持仓，可以分享给客户吗，我就跟她说了，她赚了之后，我后面也好拉她来买我们的基金产品！”

孟总点点头，答非所问地说道：“这个 MY 股份今天很异常，这种大盘的消费类股票很少有跌停的，如果流通性够应该下午跌停会打开，看看成交量怎么样，可以今天先少买一点，晚上等消息。如果是市场错杀，明天会有修复反弹行情，今天可以最多买三成仓，最好临近下午尾盘买。”孟总嘱咐道。

“好的，那这个可以跟一些客户提示吗？”王啸小心翼翼地问道。

“可以的，凡是大盘股都有几百亿元的市值，我们这几千万元在里面什么都不是，根本影响不了股价，所以可以分享给客户，但如果是小盘股，流通盘只有十几亿元那种就不行，你也不知道客户背后有多少资金，万一触发股价异动，要被证监会处罚的！”孟总解释道。

“我知道了，有时候有些客户你跟他推荐基金产品，他都会说你选几只股票我看看效果，所以我也是没办法！”王啸无奈地说道。

“我知道你做业务不容易，能接多少算多少，等后面资金规模上来了，直接对接银行和券商，你就不用这么辛苦了。”孟总安慰道。

“好的，感谢领导理解，我趁热打铁，这几天约一下刚才那位客户，看看她有没有意向，她已经盈利了，对投资我们的基金应该会放心很多。”王啸自信地说道。

“你看着办吧，你做事我放心，后面还是把精力放在交易上，别忘了你的初心是什么。”孟总鼓励王啸说道。

中午收盘休息时，王啸想了很久，最终还是给黄嘉雯打了电话。

“在忙吗？”王啸低声道。

“哈哈，怎么，想我了吗？”黄嘉雯打趣道。

“有个新的目标股，你要不要跟？”王啸犹豫着说道。

“跟啊！我的好哥哥，就知道你对我最好了！”黄嘉雯兴奋地说道。

“MY 股份，具体的情况晚点跟你解释，反正我会买三成仓位。”王啸说完就挂上了电话。

对黄嘉雯，他说不上来什么感觉，自己这个年纪又是离异带娃的中年男人，不应该奢望有这么好的女孩能喜欢自己，但是相处久了，总是还会幻想着可以跟她超越友情，所以免不了想取悦她，自己现在这条件也只有这点价值了。

王啸觉得还是要想办法提高自己的能力，这样才能创造自己的价值。他想到孟总说的话，自己要提高操盘水平，尽快搭建自己的交易系统才行，选股现在有孟总把关不用愁，自己要先把买点搞定。搞定买点又离不开技术分析，自己虽然也学过技术分析，但是未得精髓，怎样去找人来突破自己这个瓶颈问题？王啸快速地回想了一下身边的资源，突然想起做量化交易的那个网友 Jason 来了，他都能做量化交易，那对技术分析自然是十分精通，于是下午一上班就留言给他：“Jason，我有问题请教你，什么时间有空？”

“收盘后。”Jason 回答。

下午，MY 的跌停果然打开了，并且放了一根巨量，王啸忐忑地下单买了三成仓，下午震荡了很久，虽然几次试图上攻，但最终还是以跌停收盘。孟总让王啸等明天看情况再处理，王啸现在对孟总已经很有信心了，加上仓位控制合理，所以并不害怕这个跌停，打开电脑发信息给 Jason，很快就收到 Jason 回复：“你想问什么问题？”

“我想问关于技术分析你有什么看法？你是做量化交易的，自然精通技术分析，能给我指点一下迷津吗？”王啸谦虚地问道。

“这个问题很复杂，不是一两句能说清楚的，等我整理一下思路发给你。”Jason 说完就下线了。

2

下午收盘后，王啸本想约黄嘉雯吃饭，但是却意外接到张晓琪的电话，想着正好跟她聊基金产品的事，王啸连忙接起电话说道：“张小姐，你好！”

“王总，你好！我是张晓琪，那个 WE 股份已经卖完了，想感谢你一下，晚上有空一起吃个饭吗？”张晓琪客气地说道。

“晚上啊，可以吧，你看约在哪里方便？”王啸压制住兴奋的情绪低声说道。

“这边喜来登酒店的自助餐还可以，不知道你介不介意？”张晓琪客气地说道。

“挺好，不用费脑子想吃什么，就这个吧，你定个时间，我准时到。”王啸说道。

“晚上 6 点以后吧，到时见。”张晓琪说完就挂上了电话。

这时候约王啸多半不单是吃饭这么简单，王啸想趁热打铁，跟她搞定基金产品的事，所以给妈妈打了个电话说晚上不回去吃饭了。妈妈倒也习惯了王啸经常不回家吃饭，只是天天有时候嚷着要等爸爸吃饭。王啸自从来了基金公司，对天天少了很多陪伴，晚上回家他已经睡了，早上等王啸睡醒，天天早上学走了，父子俩只有周末有时间多聚聚。单亲家庭的孩子少了个亲人陪伴，始终是孤单了点。

想到这儿，王啸叹了口气，直了直身子，加大脚下的油门向喜来登酒店驶去，一路上走走停停堵得厉害，好不容易到了停车场，黄嘉雯却打电话过来说道："啸哥哥，过来吃火锅撒！"

"我约了客户，刚到酒店楼下！"王啸说道。

"这么忙啊？男客户还是女客户？"黄嘉雯突然问道。

王啸迟疑了一下说道："女的。"

黄嘉雯嗔怒道："原来你是重色轻友啊！"

"不是啦，我就见过一面，有空介绍给你认识！"王啸忙解释道。

"好吧，算你懂事儿，做生意可以，不要出卖色相啊！"黄嘉雯打趣道。

"拉倒吧，我这样的，谁看得上！"王啸淡然地说道。

"别这么说自己，以后要真没人要，我收留你！"黄嘉雯笑嘻嘻地说道。

"晚点说吧，我先忙。"

王啸说完挂断了电话，看了看时间，已经 6:30 了。他忙走进酒店，问了服务生自助餐厅的位置。电梯刚到，就看到张晓琪在餐厅门口张望，她看见王啸忙迎过来说道："王总，你好！"

"路上堵车，所以迟到了，不好意思！"王啸解释道。

"没什么，我也刚到。"张晓琪附和说道。

两人走进去找了角落里的一张桌子放下东西，各自去拿了些吃的，王啸拿了份牛排和寿司，张晓琪拿了份蔬菜沙拉和水煮鸡胸肉。坐下后王啸说道："我先吃点东西，中午没吃饱。"

"好的，你快吃点东西，我不怎么饿，等你吃完再聊！"张晓琪关心地说道。

王啸也不再废话，先吃了几个寿司，然后把牛排切成小块蘸着黑椒酱吃了一大半儿。张晓琪在旁边小口地吃了点沙拉和鸡胸肉，等王啸吃得差不多，她拿了两杯橙汁过来说道：“喝点这个补充维生素 C 吧。”

王啸点点头没说话，接过橙汁喝了几口说道：“我吃饱了。”

“我也是，我们去旁边坐坐吧？”张晓琪说道。

王啸跟着张晓琪来到自助餐厅后面的雅座。王啸坐下后，张晓琪从包里拿出一部最新款的苹果手机递给王啸说道：“送给你，知道你炒股，所以特别选了个红色的！”

“这怎么好意思！”王啸说着把手机推回了张晓琪这边。

“你要不收，那后面咱们也别联系了！”张晓琪怒道。

王啸看了看张晓琪脸上愠怒的表情，只好说道：“好吧，那我就先谢谢了，不过举手之劳，你这样太客气了！”

“这还差不多，对你来说举手之劳，我买了 200 万元，赚了 60 多万元，送你个手机就是个心意罢了！”张晓琪感激地说道。

“没什么，小事一桩，只是你也知道公司有公司的规定，我不可能买什么都跟你讲，最麻烦的是卖的时候有时候差一分钟都差很多钱。”王啸解释道。

“我知道你的意思，你也别兜圈子了，你就直接跟我说，买什么产品好，多少钱，我当你是朋友，相信你不会害我的！”张晓琪开门见山地说道。

既然她这样说，后面很多客套话都不用再说了，王啸想了想说道：“你是想买我们现有的基金产品还是想发行自己的专户？”

“有什么区别，你介绍一下，我不懂的。”张晓琪问道。

“私募基金国家规定一份最低 100 万元，你买现有产品的话，高于 100 万元就行，但是产品是什么风格就得接受什么风格。比如说，产品是保守型的基金，一年就几个点的收益，但是产品回撤小，这是一种风格；或者像成长型的高波动幅度的基金又是一种风格。专户是你定制专门的符合你的风险偏好的风格。”王啸耐心地解释道。

“专户需要投多少钱？”张晓琪不解地问道。

“国家规定至少1000万元，不少于2个投资人。”王啸继续说道。

“那我如果拉上我闺蜜，一人500万元一起搞个专户，你帮我设计下产品风格行不行？”

王啸心里暗道这个女人聪明，这样确实比买现成的产品风险要小得多，于是忙说道：“当然没问题，如果我设计就建议你拿700万元配置高成长行业ETF基金，剩下的300万元配置股票，这样风险相对更小，产品的收益也会不错！”

“好的，那就这么说定了，钱我随时都方便，你安排人帮我办手续吧！”张晓琪爽快地说道。

王啸没想到一切进行得这么顺利，自然是喜出望外，但还是假装淡定地站起身来跟张晓琪握了握手说道：“合作愉快！”

张晓琪笑着说道：“你记得我是把你当朋友，你不要只把我当客户！”

“这个自然，承蒙厚爱，只要你不嫌弃，我永远是你朋友！”王啸真诚地说道。

两个人聊得很尽兴，王啸中途接了黄嘉雯好几条信息，也不方便回复，因为不想让张晓琪觉得接到了订单就怠慢她了。晚上10点多，王啸看张晓琪有些倦意，于是说道：

“你怎么来的？要不要我送你回去？”

“我的车去保养了，闺蜜送我过来的。”张晓琪回应道。

“那我送你回家！”

王啸带着张晓琪下楼后上车打开导航，上面还有上次张晓琪家的地址，晚上这个时间也不堵车，所以很快就到了她家别墅，王啸送张晓琪下车后看看时间已经11点了，连忙给黄嘉雯打电话，打了几通电话她都不接，知道她准是生气了，于是也不废话，开车直奔黄嘉雯家楼下。

因为王啸知道这个时候最起码要证明自己没跟别的女人过夜，既然她不听电话，那就把车停到她家楼下证明自己没乱来。她家房间对着的位置刚好有个停车位，王啸停好车后，打开车的故障灯双闪，然后继续给黄嘉雯打电话，她还是不接。王啸无奈之下发了条信息给她："古有程门立雪，今有黄门停车。"

黄嘉雯此刻正躺在床上生气，王啸竟然跟别的女人聊天到深夜，还不回她信息，所以任凭他怎么打电话她也不想理！看到王啸传过来的信息，黄嘉雯跑到窗边一看，不由"噗"地笑出声来，突然想冲下楼去抱着王啸，后面转念一想，要是这么容易就原谅他，以后肯定还敢不接自己电话！想了想，她给王啸发信息说道："好了，我知道你也累了，早点回去睡吧！"

王啸收到信息也不敢马上走，又等了一会儿，看楼上确实没反应，只好悻悻地开车回家了。

3

第二天早晨 7:50，王啸到公司后泡好咖啡等孟总。孟总还是跟往常一样准时 8 点到了公司，见到王啸后说道："昨晚看了 MY 股份的基本面，没什么问题，市场应该是错杀，你今天可以再加五成仓位进去，只要不破昨日跌停价就行，如果破了就先把昨天那三成仓止损走了！"

"好的！"王啸已经习惯了这样操作，既轻松又安全。

王啸跟孟总汇报了一下昨天业务的进展。孟总听到后很高兴，连忙跟合伙人李总说起了王啸又帮公司拉了一个专户。李总听到后也很高兴，跟王啸说道："如果你后面能帮公司把账户规模做到 5000 万元，我就从公司原始股里拿出公司 10% 的股份以原价卖给你，让你也成为一个合伙人！"

王啸听到这个消息自然很开心，连忙表示自己一定全力以赴！孟总听到这个消息也替王啸感到高兴，很快时间到了9:30，开盘以后MY股份果然不再跌了，王啸按计划补了五成仓，总计八成仓160万元，自己还有40万元备用金做T。今天盘中没事，持股不动就行，王啸无聊地打开邮箱，发现Jason给自己发了一封邮件，标题是“技术分析方法论”。王啸打开邮箱一看，虽然字数不多，但是字字珠玑，内容如下。

技术分析方法论

技术分析不能用于选股，技术分析只对趋势有意义，对趋势的意义在于便于跟踪趋势，同时对市场发出明确的信号，触发反身性效应，形成强者恒强效应，进一步加强趋势，直至出现流动性见顶，趋势开始反转。

震荡行情下，市场处于混沌状态，使用技术分析没有太多参考价值，包括技术支撑位和阻力位都可能随时被击破，这时流通性反而更重要。包括整个市场的流通性、板块的流通性、个股的流通性，在阶段顶底，若股价钟摆式震荡严重偏离中轨，那么要观察有没有释放流通性。比如是否有抄底资金或者逃顶资金放量介入，这些都比K线形态分析更有实际意义！个股的波动都是以周期性为主，所以参考波浪理论，我把股票的买点从低到高分成四大分型。

买点的四大分型

所有的买点形成都需要用形态结构来判断，不同周期的买点用不同的形态结构。看形态结构时，要观察每个对应买点的分时结构，看看是否有真正的建仓，对于追高的右侧买点，尽量在尾盘操作，以回避股价日内就大幅回撤产生浮亏。对于抄底的左侧买点，可以选择在早盘埋伏或在尾盘低吸，也是为了回避当日大幅回撤产生浮亏。

1. 左侧的左侧买点。这类买点主要做的是严重超跌后的反弹，也就是波浪理论的 C 浪。

左侧的左侧买点，炒的是估值逻辑，时间成本高，价格成本低。由于左侧具有不确定性，适合抄底型的长线投资者，但是买法上有特别的方式，这个目前保密。出现这类买点的个股进攻性很弱，需要大盘或板块有普涨的走势或者个股有突发性的利好，才可能有所表现。

2. 左侧的右侧买点。这类买点主要做底部盘整后的第一次突破，也就是波浪理论的 1 浪。

首先排除基本面的利空因素和致命性缺陷，这类个股具有估值和成长优势，适合做中长期标的。

这类个股未来可能会出现基本面的拐点和利多因素，有长期的上升逻辑但还未形成市场的主流热点，不过股价已经开始走强了。左侧交易的优势是价格成本低，但是时间成本高，所以左侧配置的大多是市值较大的中长线标的股。而交易左侧的右侧买点，目标是把握底部的首次上升趋势机会，平衡价格成本和时间成本。

3. 右侧的左侧买点。这类买点主要做的是底部启动后的首次分歧回调，也就是波浪理论的 2 浪。

出现这类买点的个股，一般基本面逻辑长期不变，市场估值没有完全体现公司未来成长性的真正价值，股价回落到了市场趋势的起爆点。因为基本面趋势和估值没有改变，所以技术上有从之前发动攻击的位置再次启动的动力，这也就是为什么一般 2 浪的回调不破 1 浪顶的原因。炒趋势回落支撑点，确定性高，时间成本和价格成本适中。

右侧的左侧建仓点必须是短期就能验证走势反转的价位，比如回落支撑位，这时的技术形态特征是呈现逐步台阶式和上升通道式结构，因为这两种结构都有明确有效的支撑位，同时也保持了明确的上升趋势。买点前面最后一个低点上方就是有效的支撑位，可以观察量价关系，在上升趋势小波段箱体的底部买入。

4. 右侧的右侧买点。这类买点做的主要是分歧转一致后的二次加速上升趋势，也就是波浪理论的主升浪。

交易这类买点，一般是炒热点，预期强者恒强，时间成本低，价格成本高。由于时间紧迫，适合在关键位置短时间建仓，买点的关键是看板块资金流的情况，在板块资金流入足够多的情况下，可以选择技术形态和成交量与资金流最好的个股快速建仓，在板块资金流入不够的情况下，只能做龙头。

投资与投机是完全不同的两个方向，单纯投资的买点在左侧的左侧，炒估值和成长性；单纯投机的买点在右侧的右侧，炒资金筹码、题材热点和泡沫。所以如果要融合投资与投机，也就是在投机趋势刚启动的时候，就要买左侧的右侧，或者在技术趋势的回落支撑位，买右侧的左侧。前提是趋势后期得以延续。投资和投机分歧最大的是在买入后持仓的时候，投资和投机是长期发展和短期趋势之间的博弈，投机需要反人性，短期频繁交易，投资需要长期持有，如何解决这个分歧才是最考验技术的。

我目前的做法是短线投机快进快出，长线投资在持有的优质标的上做 T，就是在安全圈内交易。在盘中做 T 提高利润率，是提高确定性的降维打击。投资都是孤独的，持股也是孤独的，成功的交易都枯燥乏味，能人所不能，忍人所不忍，才有可能成为优秀的投资人。

以上这四种类型买点，每个类型里都有很多个分型，我经过长期测试，已经把其中成功率最高的买点精选了出来。这些买点会出现在每一只个股的波动周期里，这四类买点如果从价格成本方面考虑，从低到高又可分为：尾盘低吸型买点（破位点），盘中突破型买点（转折点、启爆点），加速型买点（加速点）。这些买点只要合理应用，再辅助科学的资金管理，可以保证一定的收益。

王啸看完邮件不由佩服 Jason，就算是孟总也没把买点讲得这么透彻，于是连忙微信联系他。

“Jason 兄，收到你的邮件了，讲得很详细，兄弟深感佩服，但是这些买点有没有具体判断参数？”王啸试着问道。

“有的，我常用的有几十个买点参数，回测中胜率比较高的有 8 个。”Jason 回复道。

“可以卖我几个吗？”因为买点参数对操盘手来说基本都是保密的，王啸小心翼翼地问道。

“这个卖少了对不起我心血，卖多了又不拿你当朋友，算了，我送给你吧，以后我肯定要发基金产品的，到时在你们那边借通道，你不要收我钱就好！”

借通道就是通过基金公司发行基金产品，但是由投资人自己操作，因为个人无法发行产品，所以要通过基金公司。王啸他们基金公司正处在发展期，借通道也能扩大公司的基金规模，所以熟人都不收费。因此，王啸毫不犹豫地回复道：“没问题，你什么时候来都行，以后我帮你拉资金也没问题！”

“嗯，那我一会儿传你！”Jason 说道。

不一会儿，Jason 传了一个文件包过来，他耐心地教王啸怎么安装，王啸以为他这些买点都是在纸上写的各种条件，结果 Jason 都已经进行了电子化，不但盘中能自动把符合买点的个股选出来，还能归类到不同的分类文件夹里，人要做的就是二次确认买不买、买多少。王啸十分佩服地说道：“这个太方便了！”

“这有什么，我自己的都是选出来就自动按设定好的资金买入，买入后按设定好的资金自动做 T，止盈止损都是自动化的。”Jason

说道。

“还可以这样啊？”王啸难以置信地问道。

“这就是量化交易，国外已经做了几十年了，国内刚刚兴起，个人投资者懂的就更少了，以后可能会是趋势吧。”Jason 说道。

“我有空一定要去跟你好好学学，拜你为师！”

“以后再说，看缘分吧！”Jason 说道。

聊了一会儿，王啸问了一下具体的用法，发现这个确实很方便，这不是单纯的公式选股，而是把股票池从上到下地用各种不同的公式过滤出来，符合技术要求的自动归入设定的文件夹，这就像你过去是拿着长枪一边搜索猎物一边瞄准射击，只能一个个去处理目标，而现在有个机器人，发现猎物就开火，可以处理多个目标，这才真是把技术分析用到家了。自己现在只需要把公司给的自选股池里的几十只股票放进去，一旦出现符合条件的买点，股票就会归入文件夹，然后自己再二次确认是不是买入，省去了大部分盯盘的时间，不仅能节省人力，而且还不受情绪影响。因为盯盘久了人很容易产生恐惧或贪婪的情绪，进而动摇持仓的信心，所以很多人都不敢看盘，怕自己把持不住。王啸自己也在这上面犯过很多错，今天这个收获真是太大了，他不由自主地想找黄嘉雯一起庆祝一下，但是不知道她还生不生气了。这时，孟总突然打电话过来让王啸带陈茹找张晓琪做双录，王啸连忙打电话跟张晓琪约了下午来公司办手续。他挂断电话后，想跟黄嘉雯打破冷战僵局，于是把黄嘉雯平时爱吃的餐厅名字一个个都发过去给她，意思就是看她想吃哪个。结果她也没回，王啸想了想只好出大招了，跟孟总打了个招呼就下楼开车去了市中心的 LV 专卖店，挑了个今年新款的 LV 挎包，价格 17000 元，王啸狠下心买了一个，在柜台里盖掉价格拍了张照发给黄嘉雯说道：“我错了，都说‘包治百病’，希望它能让你开心快乐！”

隔了一会儿，黄嘉雯终于回复了：“你这是病急乱投医，只怕治标不治本吧？”

“能治标就行，本来无一物，何处惹尘埃？”王啸幽默地回复道。

“好吧，那就原谅你这一次，以后随叫随到！”黄嘉雯说道。

王啸总算是放心了！

第十四章　风险管理

1

2019年10月23日，王啸月初跟Jason学习了技术分析的买点分型，经过十几天的模拟盘测试，又经孟总指导其中的一些不足之处，他对一些条件参数进行了修改，整体上效果还是很不错的，但是这些买点各有不同的风险，需要有对应的风险管理方案，对这方面，王啸只是一知半解，所以只好请教孟总：“师傅，如何进行全面的风险控制管理呢？”

“这个话题很大，不是几句话可以解释清楚的，我整理一下具体的策略发邮件给你。”孟总回答道。

“好的！”王啸痛快地说道。

孟总在整理公司的基金账户，王啸看到几个产品盈利还不错，方圆一号的收益率已经有30%了，张晓琪那个基金专户也开始建仓了，而且是把之前卖掉的WE股份又买回来了。

王啸好奇地问道：“这个WE股份又可以买了吗？”

“嗯，调整基本结束了，有可能再走一波上升趋势。”孟总自信地说道。

“那我可以再买回来吗？”王啸问道。

“可以是可以，不过你手上不是有MY股份吗？那个赚了不少吧？”孟总问道。

“嗯，差不多50万元吧，涨了30%，我一直做T，所以多赚了10万元，现在有150万元仓位。”王啸开心地说道。

“那你还有多少钱？”孟总问道。

“还有 100 万元，最近有什么可以买？”王啸试探地问道。

“BJ 君正这个股票还可以，公司也是做芯片的，刚收购了一个公司，业绩后面会并表进来，你可以买一点，当然你喜欢买 WE 股份的话也可以。”孟总说道。

“我各打五十大板，每只买 50 万元吧。”王啸风趣地说道。

“也可以，行情好可以仓位多一点，如果行情变化，还是要降低仓位控制风险。”孟总嘱咐道。

“好的！我都听您的。”王啸恭敬地说道。

王啸想着既然 WE 股份可以买回来了，自己可以约黄嘉雯吃饭让她也买回来，她肯定很开心，于是给黄嘉雯发了条信息说道：“美女，晚上有空一起吃饭吗？有好消息给你！”

很快就收到黄嘉雯的回复：“哈哈，好的，晚上陪我吃川菜吧？”

王啸心想，四川人对川菜果然是真爱，就爽快地答应了。今天的市场比较平淡，王啸有了更多时间跟孟总请教一些盘中的操作技巧，孟总也不厌其烦地讲解，并且对王啸说道：“你好好做，后面账户多了，我管不过来，你拉的这两个账户交给你操作。”

“好的，我一定努力学习！”王啸感激地说道。

孟总对王啸真的是毫无保留地培养，只要王啸提出的问题，都耐心解答，就像对自己的亲弟弟一样。在这种环境下，王啸的进步可谓是一日千里，对交易也越来越有信心！

下午收盘后，今天新买的两只股票没什么大问题，满仓了，王啸看没事做，就请假先走了，出来后打电话给天府之国饭店，订了上次的广元包房，回家去把送黄嘉雯的包拿了出来，去洗了个车，换了件新的衬衫，开开心心地去接黄嘉雯。到了她家楼下，王啸发信息说道：“领导，我已经到你楼下了，你慢慢来。”

“这么快？等我 5 分钟！”黄嘉雯回复道。

女孩子说 5 分钟一般就是半小时。等了差不多半小时，黄嘉雯终于下来了，王啸紧盯的眼光看得黄嘉雯不好意思地说道：“怎么，我今天穿得不好看吗？”

“没有，难怪古人说英雄难过美人关呢！”王啸故意叹了口气说道。

“哈哈，你是夸自己是英雄呢，还是夸我是美人？”黄嘉雯笑盈盈地问道。

“自然是夸你，我算什么英雄，我不过是万里长城一块砖、茫茫人海一粒沙罢了！”王啸感叹道。

“好啦，别作诗了，我都饿坏了，咱们走吧！”

黄嘉雯说着拉过安全带扣好，王啸听她说饿了也不再说话，一路上风驰电掣，很快就到了饭店，两人停好车，走进了广元包房，黄嘉雯看到房间名字，笑着说道：“你还记得我们第一次吃饭的房间啊，既然这样，那我考考你，我们第一次吃饭点了什么，你今晚就点那些！”

时间过去几个月了，王啸还真得想一下，还好平时记性就不错，回忆着说道：“水煮肉片和麻婆豆腐，串串虾和辣炒花蛤，好像还有瓶泸州老窖！”

“厉害了！”黄嘉雯竖起大拇指赞道。

“你知道这个说明什么吗？”黄嘉雯突然说道。

“说明什么？”王啸不解地问道。

“说明你这个人没什么坏心思，有很多男人看到美女，心都飞了，哪还记得当时吃的什么！”黄嘉雯笑呵呵地说道。

王啸让服务员照着那天的菜上了一份。服务员走后，房间里只剩下两人，王啸说道：“我买回了 WE 股份，另外新买入了 BJ 君正。”

黄嘉雯听到后开心地说道：“哈哈，又有新股票，上次那个 MY

股份赚了不少，我还没来得及谢你呢！”

王啸听到后摆摆手说道：“别谢我，要是以后告诉你买的股票亏了别骂我就行！”

这时酒菜都上来了，黄嘉雯拿起酒杯给王啸倒了一杯酒说道：“咱们都是干这行的，股票哪有百分百的准确率？你说这个就是看不起我，你自罚三杯！”

王啸嘿嘿一笑，也不啰唆，自己连干了三杯！

黄嘉雯今天就是想灌醉王啸，都说酒后看人品，今天不把王啸灌醉，她是不会罢休的。想到这儿，黄嘉雯又给王啸倒满酒杯，自己端起酒杯说道：“啸哥，我敬你！”

菜还没吃就这么喝，明显是要喝个一醉方休，王啸记得黄嘉雯上次喝了半瓶不到就醉了，所以也不怕她，两人一会儿我敬你，一会儿你敬我，很快，王啸正准备给黄嘉雯倒酒，一拿酒瓶发现空了，再看黄嘉雯面无惧色地叫服务员再来一瓶，王啸心道今天自己上当了，想不到她酒量这么好，自己许久未喝，酒量退步很多，已经有点晕乎乎了，但是也不能临阵脱逃吧，于是硬着头皮跟她继续喝了半瓶。黄嘉雯发现王啸已经醉了，不由暗自窃喜，说道：“啸哥，吃点东西吧，一会再喝！”

王啸听到如释重负地连声道：“好的，一会儿再喝。”

两人自顾自地吃了一会儿。王啸看到黄嘉雯情绪不高，忙问道：“怎么了？看你好像不太开心啊！”

“没什么，我是看你入行才几个月，简直如鱼得水，而我做了3年多依旧不好不坏，你说这是为什么？”黄嘉雯幽怨地说道。

如果是平时或者是别人，王啸可能安慰几句过去就算了，但是看到黄嘉雯幽怨的眼神，他又多喝了几杯，所以脱口而出道：“不管做什么，只有两点，一是了解社会的运行规律，二是了解人性的需求。第一是做事，就是你要找到这个事情的规律和趋势，再根据这个来做事。第二是做人，只有深入地了解人性才能更好地与人沟通。比如做私募基金销售，你天天被动地等朋友介绍客户上门，能有什么发展？跟高净值人群打交道的重点不是美貌而是智慧。我都想好了，如果我是你，我首先要做的就是扩大自己的人际交往圈。”

黄嘉雯连忙问道：“怎么扩大？我挺愿意交朋友的啊？”

“你那个博而不精，你应该把交友的方向重点放在核心用户群里，扩大自己的朋友圈！”

王啸说完这些，俯身趴在桌上睡着了！黄嘉雯看王啸真醉了，也不知道他家住哪，就叫了个代驾在附近找了个酒店，让代驾帮忙把王啸安顿下来，自己又叫代驾开王啸的车把自己送回家，等明天自己再还车给他。黄嘉雯到家后舒舒服服洗了个热水澡，洗完躺在床上想着王啸今天说的话，迷迷糊糊地睡着了。

2

王啸早上醒来已经 10 点多了，发现自己躺在陌生的酒店里，回想昨晚的事，只记得在天府之国跟黄嘉雯喝酒，于是拿起手机打给黄嘉雯。

“哈哈，你睡醒啦？”黄嘉雯抢先说道。

“昨晚什么情况？我怎么突然醉了？”王啸不好意思地问道。

“喝醉都正常吧，你睡醒了来我家楼下拿车吧。”黄嘉雯说道。

“好的。”王啸说道。

挂上电话，王啸看了看自己衣服都没脱，昨天应该没干出格的事，但是一身酒气，就去卫生间洗了个澡。他出来在酒店冰箱里找了盒牛奶喝了，下楼去酒店大厅结账时发现黄嘉雯已经帮忙结过了，只好叫了辆车到了黄嘉雯家楼下，她已经在车里等王啸了。

“我自己可以开了。”王啸说道。

“你酒都没散怎么开？我送你回家。”黄嘉雯霸气地说道。

王啸想了想也没再说什么。黄嘉雯一边开车一边抿嘴偷笑。王啸佯怒道：“笑什么？我昨天是没有准备，被你暗算了！”

“你记得你昨天对我说过什么不？”黄嘉雯笑道。

王啸努力回想了半天，却怎么也想不起来！

黄嘉雯用手指了指王啸，说道：“你这人喝完酒比平时实在，平时属茶壶的，心里的话十句也说不得一句！”

王啸尴尬地点了点头。很快就到了王啸家楼下，黄嘉雯停好车刚要走，王啸拿过那个包递给她说道：“送给你的，一点心意！”

黄嘉雯接过来看都没看，摆了摆手招了辆出租车走了。

王啸到家之后给孟总打电话请假，孟总没说什么，只是让王啸查收一下邮箱里他写给王啸的关于风险控制的总结，王啸连声感谢，想不到孟总这么快就发给自己了。打开邮件一看，王啸发现里面洋洋洒洒几千字，昨天的酒还没醒，头疼得厉害，实在不想看，转念一想，Jason 的量化那么厉害，对风险的控制一定也有独到之处，自己刚向他学过买点，现在再问风险控制他一定不会说，不如自己主动出击，用孟总的风险控制策略换他的风险控制体系，这样两大高手的东西自己都可以学到了。想到这儿，王啸打开手机给 Jason 留言道：“Jason 兄，你上次给我的买点策略很好，我也无以为报，我这边有我师傅关于风险控制的策略，我分享给你作为互相交流的回报，你看一下有什么不足之处，多提宝贵意见！”

Jason 很快回复道：“好的，你师傅是专业人士，他的策略自然是好的！”

王啸把孟总的邮件直接转发给了 Jason，自己宿醉酒还未醒，又回房间睡觉去了。一觉睡到了下午五点多才起床，他拿出手机看到 Jason 给他的留言：“你师傅这个风险控制基本没问题，比较专业，我结合自己做量化的风险控制经验，整理成了一个合并的策略，已经用邮件发给你了，你可以打开看看！”王啸急忙打开电脑，Jason果然已经回复邮件，比孟总给他的内容多了很多，内容如下。

风险控制

风险控制的主要手段是在行情趋势不确定时空仓；其次是止盈，止盈是在行情正在发生趋势性衰退时主动减仓；最后才是止损，止损是在行情已经发生趋势性变化时被动减仓。因为股票有很多不确定性因素，所以需要用大的趋势周期去包容操盘中的错误和小周期的不确定性，顺大势、逆小势是一种主动性的风险控制。

大盘风险控制

1. 大盘系统性风险管理

根据不同的操作周期，对不同周期趋势造成破坏的大跌保持警惕，对未对趋势造成破坏的大跌可以持仓观察进一步的变化。

若大盘出现系统性风险，暴跌 3% 以上，跌破 5 日均线，则减半所有仓位，对于一些弱于大盘走势的个股选择清仓。

若大盘出现 4% 以上的暴跌，单日跌破 5 日均线，次日或同时跌破 10 日均线，则以市价清仓所有下跌的个股，保留逆市飘红的个股。

若大盘出现 5% 以上的跌幅，单日跌破 5 日均线，次日或同时跌破 10 日均线，同时 5 日与 10 日均线形成死叉，则以低于市价清仓所有个股！休市，短期内不再交易。

建立股指期货空单对冲市场风险

用空仓应对系统性风险！一定要空仓！空仓！空仓！重要的事情说三遍！

出现系统性风险时，就算抄底最避险的品种，比如黄金，也不可以超过 1/3 仓位，而且只能做龙头。因为一旦判断错误，就会损失惨重。当风暴来临时，不要妄想靠一件棉袄来抵挡！这也是为什么下雨时有伞的人往往被淋得最狠。而宏观经济的重大事件变化是大批建仓的良机，例如“黑天鹅”事件导致的优质资产的股价大幅下跌，同时也包括宏观“灰犀牛”大概率事件引起的公司未来发展的重大变化。重点是放弃个人预期，完全尊重市场趋势。

对市场来说，个人投资者的信息不完善和技术水平差距，使其几乎没有可能超越市场的表现。所以当你建仓后发现预期的事情没有发生时，那么一定是你自己错了。如果出现危机，处理危机时的决策必须远远比平时更果断和有效。

所以，当大盘出现系统性风险时，一定要直接无理由地平仓所有下跌的股票！

2. 大盘结构性风险管理

这是指大盘到达关键阻力位后行情产生分化、板块轮动，这时要紧跟大盘趋势，一旦行情产生过多的不确定性，就必须减仓，这时只可以用小仓位投资热点板块的龙头股，大部分资金需要离场避险，这时就需要执行新的操盘策略了。

3. 大盘日常风险管理

（1）看预期事件

比如隔夜消息在次日是利空还是利好？市场对消息的预期有没有预期差？

（2）看市场五大指数

五大指数包括上证指数、创业板指、深证成指、沪深300、中证1000。

（3）看板块热点

板块热点的数量有几个？是主线热点还是支线热点？板块热点的切换频率如何？板块热点的持续性如何？

（4）看市场资金变化

资金重点流入的板块有哪几个？资金重点流出的板块有哪几个？成交量最大的板块是哪个？市场的成交量变化如何？

板块风险控制管理

板块出现以下问题时，须及时进行风险控制。

1. 板块有重大行业利空消息。

2. 板块龙头大幅震荡。

3. 板块内资金大量流出。

4. 板块下跌个股比重过半数。

5. 板块权重股走势见顶。

6. 板块在技术形态上出现大幅回调。

个股风险控制管理

面对风险时最好的应对模式是空仓避免交易；其次才是谨守能力圈，只做自己有能力把握的机会、波段的启动机会；第三是量化风险，提高胜率和盈亏比，优化投资组合。

1. 个股系统性风险管理

大盘走势不错，但是所持有的个股和板块明显弱于大盘，此时就需要注意个股风险，对于非热点个股，到止损位了就要坚决止损。对于热点个股，如果板块出现明显回调，也必须减仓一半以上，特别注意有两融的个股，回调的幅度和速度都会大于一般的个股。

2. 个股结构性风险管理

当个股出现利空消息，股价上有所反应时，一般情况下需要清仓。就算不清仓，也必须先减仓一半以上，剩下的到止损位一定要严格止损。如果确实看好该股，可以等个股利空消息对市场的影响淡化以后再回补原本的仓位，不可加仓，但是如果新的仓位依然跌破新的止损位，必须清仓离场！

3. 个股基本面风险管理

个股基本面出现以下问题时，需及时进行风险管理。

（1）经营管理不善导致业绩严重下滑。

（2）突发事件产生不利因素。

（3）产品生命周期大幅缩短。

（4）个股财务异常，会计师出具保留意见财报。

（5）盲目扩张导致现金流枯竭。

（6）虚构假财务数据，财务总监突然更换。

4. 个股财务风险分析系统

一旦出现以下 9 个风险之一（一票否决），应及时清仓。

（1）经营净现金流连续数年低于净利润。

（2）公司账目上大存大贷。

（3）费用指标出现异常。

（4）利润率违背常识。

（5）产销量与收入增长不匹配。

（6）进行境外收购，收入增长过于依赖境外。

（7）公司管理结构和产品线复杂难懂。

（8）财务技术性“大洗澡”。

（9）管理层集体顶格减持。

5. 个股技术面风险管理

（1）个股技术面的 9 个风险信号如下。

第一，均线的节奏线（通常为 13 日均线）被击穿。

第二，均线的趋势线（23 日均线）被击穿。

第三，进场的标志性 K 线被击穿。

第四，各种形态突破后形成假突破。

第五，跳空缺口被回补。

第六，加速期日 K 线一根守一根。

第七，加速期后期，小时K线7小时节奏线或标志线被击穿。

第八，大阳线或大阴线右侧的小平台被反向突破。

第九，利润回撤5个百分点以上。

6. 个股风险控制的三个重点

（1）过滤掉看起来比较好的机会，只交易独一无二的战略机会，这要求我们必须提高交易胜率，把基础胜率的门槛提高到60%以上。这就要精确地把握市场热点和进场点，所以一定要做多周期共振和主线热点板块的龙头股。

（2）必须提高盈亏比，买形态上压力比较轻、走势凌厉的强势龙头股，这样向上的空间才够大。

（3）胜率、盈亏比、交易频率，三者相互作用但不可能同时保持在高位，必然要牺牲某一点。科学的排序应该是：胜率、盈亏比、交易频率。

以5%止损为条件，盈亏比计算如下。

盈利8%是1.6倍盈亏比。

盈利10%是2倍盈亏比。

盈利15%是3倍盈亏比。

盈利20%是4倍盈亏比。

盈利25%是5倍盈亏比。

盈利30%是6倍盈亏比。

每次亏5%，只要13.5次，资产腰斩。

每次亏6%，只要11次，资产腰斩。

每次亏7%，只要9.5次，资产腰斩。

每次亏8%，只要8.5次，资产腰斩。

每次亏9%，只要7.5次，资产腰斩。

每次亏10%，只要6.5次，资产腰斩。

提高胜率的两个重点如下。

第一，谨守个人能力圈。自己所能掌握的信息和资源要与目标匹配，关注影响概率的不利因素，坚持不懂的不做，市场混乱不做。坚持固定的操作策略，应对突破有一个策略，做波段有一个策略。两个策略交替使用，回避震荡行情。

第二，只要上升趋势还在，就坚持做标的股不换股。在一只处于上升趋势的股票中做正 T，可以扩大胜率优势，即时抓住盘中的向上突破，一旦回落可以卖掉底仓，至少盘中的利润是实实在在地赚到了。

胜率、盈亏比与破产风险的关系如下。

25% 胜率，3.25 倍盈亏比，破产风险小于 1。

30% 胜率，2.75 倍盈亏比，破产风险小于 1。

35% 胜率，2.25 倍盈亏比，破产风险小于 1。

40% 胜率，1.75 倍盈亏比，破产风险小于 1。

45% 胜率，1.50 倍盈亏比，破产风险小于 1。

55% 胜率，1.00 倍盈亏比，破产风险小于 1。

由此可见，胜率越高，回报率越高，破产风险越小。我们没有办法确定胜率的多少，但是可以从技术形态特征预测回报率，如果再考虑到市场的波动因素，假定市场的平均胜率为 40%，那么 2 倍盈亏比就是最低的限度。

按 5% 的止损点计算，每次交易至少需要有 10% 的收益，胜率要大于 40%，这样才能避免破产风险！

我们可以根据胜率和盈亏比随时调整仓位，当胜率下降、盈亏比下降时减少仓位，胜率上升、盈亏比上升时加大仓位。

除了应用正常的各种分析数据之外，只做持续性的热点和资金风口，减少损失也能变相提高盈亏比。坚持做单一标的股也是一个策略，前提是公司没有任何基本面的风险和利空，并且成长性和收益率都非常好，这时坚持做单一标的股，就是最有效地提高胜率和盈亏比的方法，因为这种基本面良好的公司股价越下跌，反弹的可能性越大（但是需要排除基本面爆雷的可能）。

面对市场，策略的选项越多，不确定性就越大，因为认知上的缺陷，我们没法对市场当前的情况做出准确的分析。如果一个策略只有两个选项，要么买要么空仓，只要买点的胜率超过50%，而空仓又不会亏钱，那么就能很稳定地发挥交易系统的优势；但同样是50%的胜率，如果让你猜骰子中的三个数，策略出现错误的概率就会大幅增加，因为选项有3个，首先不确定性会增加，而且操作上变得更复杂，产生操作错误的概率更大，叠加起来就会让应用策略变得更难实施。

胜率、盈亏比、交易频率，这三个交易要素不可同时实现最优状态，最多某一个或两个呈现比较优势的状态。胜率和盈亏比之间有很多奇妙的关系，通常盈亏比越大，胜率越小，反之亦然。但是如果胜率太低，即使盈亏比非常高，你在交易时出现随机性连续损失的概率也会增加，导致出现执行上的困难。

投机和赌博的重要区别是投机是有预期差的，也就是期望值是变化的，而赌博的期望值是固定的，赌博只是单纯的概率和盈亏比与风险控制的游戏。

让我们亏大钱的往往不是低胜率的股票，而是有较高胜率的股票，正因如此，才会产生比较大的亏损，我们要做的就是严格过滤掉只是看起来不错的好机会，我们需要的是绝对的好机会。

提高胜率的办法，是只在基础胜率处在优势的阶段交易，比如在大盘普涨、板块强势、个股流动性充足的情况下交易。提高盈亏比的方法有两个，一个是控制亏损，把平均亏损控制得越小，相对的盈利就会变得越大；二是上涨空间越大和上涨时间越长，盈利的数额就越大，自然盈亏比就会更高。

这些内容比孟总给的多了关于胜率和盈亏比的解析，同时对风险也进行了细化，王啸看到后高兴得合不拢嘴，连忙给 Jason 发微信表示感谢。隔了一会儿，Jason 回复道："我看了这个风险控制策略，对你们公司也有了信心，我准备下个月发行一个量化交易的私募产品，我这边有 500 万元，你帮我募集 500 万元，然后我在你那边借通道发行，你看可以不？"

王啸想了想，借通道没问题，但是募集资金的事不好说，毕竟这个量化的产品王啸也没卖过！于是回复道："借通道肯定没问题，但是募集 500 万元我不太有把握！"

"你帮我募集 500 万元资金，我把量化交易里最重要的资金管理方法教给你！"

王啸听到这个眼睛都在放光，要知道，交易系统最重要的就是资金管理，而且量化的资金管理是所有资金管理系统里最全面的，如果拿到这个，王啸的交易系统就基本成型了！因为选股策略孟总教了，止损点、以损定位以前就学过了，买点分型已经有了，风险控制现在也有了，如果再有资金管理和卖点止盈管理，整个交易系统就基本形成闭环了！！

想到这儿，王啸咬着牙回复道："一言为定，我就帮你募这 500 万元！"

"合作愉快！"Jason 回了这条信息就没再说什么了。

王啸在家里越想越开心，正在高兴的时候，黄嘉雯打电话过来说道："这周末青岛奥帆中心举行游艇年会，到时中国有游艇的人一半以上都会去，我要代表我公司去那边募集资金，你陪我去好不好？你去了也可以帮你公司募集资金，估计是孟总他们求之不得的事！"

王啸本不想去，但是想想自己能陪黄嘉雯，如果能拉资金给 Jason，自己就离建成交易系统更近一步了，于是说道："好的，我问一下公司这边，只要他们不反对，我就陪你去！”

“好的，就知道你对我最好了！”黄嘉雯兴奋地说道。

王啸脸上一红，没说什么，放下电话之后又打给孟总，说了一下这个情况。孟总和李总商议后决定，王啸的机票住宿等一切费用公司负责报销，并且会全力协助王啸工作。

“青岛，等我再创辉煌！”王啸在心里坚定地说道。

第十五章　资金管理

2019 年 11 月 4 日，飞青岛的 SD 航空登机口，王啸跟黄嘉雯正在排队登机。这是两人第一次一起远行，虽然是为了工作，但是两人心底里都隐隐约约地感受到了对方的好感，有这样一个单独相处的机会，非常惬意。

王啸对坐飞机一直有恐惧心理，虽然知道飞机是很安全的交通工具，但是他一个人出行时还是愿意选择高铁，这次坐飞机只是为了陪黄嘉雯。登机后，王啸把两个人的行李放好，看了眼黑漆漆的窗外，阴云密布，不时传来阵阵雷声，他心里默默祈祷，希望此行能平安顺利。很快，飞机进入滑行阶段，准备起飞，随着一阵强烈的推背感，飞机像一支离弦之箭直冲云霄。

飞行了十几分钟后，飞行状况突然开始变得越来越不稳定，像是被某种巨大的力量控制了一样，时而往左边倾斜，时而向右边晃动。王啸的身体被颠簸得剧烈摇摆，他看着窗外的景象，感觉乌云都在跟着翻滚。这时响起了机长的广播："各位乘客，由于天气原因，我们将会遭遇比较严重的空中颠簸，请系好安全带并保持镇静。"

听到这句话，黄嘉雯不免有些担心，紧紧拉着王啸的手说道："啸哥，我害怕！"

王啸安慰道："没事的，飞机的翅膀很结实，历史上从来没有飞机因为气流而出现过解体事故！"

正说话间，飞机突然发生了剧烈的下坠，王啸整个人被掀了起来，连同座椅一起向左边倾斜。旁边的黄嘉雯“啊”地尖叫了一声被颠了起来。整个飞机就像是被一股无形的巨力冲击着，瞬间直线下坠了至少几秒。周围的乘客也都开始发出阵阵尖叫。王啸双手紧紧地抱着黄嘉雯，把她的头护在自己的怀里。飞机颠簸得越来越厉害，感觉就像是坐过山车一样。不少乘客开始呕吐起来，整个机舱散发着一股刺鼻的味道。时间仿佛静止一样过得很慢，每一秒钟都让人感觉像是漫长的一天，同时每一秒又都让人被死亡的恐惧折磨所冲击，有些人甚至开始哭喊起来。黄嘉雯惊慌失措地说道：“啸哥，我们会不会死啊？我不想死！”她一边说一边崩溃地大哭。

王啸此刻也是心如死灰，但是强装镇定地安慰道：“没事的，不怕，有什么事都有我陪你！”说完他紧紧地抱着黄嘉雯。

过了好一会儿，机长的声音再次响起：“各位乘客，很抱歉，由于天气原因，我们已经尽力躲避了所有可能的空气湍流，但还是遭遇到了此次颠簸。请大家耐心等待，我们将尽快度过此次困境。”

听到这儿，王啸看到怀里的黄嘉雯，心里松了一口气，安慰道：“没事了，最危险的时候应该过去了！”

黄嘉雯含着泪点了点头，继续依偎在王啸怀里。轻微的颠簸又持续了大约 5 分钟，但是已经没有之前那么严重了。飞行员还是非常有经验，迅速采取了一系列措施来控制飞机，并告诉乘客正在导航，已找到更平稳的气流。通过飞行员的努力，颠簸逐渐减弱了，飞机稳定了下来，2 小时后平安地降落在青岛的机场，机舱爆发出了雷鸣般的掌声。要知道，这么危险的情况，飞行员如果在操作上出一点问题，那都会凶多吉少。几辆救护车已经停在了停机位旁边，机组成员正在安抚大家，并让几个身体严重不适的乘客上了救护车。

王啸惊魂未定地带着黄嘉雯迅速下了飞机，叫了辆车直奔青岛海尔洲际酒店，这是这次游艇展会的主办酒店，距离奥帆中心只有几百米的距离。

王啸订了两间海景房，把黄嘉雯送到房间后安慰了几句刚要走，黄嘉雯突然说道："啸哥，多陪我一会儿，我害怕！"

"好的，我就在这陪你，没事的，都过去了！"王啸摸了摸黄嘉雯的头，安慰道。

其实王啸自己也被吓得魂不守舍，看着黄嘉雯楚楚可怜的样子，等黄嘉雯情绪安定下来，哄她睡去，王啸才回了房间。

次日早上，王啸叫醒黄嘉雯吃了个早餐，就来到游艇年会的举办地奥帆中心，这是2008年北京奥运会帆船比赛和帆板比赛的场馆之一。奥帆中心的设计充分展现了青岛的海洋魅力。建筑造型采用风帆般的曲线外墙，全场馆外墙由绿色、蓝色、白色三种颜色组成，形状宛如一艘流线型的帆船，寓意精彩的帆船比赛将在此展开。此时海上密密麻麻停满了各式各样的游艇，奥帆中心的停车场上也是豪车云集，就算是见惯了大场面的黄嘉雯也惊叹不已，她看着熙熙攘攘的人群，一时不知道从何处下手，转头问道："啸哥，这里这么多人，咱们哪有时间能跑完这么多客户？"

"谁说要跑客户了？我都安排好了，跟我来吧。"王啸自信满满地说道。

原来，王啸在来之前已经联系了青岛当地的矿泉水厂，定制了10000瓶带有JX基金公司二维码信息的矿泉水，每瓶出厂价3元，这次总共来了1000多艘游艇，每个游艇送10瓶，乘客扫码就送水。同时跟生产游艇的厂家谈合作，帮他们在广东地区免费做销售，因为他们也知道私募基金认识的都是高净值人群，作为交换，游艇的工厂会把他们掌握的高净值客户介绍给王啸。王啸这次来主要是跟游艇工厂的冯总确定这个合作意向，毕竟见面才能最终谈妥嘛。

游艇工厂这次带来了12艘不同类型的游艇做展示，冯总约王啸在一艘名叫"幸福时光"的游艇上见面。这是一艘52英尺规格的豪华游艇，配有两台425马力的康明斯发动机和7000瓦科勒发电机，飞桥区用柚木地板做装饰，内部有一个KTV房和一间卧室，所有的家具都用泰国柚木实木打造。作为一个连坐车都晕的人，王啸是第一次登上游艇，虽然之前看过图片，但是亲眼看到实物，还是被游艇的豪华所震撼！

王啸在微信上看过冯总的朋友圈，知道他的模样，此刻他正在跟一个客户详细地介绍着游艇的各种功能。突然，那个客户转过身来看见走进来的王啸，两人异口同声惊道："怎么是你？"

原来看游艇的客户不是别人，正是以前王啸在越南的客户杰盛集团的张总，自从他因为糖尿病退休之后，两人有四五年未见，今天他乡遇故知，不由得分外热情，王啸拉着张总的手埋怨道："张总，自从您退休以后，我就多方打听您，但是您公司助理说您不让说，所以我一直联系不到您，想不到今日有缘在这里遇见！"

张总哈哈一笑说道："我公司助理跟我说过，你找我好多次，我已经退休了，就没再跟那边的朋友联系了。"

"哎呀，原来都是朋友啊！"冯总一看王啸竟然跟他这个顾客很熟，觉得今天有很大的概率成交，忙把两人迎进游艇的飞桥区，并安排手下从下面酒柜里拿了一支拉菲上来，又让船长把船开出海，几个人一边喝酒一边欣赏美丽的海景。王啸也顾不上冯总，一路跟张总聊起以前的点点滴滴。张总很是感慨，对王啸道："我已经老了，你也知道我糖尿病很严重，现在在台湾只剩下出海钓鱼这点爱好了。"

王啸安慰道："您好好保重身体，这个爱好挺好，有机会我去台湾陪您出海。"

冯总听到这，趁机推销自己游艇的各种优点，张总听他说完没说话，问王啸："你觉得我应该买吗？"

冯总满怀期待地看着王啸，希望他帮忙说几句话。王啸沉吟了片刻说道："如果只是您一个人出海钓鱼的话，不应该买，但是如果想聚集一帮钓鱼的朋友，有条船自然是好的。”

这个回答很实在，张总很满意。他退休以后本就无聊，买条船玩玩对他来说不是什么大事，想到这就对冯总说道：“既然你是王啸的朋友，那你给我报个实在价格我参考一下。”

冯总喜出望外，连忙说道：“大家都是朋友，我给您按原价打个九三折，再多送您两年保养。”

张总点点头说道：“我们现在先回酒店吧，晚上我要跟王啸吃个饭，明天我过来跟你签合同！”

“好的！”冯总开心地说道。

很快，船长把船稳稳地停在了奥帆中心码头，黄嘉雯留下陪冯总聊天，王啸下船送张总上车，目送他走远后返回船上。冯总高兴地说道：“王总，想不到第一次见面你就送了我一个大礼！”

“合作嘛，大家本来就是优势互补，您也知道我们私募基金公司的客户都是高净值人士，您公司的客户也一样，大家又不是同行，没有冲突，有机会多合作，一起赚钱才是真的。”王啸客气地回应道。

“好的，我也正有此意，除了要给你介绍客户，这艘游艇按行规，销售给 3% 的佣金，我也给你 15 万元。”冯总大方地说道。

王啸大吃一惊，想不到随便说几句话竟然这么值钱。转念一想，明白冯总是怕张总晚上反悔，所以让他再帮忙加把劲。于是他对冯总说道：“您放心，我一定帮您搞定这个订单。”

以王啸对张总的了解，他说买就会买，绝不是反反复复之人，但是王啸也不点破，跟冯总寒暄了一会儿，带着黄嘉雯告辞回酒店了。王啸回来之后，对黄嘉雯说道：“张总这人不爱热闹，我直接拿瓶威士忌去他房间陪他喝点儿酒，一会儿你帮我从外面叫几个台湾菜送过去就行了，我喝完明天再陪你拿资料。”

“好的，啸哥，但是你的酒量能扛吗？如果有什么需要，我来帮你挡酒。”黄嘉雯关切地说道。

“放心，他老人家也喝不了多少，只是老人都念旧，我们几年未见，好好陪他热闹一下罢了。”王啸解释道。

黄嘉雯没再说什么，看王啸进张总房间半小时没出来，就找外卖叫了一些台湾菜，让服务员送过去，自己在房间等王啸电话，却迷迷糊糊睡着了。

王啸跟张总两个人边喝边聊，张总问道：“我听冯总说你转行做基金了？”

“嗯，一言难尽！”王啸把这些年发生的事跟张总原原本本地说了一遍。

张总听得暗暗称奇，追问道：“你们那个基金的规模怎么样？收益怎么样？”

王啸本没想跟张总推荐基金，见他有兴趣，也不隐瞒，把基金的收益和内部情况都说了一下。张总沉默了一会儿说道：“你也知道我后面因为身体的原因离开杰盛集团，走的时候把股份都卖给了二股东，套现了两个多亿，我这些钱一直都想再投资个什么项目，但第一是没有精力，第二是没有个既懂投资又让我信得过的人。咱们做了这么多年生意，你没有骗过我，对你的人品和能力我一直很认可，我先投 2000 万元给你试试，你有把握吗？”

王啸心中大喜，没想到不费吹灰之力遇到这么个大客户，既有多年的交情，又有庞大的后备资金，但他还是很谨慎地当着张总的面打给师傅问道：“孟总，我有个以前的朋友，想投 2000 万元给我们基金，您有把握可以给他做好吗？”

“没问题啊，别说你的朋友，就是陌生客户咱们也都帮他们稳定地实现了收益啊！”

“那我就放心了。”王啸说完挂了电话。

张总说道：“我反正只信任你，你不要辜负我对你的期望！”

“好的！我一定帮您做好这笔投资！”王啸说道。

两人喝到很晚，王啸看张总有些倦意，就结束酒局，自己被黄嘉雯扶回了房间，两人也算正式确立了关系。

次日早上，王啸要赶去陪张总签协议购买游艇，收拾了一下就出门了。一切进行得很顺利，张总办完手续就飞回台北了，王啸也准时地收到了冯总给的高净值客户名单和15万元提成。王啸想给黄嘉雯一个惊喜，就跑到海信广场的卡地亚专柜买了个手镯，剩下的钱又给张总买了套达亿瓦的鱼竿，这才心满意足地回来了。只是黄嘉雯看到卡地亚手镯并不是很开心，反倒批评王啸乱花钱。一个女人能够想着为你省钱，这应该就是真爱吧。

剩下的几天时间，因为有了冯总的资料，王啸带着黄嘉雯跑了很多青岛本地的客户，在王啸的帮助下，黄嘉雯也拉到了1000多万元资金，总算不虚此行，对公司也有所交代。

王啸发邮件给Jason告诉他帮他拉到了500万元的资金，因为王啸准备把张总的2000万元资金分500万元给Jason的产品。Jason很开心，当晚就毫无保留地把资金管理策略发给王啸。王啸还是把这个邮件转给了孟总，让他帮忙审核和提升。两天后，王啸终于拿到了这个交易系统最重要的资金管理策略，迫不及待地打开邮件，几千字的内容字字珠玑，内容如下。

投资组合管理策略

投资就像是一场赛车比赛，大的行业方向是各种赛道，行业方向里的龙头公司是高速赛道，交易系统是赛车，而我们投资人是赛车手。大盘走势是路况，随时会变换，所以有时候其他赛道的赛车也会超越我们，但这不是重点，重点是只要我们坚持在高速赛道上驾驶最优秀的赛车、做最好的赛车手，就是在确定性上获得了优势。还有一个重点就是不走错路和回头路（回撤），因为不是比在某一段路上谁跑得最快，而是靠不回撤实现复利效应。投资不是看你某一阶段收益率有多高，而是看能否实现复利，比如这段别人收益率达到了 50%，而我只做了 40%，但是如果下一段我防守住了没亏，后面哪怕涨 20%，也比达到 50% 回撤 20% 后再增长 30% 多。

所以投资组合是在多条最优赛道上布局。

多种优秀行业赛道的公司均衡配置，彼此之间保持适当的调度但又不丢失基本仓位，只要上升趋势不破，靠时间的力量也可以实现不菲的收入，牛市周期在多头趋势重点的方向上布局，反而不宜做超短投机。哪怕是均衡配置的 2 ~ 3 成仓，真正一个波段走完，利润并不低。所以对优秀赛道的公司，要在技术买点切入后做出安全垫，然后长期持仓，正常情况下，中长线占总仓位 20% 的个股各 2 只，短线占总仓位 30% 的个股各 2 只。但是从热点布局来说，要保持右侧进攻总仓位不低于 70%，所以在中长线震荡期间，可以减半仓位布局到短线热点上，如果没有热点，也可以做中长线日内交易以降低成本。

投资组合的仓位管理就像是大军团联合作战，应该是先指挥部分兵力建立一个阵地，然后在胜利的基础上开辟第二战场，稳固下来再开辟第三战场。最忌讳一上来就用所有兵力同时开几个阵地，这样时间准备和兵力调度都会有问题。所以我们做投资组合，先用 30% 的资金做一个标的，等做出盈利安全垫以后，确定多头趋势，再用 30% 资金开第二个标的，然后再做出利润安全垫和确定多头趋势，再开第三、第四个标的，切忌同时大批量开多个不同行业的标的、同时满仓，那样非常冒险，同时行业配属不同也会走势相左，拉低盈利甚至亏损。

只有在一种情况下可以同时上多个仓位，就是对绝对热点板块可以用 60% 的资金、根据我们的板块资金配置策略同时上几个标的。（具体参照“板块资金管理”的内容。）

融资盘另外计算，以下只是现金筹码管理的策略。

中线标的股最多两只，单一标的最多占总仓位的20%，最多共占40%。

短线标的股最多2只，最少1只，最多占总仓位的60%，最少占30%。

中线资金和短线资金保持独立操作，中线资金止盈部分机动仓可做短线，但短线资金不能做中线，以防同时陷入长期拉锯战，只在盈利的仓位上调仓，亏损的仓位除非破位，否则不能轻易调仓。卖出的资金不能当日开新仓，只有出现卖点才卖出。只用现金在买点买入，不能为了买入而卖出未达到卖点的标的股。中线资金要耐心持股，如果被迫止损，回落到下一个买点可以再试一次，中线的利润都是要变现的。中长线的布局是在优质赛道上跟踪基本面的长期逻辑，长期保持不低于40%的总仓位。下跌时，可以早盘集合竞价卖出，尾盘集合竞价买回，用资金优势滚动操作，当股价出现短期加速上涨时，可以把短期的60%资金也加入进来，短线卖点出现时再退出。

短线只买那种处于加速上涨状态的个股，如果不强势就止损走人，如果继续回落也不再做第二次。

短线只做强者恒强的个股。

投资组合做全主线行业配置时，要参考当前市场的结构热点，将60%仓位配置在主线热点上。

进攻仓位出利润后，主线如果回落，可以把仓位回归到支线热点，基本上不管怎么配置，都是操作两个板块——攻击板块和防御板块。防御板块有三个级别，三级是防御类型的股票；二级是ETF指数基金，稳定性好，交易费率低；一级防御是现金，也就是空仓。

投资组合方向上的配置

大盘处在震荡行情时，一部分仓位应坚守有长线逻辑的成长股做中线波段，资金量少于1000万元时，保持40%中长线、60%短线；资金在 1000 万元及以上时，就需要把比例调为 60% 中长线、40% 短线。另外，不管是中长线还是短线，都需要把 60% 资金放在主线热点上，40% 资金放在支线热点上。

大盘处在多头行情时，大部分仓位应配置在短线热点上做脉冲加速行情，比例应为 60% 短线热点、40% 中长线热点。

投资组合建仓时，首次建仓不要超过 15% 的仓位，这样万一开错仓还有修正的机会。

同时也不至于因止损产生过大的亏损，在后面跟踪的过程中可以逐渐增加仓位。

首次建仓 15%；二次建仓 10%，如果存在不确定性，就做 T 卖出 5%，保持 20% 仓位；三次建仓 10%，如果走势强就留，不强就卖出一部分，仍保持 20% 仓位。

中线股底仓 20% 应长期不动，机动仓最多配置 10%。如果中线股进入突破加速状态，也可以将其当作短线来做，也就是除了 20% 的最大配置外，还可以加上短线 20% 的最大配置。但是持仓一定不能超过 40%，在盘中高点也可以减仓 10% ~ 20% 来锁定部分浮盈，降低综合成本，但是这只能用在上涨加速阶段，平时的抄底和其他行情下一概不能突破 20% 的配置上限。

日常持股时，只要大盘和板块震荡，如果个股在技术压力位附近，那么中线标的就先减少 1/3 仓位择机做 T。

大盘或板块遇到震荡行情时，若早盘冲高，中线标的股不是在突破位置，也无持续的攻击动作，则可以先减机动仓锁定浮盈，然后在盘中找中线组合标的股的盘中低吸加仓机会。如果当日出现大幅拉高又没达到突破状态，就减掉当日的机动仓，如果当日股价继续低迷，就变成被动加仓持有，等待趋势反转。如果减仓下来的资金找不到中线标的的低吸机会，就留着过夜，等待次日看是否有好的短线机会做短线加速买点，如果没有，就找中线的盘中低吸机会，变相回补主线，保持主线仓位。

两个中线标的股之间可以互相高抛低吸做对冲。如果大盘在破位状态下，又不想放掉中线的个股，就在早盘上攻失败后先卖出持股，等待盘尾再买回。如果大盘跌得比较严重，也可以次日见企稳信号再买回，关键是要回避下跌波段。

大盘防守作战时不宜用投资组合，因为很可能在组合中的A标的受损后，又进到组合中的B标的承受另一轮打击。组合越多，可能出现的变数就越多，最适合的模式是用“小单短”模式，即小仓位，例如30%；单标的，这样就可以在单一标的个股中选择阶段性的买点循环操作；短周期，就是尽量缩短持股的时间，只在敏感的位置尝试进攻。

如果失败，就马上退出，再选择下一个买点进行布局，核心是围绕着精选的标的进行反复操作，直到上涨趋势形成，并且做出利润，再以利润为安全垫建仓下一个目标。

所以在投资组合管理策略上，进攻必须是多组合的全力进攻，但是防守必须选最安全的堡垒——单只股票的有限防守，这样才有可能真正地控制回撤的幅度。

仓位防守策略

炒股就像驾驶帆船，寻找着风不确定性的方向，不断地尝试。各种时间周期均线走势就像风的方向和等级，大盘就是整个天气情况，如果出现风暴就是巨大的不确定性，需要在港口回避风险。

投机是博弈，是不确定性的市场。要想在不确定性的市场里寻找确定性的机会，就需要很有耐心地等待胜率和概率都有优势时的交易，这就注定不会有太多的交易机会，所以大部分的时间应该是空仓等待。

股票博弈就是你来我往地交战，一方面我们要利用对手的错误进攻，另一方面也要在对手的进攻下防守，最好的防守就是持有现金，三十六计走为上。面对市场和主力的强大优势，我们不可能具有信息优势和资金优势，所以最好的风险管理方法就是空仓。空仓是坚韧的盾，可以让我们在漫天箭雨的战场上保存实力，等待机会。进攻是弯刀，弯刀再快也不能拨开所有的箭，所以我们在不确定性的市场上要左手弯刀右手盾，出现有利的机会就进攻，没有机会就防守，只有活下来，杀敌才有意义。

要想在博弈中获胜有两种方法。第一是根据不同的情况制定不同的应对策略，但前提是要对未来的情况判断极为准确，才可能使用相应的策略，而市场是混沌的，几乎不可能判断出市场未来的变化，所以这个看起来完美的策略有很多致命的缺陷。第二是只做确定性最高的决策，其他时候宁愿放弃也不盲目尝试，在确定性的标的上等确定性的机会，这样就有双重确定性，所以这个策略核心就是耐心地等待出现系统性买点才介入，而不去盲目地试错。

最高境界是在确定性的市场环境中，选择确定性的标的为目标，等待确定性的买点建仓！

耐心等待和发出致命一击就是博弈胜利的关键！再配合仓位管理上留有富余的资金头寸后援，一个标的一个标的去做，等做出盈利安全垫后再开新标的，这样就会真正实现稳定盈利，只有稳定盈利才能发挥复利的威力，否则单次盈利再多也没有意义。

所以，不在于你每次攻击的时候利润有多高，而在于能不能不回撤或少回撤。市场是个多空博弈的战场，多方进攻完成，空方的反扑在所难免，只有空仓才能完全回避空方的反扑，现金就是最好的防守。等空方反攻结束，多空进入震荡状态，等待多方再次出现信号，才是继续进攻的时刻。

机构大资金是如何防守的？

肯定不是多只组合之间来回调仓，因为有大资金机动性的问题，所以只能坚持固有标的，做波段高抛低吸，等下跌波段结束，再慢慢把市值做上来。这样就涉及两个问题。第一个问题是如何选择这个最后的标的股。有两种模式：一种是选择估值最安全的标的股，但是这种通常都是冷门股，需要很长的时间持有才能慢慢增长；另一种就是做整个市场最强的个股。从顺序上是先做最强的标的，如果做不出利润，就退而求其次，做估值最安全的标的，如果还是做不出利润，那么说明市场超预期地呈现弱势，这时就需要进入最后的堡垒，也就是持有现金，就像登上诺亚方舟，等待洪水退去。

第二个问题是如何管理投资组合、做仓位管理？毫无疑问，大盘在震荡市时，投资组合的股票越多，你可能陷入的困境就越深；持有的仓位越多，你亏损的金额就越多；持有的时间越长，你亏损的幅度越大。所以最好的办法是，单标的、小仓位、小周期。在防守一期30%仓位失败后，退入防守二期，这时增加到50%仓位，如果还是失败，就进入防守三期——完全持有现金，等待风暴结束。

震荡市仓位防守策略管理

震荡市开仓当日上限不超过总仓位的25%，同时只能用量化定投低吸建仓，震荡市最适合的总仓位是30%底仓+30%机动仓，滚动操作。

防守一期就是做整个市场最强的个股，从顺序上是先做最强的标的股，配置30%仓位，滚动操作，如果效果不好就盘尾做回落支撑的确定性收益，这样小周期持仓如果不行，以建仓的阳线为止损退出点，进入防守二期。

防守二期是做估值最安全的标的，配置30%仓位，但是这种标的通常都是冷门股，需要长期持有才能慢慢增长，如果还做不出利润，说明市场超预期的弱，这时就需要进入最后的堡垒，也就是持有现金。

防守三期是完全持有现金，等待调整周期结束，需要出现指数日线级别的底背离，再恢复进入防守二期。这时可以增加到50%仓位，但依然是单一标的，直到大盘中期均线走平，空头转向震荡市场，在持仓标的有足够的盈利安全垫的基础上，才可以开新仓，新仓进入防守一期，配置 30% 仓位，这样循环的防守流程才是科学的防守。

板块资金管理

对板块热点的资金仓位布局原则是，最安全的标的股布局 50% 板块资金，技术面上最活跃的标的股布局 25% 板块资金，板块中军布局 25% 板块资金。

总仓位控制在 70%，也就是在右侧的右侧炒热点；超跌反弹资金建仓后，打破长期趋势线压力位的低估值白马股和成长股总仓位控制在 30%，也就是在左侧的左侧炒估值。左侧仓位的建仓条件至少是个股出现完整的底部形态特征后形成多头小颈线突破，同时叠加板块具有中线热点逻辑，个股是确定走布林线升势的小趋势。

大盘开始震荡后，如果短期 5 日均线与 10 日均线形成死叉，则必须强制性地降低仓位。

若大盘处于震荡格局，则保持 30% 中线多头强势标的股，30% 短线多头强势股，30% 现金捕捉盘中短线热点。如果没有热点，那么可以对手中的中线标的做 T，重点是尾盘之前必须减仓 30% 变为现金，以便对第二天的热点进行滚动操作。

持股遇震荡调整，若是大盘震荡、板块震荡、个股破位，则减 30% 仓位。

越是大盘震荡的结构性行情，越要把资金主力集中在热点板块上才能做出利润，所以要为主线热点配置 30% 资金。第二天如果继续强势上涨，可以盘中逢低加仓主线仓位一倍，总规模也是总仓位的 30%，另外保持配置 40% 的现金。越是震荡整理，越不能配置多板块组合，防守板块也不配置，如果大盘没有主线热点，板块整体散乱，那么可以选择整体空仓，建仓最多不超过总仓位的 10%，持股不超过2只，也就是单只个股5%封顶，并且最少有一半的仓位是在日内盘尾建仓。

投资组合管理的核心就是处理好防守和进攻的关系，现金是厚盾，强势股是利刃，一手厚盾、一手利刃才是完美的组合。行情不确定时防守多一些，进攻少一些；行情确定时，进攻多一些，防守少一些。震荡行情买在强势股的回落支撑位，逢低做多，多头行情买主升突破的强势股。

牛市中的仓位品种配置如下。

出现左侧小颈线突破，建仓长线价值成长标的股30%仓位。出现中短线右侧大颈线突破，建仓强势热点标的股60%仓位。以10%仓位的现金在盘中做T，降低综合成本。

个股的仓位管理

对于个股建仓的总仓位开仓比例，应综合考虑大盘和板块、个股因素。其中，大盘占决策因素的35%，板块占决策因素的35%，个股占决策因素的30%。当大盘出现多头趋势时，你的基础胜率至少大于70%，而大盘出现空头趋势时，你的基础胜率只有30%，所以一定要顺势操作。

- 个股走出独立行情时，最多只能开底仓10%，可以用在非核心的投机标的上。
- 板块个股共振时，最多只能开标准仓20%，只能用在核心标的上。

只有在大盘、板块、个股同时共振时，才能开加强仓30%，只能用在核心标的强势进攻区。

王啸看完了所有内容，感觉自己一直以来最困惑的问题终于有了答案！

第十六章　市场为王

2019 年 11 月 25 日，王啸和黄嘉雯完成了公司的募资任务后，在青岛开开心心地玩了几天，两人才返回 D 市。王啸把黄嘉雯送回家后便马不停蹄地赶往公司汇报情况，李总和孟总都在公司等他。一进门，李总正在泡茶，看到王啸回来热情地招呼道："王总，快来尝尝今年的秋茶！"

孟总也面带笑，示意王啸坐下。王啸也不多说，放下手上的行李箱，接过李总的茶一口入喉，但觉回甘清甜，清香扑鼻，不由赞道："好茶，不愧是极品铁观音！"

李总听闻哈哈一笑："你是懂茶的！"说着又给王啸倒了一杯。

王啸看众人都在，就跟大家讲了一下这次的收获，包括潜在的客户群体和已经拉来的 2000 万元资金等事项。

李总听完非常满意地说道："私募基金想进银行和券商的理财渠道有个门槛，而要进这个门槛起码得先达到 5000 万元规模，现在这个第一关我们已经过了，有了这 5000 万元的规模，后面就可以借助我在银行的资源了，规模很快就可以推进到 1 个亿！"

孟总连忙说道："这 4000 万元资金都是王啸在外面跑回来的，公司应该好好奖励他一下！"

"是的，我上次说王总把基金拉到 5000 万元规模就给他 10% 的原始股权，现在既然王总已经达标，我绝不食言！我下周带王总去变更股权，以后王总就是公司的股东之一了！"李总热情地说道。

王啸听到这个消息也是格外开心，虽然股份不多，但是自己以后也是公司的一分子，收益上也多了一层保护，于是连忙说道："感谢李总和孟总栽培，我一定再接再厉，把业务做好，不辜负领导的信任和支持！"

"客气的话不用多说，后面你要把精力放在交易中来。现在资金规模上来了，操盘这边也需要人，你经过这段时间的学习，对交易系统有了完整的认识，后面就是怎么完善的问题了！"孟总语重心长地说道。

"好的，还要劳烦孟总多指点迷津！"王啸虚心地说道。

"你之前所学的都是关于搭建交易系统的知识，从现在开始，你要学习观察市场，从而把握市场节奏！"孟总说道。

"那观察市场应该从何处开始学起呢？"王啸不解地问道。

"观察市场主要看三个方面，第一就是市场情绪周期变化，这个对掌握交易的节奏很重要；第二是板块的轮动规律；第三是对题材热点的判断。"孟总耐心地说道。

"市场情绪周期应该从哪些方面判断？"王啸继续追问道。

孟总递给王啸一份资料，里面详细地记录了市场情绪周期判断的方法，内容如下。

市场情绪包括大盘情绪、板块情绪、短线情绪、个股情绪，投资者需要在这些情绪中把握节点。

大盘情绪：大盘情绪好，持续性好，就是牛市；持续性一般，就是反弹或者震荡行情。大盘情绪会影响到其他各个情绪，然后带动多个板块以及个股。

板块情绪：这类情绪受信息影响比较大，但投资者不要一见有消息就匆忙入场，需要分析最近市场对题材的敏感度，还要分析消息利好的程度、消息的及时性等，综合每个板块的特点来决定是否参与。

短线情绪：这类情绪的把握，主要看赚钱效应，例如是否有可能高位炸板，短线的上升高度，前面个股的走势图等。短线情绪会周期性波动，这个周期也有大小之分，周期的大小受大盘影响比较大。

个股情绪：这类情绪主要受个股的消息面、基本面、个股封板质量、赚钱效应等因素的影响。

这几种情绪会相互干扰，但各自的影响力不同。个股情绪会受到大盘情绪、板块情绪、短线情绪的影响；某种情绪越强，受到其他情绪影响就越弱；越弱，受到的影响就越强。对于部分个股，主力的操作会影响局部情绪，如果很多人开盘直接全仓抛，就可能会让情绪走向极端。

分析个股得看大盘情绪、板块情绪、短线情绪、个股情绪，这几个情绪是相互影响的，盘中都在随时变化着，毕竟消息和个股走势随时变化。如果想操作，当然要选择在分歧转一致、股价还没来得及涨上来的时候，快速出手，卖出要选在情绪分歧的时候。所以要想获利，必须寻找情绪的转折点，股价往往是在情绪从分歧变为一致的过程中加速上涨，而情绪从一致变为分歧也是股价由盛变衰的转折。

情绪周期是市场的交易节奏，而市场交易节奏不对，会大幅影响基础胜率，只有基础胜率有保证，买点才有准确率，所以要先掌握交易节奏才有买点。

市场情绪的构成

1. 宏观市场情绪

具体包括大盘走势、政策方向、成交量变化、板块效应、主线热点、资金风口、涨跌家数比、封板率、连板效应、媒体宣传。

2. 微观市场情绪

具体包括个股资金主力、个股技术状态、个股消息刺激、个股事件驱动、个股成交量变化、个股的资金大单买卖量。

因为个股的资金大单买卖量决定了情绪高低，通常人们在多头情绪越好时越会加大买入，情绪越差时越会大单卖出。

3. 情绪周期转换

这时的交易原则是冰点试错、转暖加仓、高潮卖出。

对于市场情绪，可以从涨停股数量来观察高潮，从跌停数量来观察冰点。

4. 情绪周期

情绪周期决定了盈亏的转换，情绪周期大致分为五个阶段：情绪启动期、情绪发酵期、情绪高潮期、情绪退潮期、情绪冰点期。

（1）情绪启动期（迷茫阶段，冰点转折）的主要特征如下[①]。

情绪启动期发生在情绪退潮期和情绪冰点期之后，是在一轮亏钱效应结束之后慢慢出现的。这时，活跃资金尝试着打开股价高度。在情绪启动期，开始出现 3 个以上涨停的连板股，但连板股数量依然较少，一般在 10 只以内；一般不会动辄出现天地板或日内 15% 以上的超级大涨。昨日涨停，今日开盘没有溢价直接闷杀，或昨日涨停，今天跌停的个股几乎绝迹，炸板股明显减少，甚至开始出现代表情绪好转的大阳线。

（2）情绪发酵期（行情确认，分歧转一致的过程）的主要特征如下。

情绪发酵期出现在情绪启动期之后，直到出现一只个股打破空间上限，带动板块发力，推动赚钱效应启动。情绪发酵期是龙头股大展身手、积累仓位的最关键阶段。在情绪发酵期，个别连板股有可能突破 4 个涨停板，连板股数量也开始增多；还没有天地板、炸板的个股，昨日曾涨停的个股今天会有修复，大阳线也经常出现。

---

① 本节部分内容引自淘股吧网友发言。

（3）情绪高潮期（加速上涨，龙头筑顶）的主要特征如下。

在情绪高潮期，当市场中的龙头股开始震荡筑顶时，情绪依然在发酵，会出现各种缩量涨停板甚至连续一字涨停板的个股。当出现补涨龙头股时，市场情绪周期将彻底达到高潮。这时，板块会出现批量涨停潮，连板股空间高度不断打开，连板股数量达到15只以上；高位炸板、炸板大面股、昨日涨停今天跌停、昨日涨停今天闷杀的个股几乎没有，没有当日浮亏超过10个点的短线大面股出现。

（4）情绪退潮期（总龙头见顶，情绪退潮）的主要特征如下。

在情绪退潮期，总龙头见顶，高位连板股开始出现亏钱效应，这个阶段短线选手的持仓最容易出现回撤。在情绪退潮期，炸板大面票、昨日涨停今天跌停、昨日涨停今天闷杀的个股大批量出现，尤其是高位炸板股会不断增多，极端的个股会出现天地板。

当然，并不是每个情绪周期都会按此标准来走，有高潮、退潮、继续高潮的，也有刚刚启动或发酵就夭折的。

（5）情绪冰点期（连板股数量骤然降低，个股连板高度受压制）的主要特征如下。

情绪冰点期意味着上一波短线周期的结束，其中也萌发着新周期的种子。具体表现为龙头股继续杀跌，市场的赚钱效应仍然没有打出来。这个阶段的个股连板高度一直受压制，一般都不超过3个涨停。虽然还是会有个股走出连板，但连板数量相对于前面的阶段已经大大降低。相对应的，这个阶段可能是跌停家数比较高，龙头股会出现杀跌（回撤20%～30%），一些之前的补涨股也会继续杀跌。很有可能有一些个股前一天涨停，次日根本没有溢价就直接开始杀跌，让短线情绪走到冰点。有的题材周期，在第一次情绪冰点后，还有二冰、三冰。

但是，情绪冰点期也往往预示着新一波短线周期的开始，冰点过后往往是反弹，迎接新周期的到来。所以情绪二冰过后，也会有很多短线玩家不断试错，希望产生新的赚钱效应，突破老周期的压制，走出新周期。

在情绪周期的几个阶段里面，最容易上车和赚钱的阶段是情绪发酵期和情绪高潮期，这两个阶段赚钱效应很好，很多活跃的个股都能让短线玩家赚到可观的收益；情绪退潮期和情绪冰点期是赚钱效应最差的阶段，大部分短线玩家的亏损都发生在这两个阶段。亏损的两大源泉在于买入了中高位股和新题材没有接力。而对于情绪的启动期，很多人不太容易捕捉到，并且也需要一定的试错成本。这个阶段往往需要一些“聪明资金”来提前挖掘，最后配合消息面、政策面、公司面等利好来推波助澜。总之，市场永远是对的，我们能够做的就是做好复盘和次日计划，根据情绪周期各阶段的不同采取不同的应对策略，从而跟随市场。

虽然这些资料记录得非常详细，但还是有很多东西王啸一时之间不能理解，所以当场跟孟总请教，孟总也耐心地一一解答。王啸听得心花怒放，知道自己离成功又近了一步，自己手上的几只股票走势不错，现在持仓已经有 300 万元的市值了，之前拉的资金买的基金产品也都各自有了 20% 以上的收益。王啸对孟总越来越有信心，等孟总把这些资料讲完，时间已经到了下午收盘的时候。孟总又给了王啸一份复盘策略的资料，一直以来他都没有系统地跟王啸讲过复盘的策略，因为他想让王啸先建立自己的交易系统之后再学这些，正好今天有时间，就详细地教王啸复盘策略，内容如下。

复盘策略

复盘不宜搞得太复杂，其本质上只是对研报做出的长期预判方向的跟踪和修正，同时也是对市场短期表现的一个简要分析，所以要精简但又不失重点。

复盘的方向

1. 分析市场最近的热门话题和方向。主要分析消息面的热点，特别是重大的社会焦点事件的影响（参考今日头条热门新闻），要深入研究受影响的公司是否产生重大变化，寻找受事件影响获益的唯一性的稀缺标的。可预期的重大事项通常要临近两周才开始有所反应，不可过分超前介入。

2. 分析板块技术走势和资金风口的方向。这部分主要分析板块的涨停家数、龙头股表现、板块涨幅 5 日排名，以确认当前持仓是否符合市场热点方向，如不符合，应及时调整，确保 60% 的资金在热点方向上。同时在板块涨幅排名中，从 5 日涨幅强度 10% 以上、年内涨幅 20% 以下的板块中寻找启动点。板块标的出现连续两个涨停要引起重视，看看是不是板块有突破的可能。

3. 分析龙虎榜上热门龙头股的表现。这个部分要优中选优，找到表现最强的两只个股。

4. 溢价的大宗交易和密集的投资者调研记录。

5. 复盘的重点是找到板块的方向性趋势，再从中寻找板块的龙头，也就是做大的确定性当中的那一小部分更确定的交易机会。

6. 复盘自选池里的标的异动，看看是什么原因导致的。

7. 复盘基本面，寻找好的赛道上的龙头和黑马，传统行业看龙头，新兴行业看黑马。长期的方向要在研报中寻找，短期的市场波动可以在复盘中寻找机会，跟随趋势。

8. 长期来讲，要多从行业研报和券商策略中寻找前瞻性方向，在主线的赛道上做重点的前瞻性布局。

9. 跟踪新股中优质公司的表现，寻找机会。

10. 复盘市场商品价格指数变化和供需变化，寻找长期受益的标的，作为业绩变化的前瞻性布局，复盘业绩预告变化，寻找公司的盈利变化趋势，跟随性地布局。

复盘的作用

1. 对市场方向进行跟踪和确认，检讨中长期持股是否符合当前市场方向和节奏，是否需要做出必要的调整。

2. 寻找短期的热点和短线标的买卖机会，制订包括买点、仓位、投资组合在内的交易计划。

3. 根据复盘结果对所持股票进行预测，再根据预测的不同结果做不同的应对计划。

4. 检查前一日日交易计划的执行情况，包括：对买卖点止损，止盈，仓位管理，持仓周期是否正确地执行了计划。

5. 复盘选出观察的范围，用排除法选择符合预期的最强标的股。

关于这些内容，孟总又对王啸做了详细的解释，并且说明了交易系统和市场环境的关系，即交易系统是车，市场环境就像路况，而人需要做的是找到适合的路，这样才能把车开得又快又安全！

王啸听完若有所思地说道："也就是说，我们的交易系统只是适合在特定的市场环境下交易才能发挥概率优势，所以我观察市场情绪周期也好、复盘总结也好，都是为了找到符合我的交易系统的时机！"

"正是如此，因为没有任何一个交易系统可以在所有的市场环境下都能盈利，所以找到适合自己交易系统的时机就是成功的关键！"孟总满意地说道。

王啸本想请孟总一起吃个晚饭，但是他今天有事不能去，正好黄嘉雯发信息过来让王啸去她家吃饭。两人这些日子感情急剧升温，正可谓一日不见如隔三秋。王啸收拾一下东西，在楼下花店买了一束花，开车赶往黄嘉雯家。到了她家楼下，王啸熟练地停好车，上楼按门铃。一开门，黄嘉雯看到王啸手里的花，开心地接过来说道："正好家里没有了，我还想着去买呢，谢谢你哦！"

王啸嘿嘿一笑，忙转移话题道：“今天咱们吃什么？”

“就几个家常小菜，已经做了回锅肉、麻婆豆腐、凉拌猪耳，还想做个水煮肉片，但是不知道我煮得行不行。”黄嘉雯不好意思地说道。

“交给我吧，我帮你煮！”

王啸说着解开了黄嘉雯的围裙系在自己身上。

“你会煮啊，那太好了！”黄嘉雯兴奋地说道。

王啸熟练地把牛肉切成均匀的薄片，打了一个鸡蛋，用蛋清把牛肉均匀地抓了一下，用锅把生花椒炒熟至飘香后倒出，用酱油瓶子把花椒碾成花椒碎，又把郫县豆瓣酱用红油炒香，再把青菜一起煸炒熟后加入热水，开锅后快速放入牛肉片烫了十几秒，然后倒出放汤碗里，上面放上蒜末、红辣椒末和炒好的花椒面，烧了一大勺热油淋了下去，香味瞬间就充满了房间。黄嘉雯在旁边看着王啸做菜的熟练程度惊叹不已，拍手称赞道：“哇，啸哥，你太厉害了，这个你也会，你这手艺看着比我爸当年还好！”

王啸没说话，拿过黄嘉雯的碗给她盛了一点水煮牛肉，说道：“我很久没做过这个菜了，你试试看好不好吃。”

黄嘉雯接过碗来吃了一口，连连称赞道：“想不到你这个东北人竟然还挺会煮四川菜的！”

“你喜欢吃，我以后就常煮给你吃！”王啸望着黄嘉雯深情地说道。

“好啊，看来我以后有口福了！”黄嘉雯开心地说道。

“你家里父母身体怎么样？”王啸无意中问道。

“我妈身体还行，我爸他前年已经过世了！”黄嘉雯伤心地说道。

王啸没想到黄嘉雯这么年轻父亲就不在了，连忙说道：“不好意思，提到你的伤心事了！”

“你煮饭的样子很像他，他以前很喜欢给我做这道水煮肉片，他也是会把生花椒煸炒出香味，像你这样煮。”黄嘉雯黯然地说道。

王啸想安慰她，但是知道亲人的离世不是外人几句话就能安慰得了的，所以摸了摸黄嘉雯的头说道：“人生都是过程，自古王侯将相，都有一死，如果命中注定，再挣扎也是徒劳！”

“嗯，道理我都懂，但是有时还是会想起他的点点滴滴。我爸以前最疼我，家里有什么好吃的都留给我回去吃，家里炖鸡都把鸡腿留给我，所以我们那次吃饭时，你把鸡腿留给我，让我觉得很感动！”黄嘉雯哽咽地说道。

原来如此，王啸这才明白那次吃饭夹鸡腿给她为什么她会情绪那么异常，不知道怎么安慰她，只是拉着她的手静静地陪着她。隔了好一会儿，黄嘉雯情绪才平静下来。王啸又跟她讲了一些自己过去的糗事，逗得她破涕为笑，这事才算过去。黄嘉雯主动问道：“我们现在客户资料也有了，往后你有什么打算？”

“先建个工作群，跟客户建立关系！”王啸说道。

“那这个群准备叫什么名字？”黄嘉雯问道。

“还没太想好，我想取个有哲理又能表示未来潜力的名字。”王啸说道。

“比如呢？无极？”黄嘉雯打趣道。

王啸摇了摇头说道：“太土了，一听就是暴发户取的名字，我想叫‘须弥会’！佛教有云，‘须弥芥子’，须弥是无穷无尽的大，芥子是极致的细小，佛教有座神山就叫须弥山，所以这个取意高雅又有格局。”

“哈哈，想不到你没读多少书，还能取这么好听的名字！”黄嘉雯笑道。

两人边吃边聊，黄嘉雯看王啸吃得差不多了，就提议收了碗筷，下楼去走走。王啸帮她收拾了一下，就和她一块下楼。此时正值深秋，气候宜人，王啸手挽着黄嘉雯，听着她讲过往的故事，也不多说话，只是静静地守护着她。黄嘉雯今晚情绪挺不错的，两人在楼下逛了很久，王啸看看时间已经快 11 点了，就送黄嘉雯回家。

次日清晨，王啸要赶去公司，因为约了 Jason 来公司谈发量化基金产品的事。早高峰的街道异常拥挤，差不多快到时接到了孟总的电话说 Jason 已经到了公司。王啸跟他聊了这么久还没见过他，心里有点小激动。一进公司大厅，他就看到孟总跟一个身着灰色西装外套、内穿白色衬衫的中年男子在泡茶，看见王啸进来，孟总指着身边这位男士笑道："正好说到你呢，这位就是 Jason！"

"王兄，我们神交已久，今日得见，果然非同凡响！" Jason 起身笑道。

王啸与 Jason 相视一笑，但觉他眼神犀利，气质自信从容，浑身散发着职场精英的自信、稳重和专业。

"具体的东西谈得差不多了，Jason 借我们的通道发行独立的产品，他有基金从业资格证，他自己运营，我们这边 500 万元做跟投，同时也帮他做风控。后面的事你跟他对接就好！" 孟总对王啸解释道。

"好的。" 看到孟总跟 Jason 谈完了合作细节，王啸心里也比较轻松，毕竟公司很多事自己做不了主，这样等于孟总把王啸答应 Jason 的都做到了。

"你陪 Jason 多聊聊，我去忙早上的工作！" 孟总对王啸说道。

孟总走后，王啸跟 Jason 寒暄了几句，他们本就经常在线上聊天，所以很快就熟络起来。既然本人在这里，王啸想借机多跟他请教一下量化交易的问题，于是问道："Jason，你觉得做量化交易员需要哪些条件？"

Jason 想了想说道："优秀的量化交易员应该具备多方面的技能和素质。首先，需要具备数学和统计学的基础知识，可以使用数学模型和统计方法分析市场数据，制定有效的交易策略。其次，需要具备计算机和编程技能，能够使用计算机程序自动化交易，快速响应市场变化。此外，还需要具备扎实的金融和经济知识，了解各种交易品种的特点和市场走势。同时，还需要具有优秀的沟通和团队合作能力，能够与其他交易员、分析师和技术人员有效合作，共同实现交易目标。最后，需要具备敏锐的市场洞察力和风险管理能力，能够及时发现市场波动和风险，并制定相应的应对措施，确保交易风险得到控制。总体来说，一个优秀的量化交易员需要具备多方面的技能和素质，才能在竞争激烈的市场中脱颖而出，实现盈利。”

“那像我这种没基础，又想做量化交易的，应该怎么办？”王啸追问道。

“你不是没基础，只是不懂计算机的相关知识而已，讲到技术，你们的很多交易模型都可以设计成量化策略去执行，这个对你来说无非是找几个程序员外包的事，不是什么大的瓶颈，真有什么以后我可以帮忙的，我一定帮你！”Jason 真诚地说。

王啸听闻大喜，连忙说道：“我一直想把我的交易系统做成自动化的策略，后面少不了要麻烦你，我这里先谢过了！”

“小事一桩，你有私募这个平台，自己又聪明能干，将来一定会大有作为的！”Jason 对王啸赞道。

“眼下就有一个问题，我正在学习市场情绪周期，但是对这个还是比较陌生，应该怎么快速学习和应用呢？”王啸不失时机地问道。

“市场情绪周期变化确实非常复杂，因为每时每刻都在变，这种盘后复盘已经是马后炮，最好的办法是盘中即时进行分析，这就要对市场的关键信息进行实时的快速分析，这个靠人力去做的话，一会儿就把人搞晕了，还是要靠量化策略，把关键信息及时呈现出来，让你在盘中对市场情绪的变化有清晰的判断！”Jason 耐心地解释道。

“那你有具体的策略吗？”王啸追问道。

“有的，既然你想要，我就当见面礼送给你好了！”Jason 大方地说道。

“哈哈，兄弟，你真是我的贵人，不，应该说是我除了孟总之外的第二个师傅！”王啸开心地说道。

“合作嘛，互相都有收益，我也从你发给我的邮件里学了不少东西，具体的策略我晚上发邮件给你。我还有事，下次再来找你聊天！”Jason 客气地说道。

王啸极力挽留了一番，看他确实有事，便起身送他下楼。回来他跟孟总报告了一下情况，孟总听完点点头，突然对公司的所有人说道：“大家没事晚上都别走，今晚王总请大家吃大餐，因为从下周开始，王总就是公司的合伙人了！”

公司的同事们瞬间沸腾了，大家齐对王啸贺喜！

王啸听到这个消息，只觉得热血往头上冲，想不到自己这么快就是公司的合伙人了！但还是压制着内心的激动说道：“都是领导栽培，我一定再接再厉，继续为公司创造价值！”

孟总看着王啸欣慰地点了点头，就回操盘室了。

等大家都散去各自忙自己的工作，王啸拿出手机偷偷给黄嘉雯发了一条信息：“嘉雯，我成为公司股东了！”

很快收到黄嘉雯的回复：

“乖，你最棒了！今晚来我家好好奖励你！”

第十七章　板块轮动

1

2020年1月23日早上6点，王啸还在家睡觉，突然被电话吵醒。“这么早打电话扰人清梦是不是疯了啊？”王啸心里埋怨道。他拿起电话一看是孟总，顿时睡意全无，因为两人认识这么久，孟总从没有这么早来过电话，一定是有什么大事。王啸接起电话，只听见孟总在电话那头用严肃的声音说道：“赶快过来开会，有重要的事需要处理！”

“好的，我马上到！”王啸说完快速地挂断了电话，冲进卫生间简单地洗漱了一下，就下楼开车赶往JX基金公司。因为时间比较早，还不是上班的高峰时段，他很快就到了公司楼下。王啸停好车后，在楼下便利店买了个面包拿着当早餐，随便吃了几口就进了电梯。来到公司一进门，发现公司所有的成员都在，王啸竟然是来得最晚的一个。孟总看王啸到了，示意他坐下，然后自己站起来说道：“今天需要开个紧急会议，最近那个新冠疫情一直闹得沸沸扬扬，相信大家都看新闻了，疫情的复杂程度可能比当年的非典还严重！所以今天召集大家开这个会，就是我个人觉得大盘可能会有系统性风险发生，同时我也想听听大家的看法。”

王啸昨晚睡得早，并没有看新闻，但疫情蔓延确实是一件大事，又赶上春节假期将至，这时候市场资金肯定趋于保守，于是王啸说道：“既然是春节假期将至，又多了这个疫情的不确定性，那我们是不是需要降低仓位啊？”

这时负责公司风控的艾琳也说道："我觉得不仅是需要降低公司的股票仓位，还应该给基金产品上股指期货的空单和黄金期货的多单，这样才能更好地对冲风险！"

李总在旁边突然说道："我最近在谈我们的产品进银行理财白名单的事项，需要产品规模超过 5000 万元，产品的发行时间在两年以上，并且回撤小、收益高，我们 4 只产品只有最开始的成长 1 号符合成立时间和收益曲线条件，但是规模不够，所以正好利用这个机会清仓后面的所有产品，把资金 FOF 给成长 1 号，这样就达到了银行的白名单标准，可以申请银行的资金 FOF 过来，让我们的产品在最短时间内冲破 1 个亿的规模！"

FOF 是基金行业术语，就是基金投资基金的意思。王啸听闻后心里隐隐约约觉得这样有点冒险，因为这样等于是像三国时曹操那个铁锁连舟的策略，一旦有问题就是全毁了，但是银行的门槛摆在那，靠个人一点点拉资金毕竟还是太慢，起步阶段还可以这样做，后期私募基金要想做大，离不开银行、保险、券商这些通道，所以他也不好反对。

这时孟总主动问道："银行的资金是要做固收类的投资吗？"

"对，银行方面只要年化收益率 8%，超出的部分是我们的收益！"李总答道。

王啸对这块比较陌生，但是李总之前是银行行长出身，所以就请教他道："这种固收类的投资，银行怎么控制风险呢？"

"是这样的，首先银行会有个白名单，上面有很多家基金，选择这些基金时就都是找的收益比较稳定回撤又小的公司，所以大部分的基金都能完成银行的收益目标，就算有小部分基金完不成收益目标，银行也有办法控制风险！"李总耐心地解释道。

"如果单一产品爆雷了，银行有什么办法控制风险吗？"王啸不解地问道。

李总呵呵一笑，说道："当然有！首先银行是会有人对投资给你的钱做风控的，另外银行投资给基金时，会要求基金在银行那边存一笔保证金做劣后资金，如果产生亏损，会先亏你的保证金，保证金一般都是银行给你的资金量的 8%，这样银行投资给你的钱一旦损失超过 8%，银行就会通知你补充保证金，如果你不补充资金，银行风控就会强制卖出你的持仓撤离资金，所以理论上银行的风险很小！"

王啸听罢恍然大悟，说道："原来如此，难怪银行很多理财产品都是固定收益，这样做确实风险小，因为银行投资组合中的产品至少有几十个，就算里面有一两个基金爆雷，损失也会被其他基金的收益覆盖了！"

孟总听完王啸和李总的对话，斟酌再三说道："我们去年的平均收益年化在 30% 左右，今年可能更高一点，只要接到的资金规模不是特别大，应该没有问题！"

"那我就联系银行方面，剩下的事辛苦你们了！"李总信心满满地说道。

"那今天除了成长 1 号，其他的产品全部清仓，准备集中资金 FOF 给成长 1 号基金！"孟总斩钉截铁地说道。

很快到了早上 9:15，果然从竞价开始就看到市场情绪不对，孟总吩咐王啸帮他先挂一半的持仓卖出去。"一次性卖这么多？为什么不开盘以后再慢慢卖？"王啸担心地问道。

"当面对一个明显的市场利空引起的整个市场下跌时，通常早上竞价都是全天最高点，因为很可能会低开低走！"孟总解释道。

果然开盘后大盘就迅速下跌，虽然跌幅不是特别大，但是基本上没有强势的板块。盘中即使有上涨的板块也是昙花一现，而下跌的板块基本都是消费类。王啸迅速清空了自己的持仓，经过这么长时间的交易，总资产已经回到了 350 万元。他给黄嘉雯发了信息，通知她清空持仓。处理完后，无所事事的王啸看到板块轮动的速度非常快，就请教孟总道："师傅，这个板块轮动这么快，应该怎么分析啊？"

这时孟总正忙着把除了成长 1 号基金以外的所有基金产品的持股都换成现金，并且把成长 1 号基金的股票持仓都卖了，换成了期货，少部分买了黄金多头，大部分买了股指期货空单，交易完成后孟总长吐了一口气说道："总算及时处理完成了，钱少有钱少的好处，很多大机构资金就没法像我们这么轻松地跑掉！你说的板块分析，这个很复杂，我今天正好有空，就多跟你讲讲！"

孟总拿起桌上的茶杯喝了口铁观音，说道："成功的交易节奏必须是跳跃式的全攻全守，因为市场的趋势和混沌状态交替出现，如果不能有效回避市场热点交替的混沌期，就会把趋势阶段的盈利亏在市场的震荡阶段，没有任何一种模式永久有效，我们只坚守看得懂并属于自己的模式，股市是多空博弈的过程，所以一定要跳跃式地交易，多头时满仓，空头时空仓，这样就是真正地尊重市场，像今天这种行情就非常适合空仓！"

孟总也想考考王啸，看看他最近的进步情况，于是问道："只有能带领大盘走势由弱变强的热点板块走势，才是真正的趋势，同时可以用板块的资金流入量来衡量板块的持续上涨潜力，这样就避免了一些昙花一现的板块干扰我们的投资方向，你看今天的市场有这样的板块机会吗？"

王啸看了半天，整个市场一点有号召力的板块都没有，都是些散兵游勇在垂死挣扎而已，就对孟总答道："好像没什么主线板块，都只是些板块异动而已。"

孟总点点头说道："我前段时间不是跟你说分析市场需要考虑三个方面吗？你已经学了情绪周期，今天我就把板块轮动教给你吧！"

孟总从抽屉里拿出一份打印资料递给王啸，王啸心头大喜，接过来一看，上面清晰地写着“板块分析策略”。他迫不及待地打开细看，内容如下。

板块分析策略

行业分析选股

主要是通过各个行业的发展指数来评估行业的盈利空间有多大。盈利空间主要看供需关系、竞争关系和社会发展趋势（行业升级）的影响，一般只需要研究有高成长性的朝阳行业、新兴产业、高科技产业和周期性产业的需求爆发窗口。

行业的时间周期

行业的时间周期有多久，取决于它自身的生命周期、产品的自然周期和竞争周期。

行业的估值是否合理

行业即使有很大的盈利空间，也处在生命周期的上升期，但如果估值已被市场兑现，那么也不值得投资。

高成长行业的特征

- 必要性，生活中越来越需要，越来越离不开。
- 普及性，能成为越来越多人生活中的一部分。
- 革命性，行业颠覆了传统，打开了无限的上升空间，所以这类行业通常出现在高科技产业里。

板块的市场分析

1. 板块的异动规律

基本面的重大利好实施前，先知先觉的大资金会提前启动板块的拉升，寻找板块的真正受益标的。板块异动的关联性包括板块本身和上下游之间的逻辑关系，每年经济上的重大事件都是板块异动的关键因素。

2. 起爆点

基本面的周期性拐点是起爆点，市场通常会在报表公布前发动大规模的攻势。这时就要跟随市场交易，等报表公布后一切都太迟了。

3. 板块的异动逻辑

（1）突发性政策利好（地域性板块齐动通常是政策性利好，行业类板块齐动是行业性利好）。

（2）行业超预期增长，市场需求高速增长。

（3）通货膨胀引发的行业盈利增加。

4. 板块异动的强度

（1）只有一只龙头涨停。

（2）有 3 只以上个股（龙一、龙二、龙三）涨停。

（3）板块中大部分个股集体性涨停。

（4）涨停一天后开始大幅回落。

（5）涨停一天后继续高开高走（可小规模建仓）。

5. 板块异动的周期性规律

板块异动时，如果没有好的介入机会，那么可以寻找最强关联品种的受益标的股，譬如上游核心材料供应商、下游市场最受益客户端。

6. 板块异动的阵列结构

倒金字塔结构。板块启动时先是只有 3 只以内的个股涨停，随着板块逐渐加强，涨停的个股越来越多，板块的强度呈现先弱后强的格局。

正金字塔结构。板块启动时出现 5 只以上的个股涨停，但是后面板块中的涨停股数量越来越少，板块的强度呈现先强后弱的格局。

7. 大题材板块的异动规律

因为题材比较大，所以启动时会出现板块内的个股集体大涨和大规模涨停，并且因为板块内个股数量多，不会出现某一只走成独立龙头的走势，更多是板块内个股轮动成为龙头。例如，板块内个股A连续大涨后涨不动了，开始震荡，板块内个股B又开始成为新的龙头，连续上涨，接力并掩护个股A出货。同时大题材还会扩展到题材的上下游产业链，形成补涨行情。

8. 小题材板块的异动规律

由于板块内个股数量有限，题材强度也不够大，所以板块很难成为主线。这种情况下，只能将它当成支线题材去做，就是只做这个题材的龙头股，并且只做首次加速的阶段，二次分歧后就卖出，因为纯情绪博弈无法确定何时结束。

9. 板块技术分析

（1）板块技术状态与题材热度分析（周K线）

• 参考布林通道周线级别趋势与压力进行分析。

• 关注上涨家数和有代表性的板块攻击状态。

（2）板块与个股资金技术状态

• 关注中期流入资金增加的板块。

• 关注板块资金流入个股前三名

用资金流入板块的细分个股资金流入状态和技术形态特征确定市场龙头，用实际基本面的情况确定行业龙头，再参考市场与价值是否出现共振效应。

（3）当前热点板块与个股龙头

• 热点板块个股涨幅前三名。

• 热点板块个股换手率前三名。

• 热点板块个股权重前三名。

• 板块个股基本面龙头。

• 板块个股技术面龙头。

（代表性的权重股K线都是多头攻击状态，权重是根据公司市值所占的比重计算的。）

（4）未来热点板块与支线热点

主力资金活跃，但是股价没有充分表现的个股，可能是未来热点，会引发板块之间的关联效应。

用主力流入的总金额除以当天板块成交的总金额，可以确定主力资金影响的强度、对比板块当日实际涨幅，来确定板块上升走势的延续性。

题材股重点在于多题材、多热点共振。

10. 板块的主线分析

基本面主线逻辑是技术面主线的前提之一，另一个前提是市场资金认同。只有具备这两个前提才有可能形成技术面主线。板块主线还需要具有以下特征。

（1）板块具有长期的政策性支持或利多优势。

（2）板块权重股众多，有数量优势，从而对大盘产生重要影响。

（3）主线板块号召力强，对市场有正面作用。

11. 主线板块调整时的操盘策略

没有主线行情时，在操作上有以下五个特别的要求。

第一，不能使用融资盘，而且只能使用 35% 以内的仓位，剩余资金空仓。

第二，只能使用量化定投的建仓模型分批建仓，并且只做短线强势股，固定筹码，上升不加仓，下跌不摊平。

第三，只能选不超过 3 只投资标的股。

第四，板块轮动和个股转换时，一定要给自己留出空当，有空当才有时间仔细地思考问题。

所以当天卖出个股获得的资金一般情况下当天不可以买入新的标的股，特别是在板块和题材热点快速轮动时，这时是最难操作的，至少要空 70% 的仓位！

第五，板块轮动快时，热点和题材散乱，没发现有力的支线板块承接主线回调的压力，这时可以逐步减少手中的仓位，持有现金观望；另外，也可在回落支撑点对高控盘的个股建一部分仓位。空仓是提前有准备地卖出，大跌后再卖出不叫空仓，叫割肉。

在板块题材快速轮动的情况下，高位板块的空间有限，不容易走出龙头股。这时因为板块轮动快，出现首板的个股就会比较多，所以一进二的机会也会比较多，这时重点是关注主线板块的龙头低吸和一进二，同时观察空间板的高度，一旦出现高度板，往往市场会给予比较高的期望，这时高度板比一进二好做。另外就是前面一字板打出高度后，后面的换手板也容易出现高度板；老题材打出高度，新题材一进二也容易有较高的预期。

由于内容很全面，王啸一时之间还不能完全理解，所以就一边看一边请教孟总，孟总也耐心地给予指导。从上午一直到下午下班，他这才把这些内容基本理解了。孟总看他学习认真，很欣慰地说道："能教你的我基本都教了，后面还有个关于题材热点的把握，我过了年再教你，我对你期望很大，盼你能青出于蓝！"

王啸感激地说道："师傅，我一定不辜负您对我的教导！"

孟总满意地点了点头说道："你有时间就多看看这些资料，今天是农历新年之前的最后一个交易日，收盘了大家都好好休息一下。"

王啸收拾东西准备回家，下楼给黄嘉雯打了个电话。她已经回四川老家陪妈妈过年了。两人快有十天没见了，热恋的情侣分开自然是觉得度日如年，所以煲电话粥、聊视频都是每日的必修课。电话响了两声就接通了，王啸说道：

"嘉雯，在忙什么？电话接得挺快啊！"

电话那头黄嘉雯嗔怒道："还说呢，一整天都没一个电话，你要再不打过来我就生气了！"

王啸连忙解释道：“我今天早上 7 点就被叫到公司了，你的持仓清空了吧？”

“嗯，你说完我就都卖了，安安稳稳过个年，你要不要来我家过年？”黄嘉雯问道。

王啸觉得时机还不成熟，不想贸然过去引起黄嘉雯妈妈的不满，于是对黄嘉雯说道：“今年不行，明年吧，我一定陪你回去！”

“我今年都 30 了，天天被家里催婚，很烦！”黄嘉雯恼怒道。

“我看你外貌都是二十出头的小姑娘，如果你都有容貌焦虑，那我们这种普通人还活不活？”王啸安慰道。

“我被安排相亲，我跟我妈说我有男朋友，我妈让我带回来看看，你又不肯来，让我没法交差！”黄嘉雯抱怨道。

王啸沉吟了一会儿，问道：“你跟你妈说我的情况了吗？离异带娃还大你 11 岁！”

“我说了，不过我跟我妈说你是千万富翁，为人也好，她说让我带回来给她看看再说！”黄嘉雯笑盈盈地说道。

“我哪有那么多钱？你这属于谎报军情，以后见面穿帮了不是很尴尬？”王啸惭愧地说道。

“怕啥？我对你有信心，再说钱我自己也有 200 多万元，别说你还有钱，没钱我养你都行！”黄嘉雯打趣道。

“那样我作为男人也太丢人了！”王啸皱了皱眉头说道。

“哈哈，自己乖乖的，记得每天报到，我的视频电话要随时接哦！”黄嘉雯顽皮地说道。

“好的，我想利用这个假期把学到的关于交易系统的知识整合起来，后面变成量化交易系统，所以你放心吧，我哪都不去，就在家里老老实实学习。”王啸认真地保证道。

“这样好，努力加油吧，为了我们的未来！”黄嘉雯鼓励道。

“放心吧，我开车了，晚上聊！”王啸说完就挂断了电话。

王啸下楼后开车往家走，却接到马总的电话约吃饭，王啸想想也很久没见他了，就爽快地答应了。吃饭的地点在国际酒店的樱花会馆，马总平时喜欢在这边招待朋友。王啸掉转车头往国际酒店走，到了樱花会馆，跟服务员报了马总手机号后，大厅经理把王啸引到马总房间，一进门发现还有一个陌生人。马总看到王啸进来忙对那人引荐道："陈总，这位是我的朋友王总，他做私募基金的！"

他又转头对王啸说道："这位是陈总，做小额贷款公司的。他还有个绿燕茶庄，我们经常一起喝茶。"

"幸会！幸会！"陈总热情地伸出手，用力地握了一下王啸的手。

王啸也客气地回应道："陈总一看就器宇不凡，以后请多关照！"

马总看人到齐了就叫服务员上菜，吃铁板烧套餐，只见厨师在铁板上烤炙各种食材，时不时勾火，卖弄一下厨艺。王啸没说话，只是静静地听着马总和陈总聊天。听了一会儿，大概明白了，马总是年底资金回款紧张，跟陈总借200万元过年给工人发工资。听到这，王啸心里很不是滋味，传统产业老板光鲜亮丽的背后，大部分都是苦苦挣扎，自己虽然有钱，但是如果帮他，他又不能快速还款的话，年后资金周转就会出问题，所以只能作壁上观。王啸想了想就借口去洗手间，转身出了包房，找到熟悉的服务员，跟她说明自己要把这桌的账单先付掉。服务员面露难色地说道："王总，您也知道马总的脾气，我要是收了您的钱，他肯定会骂我！"

王啸不想跟她废话，心念一转，找了个借口说道："今天马总的生日，总不能让他自己付钱吧？"

服务员听到就没再推辞。王啸买完单回来，他们两个已经谈完了正事，马总招呼王啸快吃饭。王啸看着马总明明比自己还小，头上却黑发间白发杂生，不由心疼他这些年的不容易，轻声安慰他说道："马总，你公司的事我帮不上什么忙，实在是惭愧，我这边等于二次创业，其中的艰辛也是千难万险，只希望你我兄弟都能顺顺利利！"

马总听后也很动容地说道："做兄弟的，感情没那么脆弱，你有你的难处我理解，大家各自努力就是了！"

陈总在旁边听着突然插嘴说道："大家都是好朋友，有困难可以找我，能帮忙的我一定帮！"

三人聊得气氛不错。马总看大家吃得差不多了，就跑出去买单，这才知道王啸已经把单买过了，不由埋怨道："你这样搞，弄得好像我叫你来买单一样！"

"既然是兄弟，分什么彼此，谁买都行，何必计较这些。"王啸淡淡地说道。

吃完下楼道别时，马总对王啸说道："有空常找我坐坐，生意来往少了，但是兄弟情谊还跟当年一样。你是个有理想、有抱负的人，希望你早日实现自己的理想！"

"好的，我一定努力！"王啸信心十足地说道。

陈总给王啸留了张名片说道："王总，出来做生意都有不顺的时候，以后如果有了难处，可以找我，给你最大的优惠支持！"

王啸接过名片也没多想，跟他客气了几句，就道别回家了。

2

这个春节假期过得一点都不太平，过年期间，大家互相说得最多的就是"戴口罩出门"，王啸跟黄嘉雯每天视频都是让她别到处乱跑，以免感染。

王啸正好利用这个假期整合一下过去一年学的交易系统的各个环节，他觉得自己现在已经有了交易框架了，与完成交易系统闭环近在咫尺。

王啸在空闲之余给越南的蔡志杰打电话拜年，两人自王啸上次离开越南之后已经很久未见了，但是时常还有电话联系。蔡志杰问了王啸的近况之后，对私募基金也比较感兴趣，并且表示如果王啸觉得有把握，他也可以投资一部分。王啸内心另有打算，计划等以后自己做私募基金公司时再让蔡志杰和王群阳这两个兄弟投资，他不想把所有的资金都引流到 JX 基金公司，因为这边今后有了银行的资金，发展基本也不缺资金，只要孟总能做好目前的产品就行。

跟蔡志杰聊完之后，王啸又打电话给王群阳拜年，这两个人虽然在越南，但在王啸心里，他们始终都像就在自己身边一样，大家并没有因为距离产生隔阂。王群阳接到王啸的电话也很高兴，想来大家已经许久未见，就约蔡志杰过几个月一起去中国玩，顺便考察王啸说的私募基金，大家约定了 3 月王啸过生日时在中国相聚。他们肯来，王啸自然十分欢喜，提前帮他们安排好了酒店行程，计划到时自己再请几天假好好陪他们一下。

跟王群阳通话结束后，王啸又分别给一些客户和老朋友打电话拜年联络感情，空闲了就在家陪老人和孩子，假期在不知不觉中过去了。转眼就到了 2 月 2 日，股市假期第二天就结束了，当晚孟总给王啸打电话说道："明天市场开始交易了，但是你看假期期间疫情不但没能减轻，反倒越发严重了，这样对市场是毁灭性的利空！明天开盘，市场免不了血雨腥风，估计至少有几百只以上个股会跌停！"

王啸倒不慌，心里暗自佩服，要不是孟总年前提前进行风控要求减仓，自己这次肯定难逃一死！只是后面怎么操作，王啸也没有方向，于是请教孟总道："暴跌估计跑不了，只是后面应该选哪些板块方向？"

孟总这边利用假期已经提前选好了板块方向，于是回应道："疫情这样发展，估计会比当年的非典严重得多，板块的方向自然是在疫情中受益的行业和个股，比如医药行业、在线教育、口罩手套等医疗器械生产行业。”

王啸突然想起孟总年前期货买的黄金多单和股指期货空单，估计假期结束复盘后收益率一定很吓人，因为这些本身有杠杆。他当时不敢开这个期货账户，导致没有做空机制对冲风险，这时心里不免有点后悔。孟总看王啸没说话，猜到了他后悔没开空单的事，连忙安慰道："你也不用急，开盘如果暴跌，会有很多错杀的机会，到时我们找准几只股票集中力量做一波行情，就把盈利冲起来了！"

"好的，师傅，我听您的！"王啸恭敬地说道。

"早点休息，养好精神，准备明日再战！"孟总说完就挂断了电话。

王啸翻来覆去睡不着，市场如此大的变化对人性是残酷的考验！王啸还没有孟总那种气定神闲的魄力，迷迷糊糊到后半夜才睡着。2 月 3 日早上赶到公司以后，孟总给了王啸一份个股名单，这些都是今天要重点监控的个股，王啸看了一下有十几个之多，具体的个股则由孟总最后敲定。

上午 9:30，交易一开始，股市变化就异常剧烈，各大指数均出现了大幅下跌。随着市场恐慌情绪的蔓延，A 股指数开始暴跌，而且下跌速度也非常快。整个市场的恐慌情绪越来越强烈，在这种情况下，A 股指数的下跌趋势持续发展，最终，跌停的股票数量远远超出了人们的预期，沪深两市跌停的股票数量超过 3000 只，沪指一度下跌超过 8%，深成指跌幅更是接近 9%。这种跌幅极其罕见，这个"黑色星期一"是很多投资人无法忘记的噩梦。王啸入市这么多年，都没见过如此惨烈的景象，看得心惊肉跳、浑身发冷。孟总选出的标的股也有好几只跌停了，孟总一边盯着电脑屏幕一边一根接一根地抽烟，看得出来，他也被市场的极端走势吓到了。最终，他从前一天列出的股票中选择了一只做在线教育的个股S爱富，这只股跌停之后又放量打开，孟总判断这个跌停应该是恐惧情绪的极端表现，所以就给几个基金产品同时建仓了这只股票。王啸的个人户也是按老规矩，在跌停打开后–8%的位置买了总计200万元的仓位，王啸想让黄嘉雯也跟着买一些，但她的电话竟然关机了。王啸这才想起她说今天从四川回D市，看看时间估计在飞机上，只好放弃联系她。因为今天是第一天暴跌，不知道后面怎么样，所以不论是孟总还是王啸，都不敢买太多，买半仓已经是极限了。

孟总因为提前布局黄金多单和股指期货空单，在市场极度恐慌的情况下，基金市值大涨20%，成为市场上赚钱的极少数人。虽然赚了钱，但是孟总还是直到临近收盘才平仓了所有期货，在下午尾盘临近收盘前10分钟，在–5%的价位用卖出期货仓位的钱买了半仓S爱富。王啸好奇孟总为什么不买“口罩股”，孟总说道：“此次疫情使国家面临危难之地，我们不要赚这种黑心钱，市场上机会有很多，但是做人还是要讲良心，趁疫情发国难财这种事不能干！”

王啸听得非常感动，谁说商人都是奸商，这次疫情还是有很多像孟总一样的人，做义工、捐物资，跟政府一起帮助大家，中国有这种众志成城的精神，未来一定能战胜疫情！

终于熬到了收盘，王啸看孟总也是紧张了一天，所以提议大家都早点回去休息，今天的精神压力实在太大了。孟总也正有此意，王啸其实有个私心，想去接黄嘉雯，所以出了公司大门后，就打电话给黄嘉雯，发现她手机还没开机。看看之前她发来的航班信息，应该早就落地了，估计她这个粗心的毛病又犯了。王啸索性直接开车去她家里找她，想着这么久不见，一定要好好陪陪她。王啸驾车一路上风驰电掣，很快就来到了黄嘉雯家小区，但是眼前的一幕让王啸瞬间呆住了。他远远看到黄嘉雯从小区门口的一台保时捷卡宴上下来，车上驾驶位下来一个30出头的年轻人，穿得西装革履，样子虽然不算俊俏，但是也算风度翩翩，正打开车后备箱帮黄嘉雯拿行李，两个人有说有笑，一看就十分熟络。王啸心里酸溜溜地难受，原来不让自己接是有人接！王啸不想场面太尴尬，掉头开车走了。回去的路上，他心里一直对自己说："嘉雯不是这种人，一定是个误会！"差不多快到家时，黄嘉雯打电话过来，王啸接起电话，黄嘉雯在电话那头兴奋地说道："亲爱的啸啸，我回来了，你过来找我啊，我都想死你了！"

王啸脑海里一直回荡着那个男人的身影，过去了可能忍不住就要问，所以还是不去的好。他找了个借口说道："今天大盘跌幅太大，公司在开紧急会议，可能要很晚结束，你一路辛苦了，到家早点休息！"

王啸很想听到黄嘉雯主动说起是谁接她回来的，结果黄嘉雯避而不谈，王啸心里更加怀疑她和那个男人的关系，找了个理由匆匆挂断了电话。王啸到家楼下后停好车，心里一直在想："那个男人到底是谁？"

第十八章　初露锋芒

1

2020 年 2 月 4 日，早上 7 点 50 分，王啸准时到达 JX 基金公司办公室，泡了杯咖啡等孟总，果然不出所料，孟总 8 点准时到了公司，看见王啸也在，笑道：“你今天来得这么早，正好咱们开个早会研究一下后面怎么操作的问题！”

“好的！”王啸说着递上了刚泡好的咖啡，孟总接过来喝了一口说道：“昨天买了五成底仓的那个 S 爱富，如果今天早盘竞价很强势，就直接再加仓三成，等盘中看看情况再加！”

“好的，那如果跌了怎么办？”王啸问道。

“如果跌了，说明这个题材强度不够，那就把昨天的底仓卖掉；如果涨停了，说明题材强度很好，就继续在涨停板上加剩下的二成仓。”孟总耐心地解释道。

“好的，一切听您的安排！”王啸恭敬地回应道。

现在离开盘还早，王啸想了想还是跟黄嘉雯说一下，于是发了信息给黄嘉雯道：“S 爱富，如果强势，我们今天竞价会买，涨停会加仓，你看看你那边要不要跟。”

黄嘉雯很快回复道：“跟啊，我这边有 200 万元，跟多少比较好？”

王啸想了想回复道：“竞价跟 100 万元吧，剩下的钱留着做 T。”

“好的，晚上来接我哦，想你啦！”黄嘉雯回复道。

王啸想了一下，觉得总躲着也不是办法，于是回复道：“好的，你下午在公司等我，我接你下班！”

很快，时间到了 9:15，股票竞价开始，S 爱富的表现非常强势。王啸因为有底仓，就算高开低走也能卖掉底仓，所以竞价直接加了 90 万元，这样就有 290 万元的仓位了，只留了 60 万元现金，看看后面有没有加仓的机会。孟总那边也开始给各基金产品加仓 S 爱富，一切准备就绪，9:25 竞价结束，S 爱富高开 4% 以上，孟总问王啸道：“早上加仓的都买进去了吗？”

“是的，加了 90 万元，总仓位 290 万元。”王啸老老实实地答道。

“嗯，看看今天怎么样吧！题材本身的逻辑是够硬的，但是市场能不能认可谁也不知道，所以跟随市场趋势就行。”孟总淡定地说道。

很快就到了 9:30 开盘时间，S 爱富开盘后一路快速上涨，几分钟的时间就已接近涨停，但又快速回落，王啸连忙请示孟总是不是需要减仓，孟总看了下走势图，犹豫了一下说道：

“这个强度应该有二次冲高，如果没有跌破早上的开盘价，就再拿一拿，等二次冲高看看强度如何，再决定卖不卖！”

“好的，一切都听您的！”王啸答道。

既然孟总这么说，王啸就安心拿着，反正已经有盈利了，也没什么好怕的。S 爱富股价回落后一直在 8% 附近盘整到了 11 点，孟总有点坐不住了，转身对王啸说道：“这个位置一直盘整跌不下去，下午要么突然拉高涨停，要么突然回落，但是看今天的市场情绪，涨停的概率大些，反正昨天买的底仓已经盈利 8% 了，今天就索性直接先满仓，如果不行，下午大不了减仓卖掉就是了！”

“好的，那我把剩下的 60 万元都买了！”王啸说完，打开电脑，在交易界面直接以闪电下单方式买了 60 万元，想了想又问孟总道：“基金的产品需要再买吗？”

孟总摇摇头说道：“基金产品里这只股票已经八成仓了，不能再买了。如果走势不够强，今天下午收盘前要减到半仓以下，我们自己的个人账户风险大一些没关系！”

下完单，也没什么事，王啸看看时间还有 5 分钟中午收盘了，打开手机找附近有什么吃的。看了一会儿，他刚要问孟总等下吃什么，突然听到孟总喊道：“快看！”

王啸抬头一看，S 爱富一根直线上升放巨量涨停了，时间刚好卡在 11:29，王啸连忙想给基金产品加仓，发现根本买不进去了！他按捺不住心中的狂喜，打开账户一看，自己昨天还是 350 万元的总资金，今天已经涨到了 375 万元！转身看看，孟总也是异常兴奋，要知道，公司的几个基金产品都有接近八成仓位的 S 爱富。王啸兴奋地抱住孟总大叫，周围的同事听到声音连忙跑了过来，孟总开心地说道：“兄弟们，咱们这个基金重仓股今天强势涨停！等下我请大家吃大餐！”

整个办公室一片欢腾。王啸打电话让樱花会馆送日料过来，并且直接买了单——他怎么可能让孟总花钱买单？

王啸对孟总越来越钦佩了。大家开开心心吃完饭，下午 S 爱富的涨停封单纹丝不动，只要这个巨幅封单在，今天这个涨停就是稳稳的。虽然知道这个涨停应该没问题，但他还是提心吊胆地一直看到下午 3 点收盘这才松了口气。他看今天没什么事了，跟孟总打了个招呼就先走了，他想早点见到黄嘉雯，这么久不见，心里非常想她。他很快就来到了 F 泰基金公司楼下，王啸打电话说自己到了，让她下来，结果她直接让王啸上去找她，认识这么久了，王啸还从来没去过黄嘉雯所在的公司，让他上去，说明黄嘉雯想公开这段关系了。王啸想了想这也是好事，于是整理了一下仪容，直接坐电梯直奔顶楼 F 泰基金公司。到了门口，黄嘉雯已经在等他了，看到王啸后直接跑过来，一手挽起他走进公司，跟同事大大方方地宣布道：

“这位就是我男朋友，JX 基金的操盘手王啸！”

现场一片哗然，有的同事对着黄嘉雯笑道；“我说你最近投资怎么这么厉害，原来是背后藏了个操盘手男朋友啊！”

黄嘉雯扭捏地说道：“什么叫藏嘛？只是没来得及跟大家介绍而已。”

王啸有点尴尬，索性就笑笑不说话。黄嘉雯带王啸在公司绕了一圈，跟同事们挨个打了个招呼。正准备走时，王啸突然发现昨天送黄嘉雯的男子推门走进了公司大厅。王啸故作轻松地问黄嘉雯道：“这位帅哥是谁啊？”

黄嘉雯不假思索地答道：“他是隔壁长 H 基金林老板的公子，叫林子濠，我昨天在机场碰到他，还是他送我回来的呢！”

王啸心里释然了，看来昨天就是一场误会。林子濠看到黄嘉雯手挽着王啸，脸色顿时一变，走过来问道：“嘉雯，这位是？”

黄嘉雯没有注意到林子濠表情的变化，见他问起，拉过王啸热情地介绍道：“这位是 JX 基金的操盘手王啸，也是我男朋友！”

“原来是王总啊，久仰大名了，幸会！”林子濠伸手跟王啸握了握手说道。

王啸看他的表情带着一丝敌意和傲慢，就知道他肯定暗恋黄嘉雯，可能吃醋了，于是说道：“林总，你好！听嘉雯说昨天你送的她，辛苦你了！”

说完自然地把手搭在黄嘉雯的肩上，果然，只见林公子脸色越加难看，但还是硬着头皮回了一句道：

“都是邻居，举手之劳罢了，王总客气了！”

王啸也不想做得太过分，转身跟黄嘉雯说道：“我订好了餐厅，你要没事，咱们早点出发，我陪你去商场逛逛，买点衣服再去吃饭！”

黄嘉雯开心地点点头，跟领导打了个招呼就和王啸走了，留下一肚子嫉恨的林子濠，看着王啸的背影，心头怨念骤起。

上了车，王啸不想提昨天的事，故意岔开话题道："S爱富你买了吗？"

"买了啊，我还多买了50万元，总共买了150万元呢！"黄嘉雯开心地说道。

王啸点点头说道："照这个速度，我们很快就可以实现财富自由！"

"那你记得你的承诺哦，要娶我！"黄嘉雯撒娇道。

"那还用说吗，小傻瓜！"王啸摸了摸黄嘉雯的头说道。

"我带你吃上次那家东北农家菜吧？"王啸想着黄嘉雯刚从四川老家回来，肯定不想吃川菜，看她没意见，就打电话订了只鸡，又要了几道小菜，这才开车往饭店走。一路上有美人在陪，自然是春风得意马蹄疾，很快就到了饭店，两人进去后找到位置坐下来，很快菜就上来了，一盆热腾腾、香喷喷的小鸡炖蘑菇，让人食欲大增。王啸把鸡腿肉拆了下来放到黄嘉雯碗里，又淋了一勺鸡汤在上面，对黄嘉雯说道："快吃吧，凉了不好吃的！"

黄嘉雯接过碗来直接开吃，王啸看她吃得挺香的，自己也跟着一起大快朵颐。过了一会儿，王啸看黄嘉雯吃得差不多了，就起身去买了单，回来对黄嘉雯说道："我陪你逛街买衣服去！"

黄嘉雯欣然同意，王啸开车带黄嘉雯去了国贸中心，陪她逛街买衣服，黄嘉雯惊讶地发现，王啸的衣着品位还挺好，选的衣服都很符合她的气质。

回家的路上，黄嘉雯感受着这幸福的时光，突然转头问道："啸哥，你说我们能不能一直这么好？"

王啸安慰道："一定可以的，我这辈子有你相伴，别的女人我看都不看！"

"可是我也会老啊，时间久了你也会腻吧？"黄嘉雯幽怨地说道。

“小傻瓜，你老我也会老的，我陪你一起变老！”王啸连忙安慰道。

黄嘉雯点了点头，随即又说道：“那以后我们吵架怎么办？”

王啸想了想说道：“男女本就是思维方式和生活方式都不同，吵架可能难以避免，只是不要过分就好了。我记得以前国外有个方法，就是两个人设立一个负面清单，谁也不去触碰对方底线，这样相处就会容易得多！”

“这个方法好，那个负面清单的内容是什么？”黄嘉雯追问道。

王啸想了想好像存在自己手机里了，于是找了出来，发到黄嘉雯微信给她看。黄嘉雯打开手机微信一看，有以下八条内容。

1. 尊重对方的感受和想法，不以自己的想法和标准要求对方。

2. 不在严重情绪化时说话和决策，等双方冷静下来再沟通。

3. 跟对方坦诚地交流，要建立相互信任和有效的沟通方式，必须始终保持诚实和透明。

4. 制定双方共同的目标，并致力于实现它们，这可以让双方感情更加紧密和团结。

5. 双方要有一定的独立性。这意味着保留自己的生活和爱好，并接纳对方不同的生活方式。

6. 必须学会容忍和宽容。这意味着学会原谅和忍耐，接受对方的不完美，不因为小事而指责对方。

7. 争论中先听对方的观点，站在对方角度考虑问题。

8. 就事论事，不因为一件事牵扯另一件事，翻旧账。

黄嘉雯看完后对王啸说道：“那咱们以后就按这个来，我希望能跟你好好过一辈子！”

王啸说道：“好的，我会好好爱护你这一生的！”

次日早上 8 点，黄嘉雯醒来，发现王啸已经起床做好了早餐，煎了鸡蛋和火腿，做了三明治，还把牛奶也热好了，不由感叹道：“亲爱的啸啸，你可真贤惠。”

“快去刷个牙，再来吃饭！”

等黄嘉雯洗漱好，出来吃了个三明治，王啸突然想起一件事，问道：“我让你建的那个‘须弥会’的群你有没有建？”

“啊，我给忘了，现在马上弄！”

黄嘉雯说着就拿出手机，很快建好群，又拉了7个之前选好的客户，同时把王啸拉进来做群管理员，王啸想了一下，也拉了8个客户进来，然后在群里发公告说可以免费帮大家分析自己的股票。

王啸说完就不再回复消息了，看着黄嘉雯也吃完了，就开车送她去公司上班，之后自己急忙赶回JX基金公司。进门时孟总已经在操盘室了，王啸尴尬地说道：“孟总早，我是不是来晚了？”

孟总心情大好，笑道：“你昨天是陪女朋友了吧？小别胜新婚，能理解的！”

王啸不想解释，就找话题问孟总道：“S爱富今天怎么预判？”

“应该有机会继续涨停，我也不太确定，收盘确认就行，盘中的波动忽略不计。”孟总分析道。

“那我们岂不是赚大了！”王啸兴奋地说道。

“这种市场波动性高，都正常，耐心等待就好！”孟总淡定地说道。

很快时间就到了9:25，竞价结束，S爱富高开8%以上，孟总看了看对王啸说道：“应该一切正常，看看高开后是直接冲还是回落后再冲，如果回落后再冲涨停，那就比较稳了！”

王啸点点头，暗自记下了，因为已经满仓了，所以就是等卖点了。开盘后S爱富很快冲高回落，几分钟时间跌了4个百分点，王啸看看孟总那边没有任何卖出的表示，自己反正盈利足够，就耐心等一下。果然不到5分钟时间，股价竟然冲涨停了。

王啸回头看看孟总，他也很激动，忙问道："这个位置涨停应该没问题了吧！"

孟总开心地说道："这个位置涨停，就是趋势加速了。如果市场能认可，后面可能会连续涨停！"

王啸之前跟孟总做的股票都是走上升趋势的，虽然也赚钱，但是没有这么剧烈的波动。这是他第一次做连板股，所以心理上既激动又恐惧。就这样，今天的交易又结束了。

王啸看孟总有空，想起之前说过要跟他请教题材热点的问题，现在正好有时间，于是对孟总说道："师傅，现在有空，您能教教我怎么分析题材热点吗？"

"你不说我都忘了，资料都给你准备好了！"孟总说着从办公桌里拿出一份资料，并解释道："这个题材热点，其实我也不太行，这方面的技术还是那些短线游资高手比较厉害，以后你有机会遇到的话，可以好好跟他们请教一下，我只能是帮你掌握一下基础原理。"

王啸接过资料连声称谢，心想，不管怎么样，先有个基础总是好的，后面可以请教 Jason，他估计懂的多。打开资料一看，字数不多，但很详细，孟总说的"不擅长"，估计也只是谦虚罢了。具体内容如下。

题材热点分析①

题材的分类

所谓题材就是市场预期，因为炒股票炒的是公司的未来，基本面的变化逻辑有章可循，基本上来源于估值和成长的变化，而题材代表了公司未来的成长预期。成长预期越大的题材持久性越强，而

① 本节部分内容整理自淘股吧论坛。

这个预期本身也会被各种事件影响——强化或者削弱。

通常一个新事件会产生新预期，目标越大，预期越大，预期越大越能产生焦点效应，越能吸引市场的大资金参与，而大资金参与会形成市场热点。所以这个是在基本面之外的另一条重要赛道，可以在基本面优质的行业和公司的赛道上叠加重大题材的赛道，然后等待出现后续的连续性事件驱动催化。通常越好的行业公司越容易出现好的预期，这就跟人一样，资源越多、越聪明的人发展越快，反之则是恶性循环。所以我们在这两条重要赛道叠加的基础上，寻找后续事件驱动对趋势的影响，根据事件后续发生的时间周期和进度周期关注题材并提前进行布局。比如"五一"和"十一"之前炒旅游题材股票。

各种行业展会、社会重大事件对题材有一定的驱动性，所以一些行业的重大政策变革、事件对题材有重要的加强和削弱作用。

对事件驱动先要有前瞻性的预判，后要有持续性的跟踪，事件驱动的底层逻辑还是供需变化和盈亏增减的因果关系，公司长期的基本面变化形成长期趋势，题材和事件驱动形成市场的中期方向，与市场情绪合力形成技术走势，从技术走势中寻找到关键的启爆点和加速点介入，等待泡沫发酵之后，在市场情绪出现回落时减仓，在事件驱动出现利空时确认离场，在情绪周期经过冰点和泡沫破灭回归合理估值后，再次选择技术上的买点回补。

题材的应用

如果有强逻辑，但市场认同度不够高，那么需要分时涨停以确认强势。

如果有强逻辑，但是市场认同度很高，那么就不需要分时涨停以确认强势。

选择题材时，要综合考虑该题材的影响力如何、题材的大小如何、题材的号召力如何、题材的持续性如何。

对于个股，如有近期题材逻辑，那么可以再进一步对比市场需求找交易机会；另外，可以在政府网站上关注最新的行业政策，寻找基本面的逻辑，在大宗商品价格网站上寻找价格波动趋势，寻找因为大宗商品价格变化引起的相关公司盈利变化，寻找产品需求与涨价的硬性逻辑。

题材情绪推动，是通过涨停带动市场认知。

题材逻辑推动，是市场认知推动个股涨停。

题材的分析方法

1. 以国家行业政策为导向的选股策略

（1）研究国家当前重点扶持的产业。

（2）研究当前新出台的产业规划。

（3）研究当前产业发展的现状和相关公司。

（4）研究产业的发展周期，判断是新兴行业还是传统行业。

2. 高成长的新兴行业和国家支持的重点行业分析

通过这些信息确定行业所处的成长阶段，这些信息包括：所属行业的相关政策是否支持业绩持续增长，所属行业国内外的产销数据以及相关的经营数据，对政策的深入理解，行业专家和机构的研究分析报告，等等。

3. 事件驱动为选股的方向

（1）事件发生的时机是第一考虑因素。市场热度越高，越具有炒作环境，如果是突发政策消息和足以改变公司基本面的重大变革，那么游资炒作力度就会更大，炒作的持续时间也更长。

（2）事件的影响力也是不可忽视的因素之一。影响力越大，牵涉其中的产业和公司越多，市场合力就越大，游资炒作起来信心也越足。

（3）事件的起因也需要深入研究，并要对可能引发的后果进行评估。要判断是黑天鹅的脉冲事件，还是预期的事件兑现。不同事件的市场反应都不相同，需要跟踪分析。

4. 业绩预增炒消息的选股思路

（1）游资在炒作重大题材的时候，不会轻易放弃，通常会采取阶段性、间歇性的炒作策略，同一板块内的个股会轮番炒作，有时也会扩大到行业上下游产业链，所以要保持长期跟踪主线热点，多观察一段时间以判断大资金对该主线热点的态度。

（2）注意第一个率先发布业绩预增公告的公司，越往后被炒作的可能性就越低。注意从业绩预增的公司筛选套利机会，主要看公司实际业绩预告与市场预期之间的预期差，如果大幅超预期就是机会，反之可能会见光死。

（3）对于提前反应而拉升的消息股，消息出来之后要提防见光死。在股价先出现拉升而后才出消息的股票，可以考虑先放过第一波，特别是一些支线的小题材，并不是第一次拉升都值得参与，警惕脉冲型拉高诱多。

（4）对利空出尽的股票保持跟踪，需要独立思考，以逆向思维观察盘面走势，分析利空消息的实质，看清楚是不是致命的利空，注意观察利空消息出来后主力资金的态度，以及市场的盘口表现。在确认利空消息的实质之后，先观察走势，不要急于介入。

5. 从上市公司的公告中挖掘炒作题材

（1）对目标股所涉及的消息进行初步调查，避开近期有利空预期的个股。

（2）坚持每日研究市场热点板块和强势股，研究龙虎榜信息和游资机构的最新动向。

（3）坚持分析可能推动异常强势股和人气股的原因。

（4）坚持每日查看头条重点新闻和散户最关心的话题。

（5）发现重大政策性题材，要靠平时多研究分析来提高认知水平，这样才能先一步发现趋势，跟踪产业政策，关注影响产业的新动向。

6. 从集合竞价中发现机会

（1）在集合竞价时间里，先观察头一天最强势的板块和龙头股表现，再观察当天最强势的板块和个股，通过观察板块的热点是持续状态还是切换状态，预判市场是走趋势还是震荡，在市场强势的情况下，通常是头一天热点不弱，当天热点更强，这样大盘才有共振向上的机会。

（2）每天收盘后，要及时做好复盘工作，对手中的持仓和新的交易机会进行科学严谨的复盘。

题材的周期

题材运行的四个阶段包括：启动期、高潮期、退潮期、冰点期，这四个阶段的运行是循环往复的。

（1）启动期：板块内部零星数量的个股出现首板，极少数个股出现二板。市场上很多人抱着怀疑的态度，只有少量理解力较强的资金会关注这些股票。

（2）高潮期：板块龙头股出现高位 3 天以上连板，出现首板的个股数量爆发。题材开始火热，被市场积极讨论，得到广泛关注。

（3）退潮期：龙头股高位断板且很难再创新高，但也没有明显下跌。这时，散户开始进场。在退潮期，乱打板容易失利。退潮期操作的关键在于不能追高，只能做补涨的龙头股或补涨出现首板的个股，做补涨龙头股也不能高位接盘。市场高度空间压缩叠加情绪退潮期，这时不能买最高板，否则可能躲不开大跌。

（4）冰点期：龙头股由高位震荡转为下跌，甚至跌停，板块内的股票跟随大势大面积跌停。冰点期的大跌概率非常大，建议轻仓或空仓，出手被套的概率很大，尤其是打板。每次退潮的冰点期都很难做，空仓是最好的操作！但也要关注哪些股会在这个时期逆势而上，它们很有可能在冰点期走成“穿越龙”。

（5）市场周期轮回，每一种状态的持续都不会太久。冰点的恐惧，高潮的贪婪，不管哪一种情绪，达到一定高点后都要警惕物极必反。情绪流高手应当在衰极的时候准备好下手，合理利用市场的恐惧而不是被市场吓倒。到盛极的时候准备卖出、空仓，利用市场的贪婪而不是被市场玩弄，紧跟市场节奏操作！

王啸看着这些内容，一边看一边请教孟总，孟总也耐心地解答。S 爱富涨停纹丝不动，让人一直感觉很兴奋。中午简单地吃了个饭后，王啸继续请教孟总，直到下午收盘后，才把这份资料基本弄清楚。

孟总叮嘱道：“关于题材热点，游资的角度更贴近市场也更敏锐，机构的角度还是太教条了，你以后有机会要多跟精通短线题材的高手学习，才能弥补这块的缺陷！”

“好的，我看看 Jason 有空时跟他请教一下！”王啸犹豫地问道。

“我跟 Jason 聊过，他的思维偏量化概率，对于题材热点这些东西，他应该也不强，不过你可以问问他，说不定有收获！”孟总解释道。

王啸看看时间应该下班了，就跟孟总告别，开车回家吃饭。到家后，妈妈已经把饭煮好了。王啸简单吃了点东西，就跑到书房去整理资料了，毕竟最近这一年学了太多知识，需要把这些知识整合成系统才行。今天学了如何分析题材热点，基本上交易系统应该掌握的知识自己都掌握了，后面就是怎么打造符合自己特点的交易系统的问题了。黄嘉雯发信息过来，知道王啸正在复盘，也就没再打扰他，只是让他不要搞得太晚，影响休息。

次日早上开盘，S 爱富直接一字板涨停，走势极强。

王啸请教孟总道：“师傅，这个走法是什么情况？”

“这样走，估计是要走一波流了！”孟总遗憾地抱怨道。

“什么是一波流？一字板不是好事吗？我看你有些不开心？”王啸疑惑地问道。

“什么好事！这样搞就是快速拉升，最好是一路都有接力的涨停，这样才能走得稳，他这样猛拉一波，涨的时候猛，跌的时候更猛，这种只要一字板打开，必然就是大跌！”孟总解释道。

王啸第一次听说一字板还不好，以前做散户时天天盼着自己的股票一字板，想想专业跟业余的差别真的很大。就这样又过了一天，收盘依然一字涨停。王啸看看自己的持仓，已经从 413 万元变成了 454 万元。

到了第二天，周五早上，S 爱富又是一字涨停，因为是周五，孟总特别怕涨停会打开，他跟王啸两个人虽然已赚了大钱，但还是守在屏幕前，生怕自己赚的钱会一天之内被卷走，就这样提心吊胆了一整天，直到收盘结束，两个人才如释重负地靠在沙发上抽烟。

王啸心有余悸地对孟总说道：“师傅，以前我以为看盘的时候，亏钱看着最难受，今天才知道，大赚更难受，这种恐惧比亏钱的恐惧一点都不少！”

孟总苦笑道：“能有这个感触，说明你入门了。短线就是这样的，最难的就是心理问题，因为波动巨大，心理受影响造成操作变形的比比皆是。反正你记得，一字板打开咱们就卖出，不跟它玩了！”

王啸看看持仓已经涨到 500 万元了，约了黄嘉雯看电影，第二天趁着周末假期又定了湛江的海景酒店，带黄嘉雯去玩了两天，直到 2 月 10 日周一早上才赶回来。一进公司孟总看到王啸就说道：“S 爱富这种一字板的票，连封三个，后面通常很困难，今天如果涨停上封单不稳就直接卖掉，公司四个基金产品你负责卖两个，我负责卖两个，有问题直接闪电下单卖出！我们个人账户也一样，早上如果不稳，就涨停上先卖一半，剩下的也是闪电下单卖出！”

交代完王啸，孟总就去忙了。9:30 开盘后，涨停的封单果然快速消退，王啸想着之后要操作三个账户肯定来不及下单，索性把自己持仓的 S 爱富以涨停价都卖了，同时也叫黄嘉雯卖了她的持仓，刚卖完就见 S 爱富直接打开了涨停大幅跳水，王啸在电脑上连续闪电下单，总算在涨幅 6% 的位置清空了基金持仓。这时孟总跑过来问道：“基金持仓清空没有？”

“两个基金产品都卖了，现在都是现金！”王啸干脆地答道。

“好！这场仗打得漂亮！今天全体休假，公司搞团建去。”

整个公司顿时一片欢腾，就连李总也情绪高涨地欢呼。

王啸看了看自己的账户余额，550 万元！

第十九章　游资大鳄

1

2020 年 2 月 10 日，晚上 7 点，D 市的国贸中心洲际酒店自助餐厅，JX 基金公司今晚在这里搞团建，庆祝基金产品净值突破新高，李总主持聚餐，但是大家都知道，基金成长这么快，主要是孟总的功劳，不仅带大家躲过了新年开市的暴跌，并且在一周的时间里使基金净值增长了 50%，所以都推举孟总出来分享一下经验。孟总看推辞不过，只好站起来说道："首先感谢大家的认可，这次的成功有市场情绪的助推，有一定的运气成分，但是我后续会继续努力！"

大家听完一片掌声，大胜之下，孟总还能如此谦虚低调，光这份人品就非常人所能及。李总看大家情绪不错，也站起来说道："公司基金产品的运营情况，一直都是保密的，我今天给大家透露一下，公司主力产品成长 1 号，因为年前开的期指做空，所以开年这波大跌不仅没亏钱，反倒盈利 20%，加上后来卖出后资金进了 S 爱富，又赚了 50%，成长 1 号基金已经累计盈利了 120%，其他的产品盈利也都在 60% 以上！"

在座的所有人（除了孟总）听到都大吃一惊，王啸也不例外，他虽然猜到公司产品赚了不少，但没想到会赚这么多。

孟总等大家平静了一些后继续说道："公司的基金产品很快就会开始分红，因为年化收益率达到 20% 就可以分红了，之前一直想等到进了银行白名单再分红，现在看来，这个业绩水平完全没有压力了！"

大家听得又是一阵激动，如果公司分红，哪怕是普通员工也会有一定的奖金。孟总拉过王啸低声道："你知道你大概可以拿多少分红吗？"

王啸真没想过这个，所以不置可否地说道："我真没算过，您知道我都没跟公司谈过这个问题，我当时就是想回报您！"

孟总拍了拍王啸肩膀附耳说道："你放心，我一定帮你争取到你应得的利润，我可以先给你个大概数字，应该在130万元到160万元之间。"

王啸听得一阵眩晕，不由问孟总道："为什么有这么多？"

"你拉过来的资金4000万元，本身就应该给你提1%，也就是40万元，公司最近的盈利减去我们的费用应该不低于400万元，你有10%的股份，可以分40万元，加上你是操盘团队的操盘手，还要再分一份，这个我要跟李总商量个数字，看看给你分多少合适！"孟总笑道。

王啸心中非常感激，对孟总说道："具体怎么分您做主就好，我都没有意见的！"

孟总摇了摇头说道："那怎么行？规矩就是规矩，你别管了，我帮你搞定。你好好学操盘技术，后面我要你独当一面。"

王啸也不再争辩，举起杯跟孟总干了一杯！

整个公司都在热烈地庆祝，等大家都吃得差不多了，开始不断有人退场了。王啸想和孟总一块儿走，孟总却说道："你先走，我一会儿有事跟李总聊。"

王啸听到后知趣地先走了。等所有人都走完，只剩下李总和孟总，两人开始商量分红的问题。

李总客气地对孟总说道："孟总，大家这么多年的朋友了，你说怎么分，定个方案就行了！"

孟总谦虚地说道："那怎么行？毕竟你是公司的大股东，很多事还是要你拿主意！”

李总听到孟总这样说，心里暗自窃喜，但是表面上还是说道：“你有什么分红方案直接说就行！”

孟总也不再犹豫，开门见山地说道：“你也知道，咱们公司操盘这边是没有底薪的，我自己这边都好说，主要是王啸这边。这次公司的总盈利不会低于 600 万元，操盘留三分之一也就是 200 万元，我准备给王啸分 80 万元，另外资金有 4000 万元都是他拉过来的，要给他 40 万元，剩下公司按股份分红，他也应该拿 40 万元，所以他这边是 160 万元，你看怎么样？”

李总听到后没出声，隔了一会儿说道：“孟总，王啸这个分红是不是太多了啊？”

孟总说道：“他分的金额虽然大，但是也都是按行规处理，并没有逾越之处。”

李总反驳道：“你别忘了，他来这边是学技术的，他在你这学了多少技术啊！”

“王啸的技术路线很复杂，不只是跟我一个人在学习，以他的聪明，以后的成就不会在我之下！”孟总欣然道。

李总想了一会儿说道：“要不你自己的提成不变，王啸那个操盘的部分提成就给 40 万元吧？”

“这样不合规矩，如果不行，把我的提成减 40 万元，他的照规矩给吧！”孟总坚持地说道。

“那没必要，我也不是这个意思，少谁也不能少你的！”李总故作大方地说道。

孟总也不想让李总不痛快，想了想说道：“要不折中一下，给他个 150 万元整数吧！”

李总知道木已成舟，自然是顺势说道：“行啊，反正他功劳是不小，多给他点也是应该的！”

既然商定了这个问题，后面办公室的奖金就任由李总安排了。两人很快就达成了共识，但是孟总不知道的是，其实今天才是两人分歧的开始！

离开酒店后，李总并没有马上回家，而是在思考一个问题。现在公司虽然自己是大股东，但是很多事都要完全依靠孟总，像今天给王啸大额分红这个事，他心里是一百个不愿意的，但是公司操盘这个核心部门都是孟总的心腹，王啸更是他的嫡传弟子，自己这个老板只是空有其名罢了，一定要改变这个局面。现在是个机会，公司资金扩大了，需要更多的人，自己要招几个心腹安插进操盘部门才行。最好能再引进些外部股东，稀释孟总的股权。想到这儿，他有点后悔当时给王啸 10% 的股权了。当时这些原始股作价 20 万元，实在是太便宜王啸了，后面自己要想办法逼王啸把股份吐出来。现在公司已经上了正轨，以后银行资金引流成功，王啸的价值就可有可无了。李总心里有了打算，这才发动汽车回家去了。

2

次日早上，王啸准时来到了 JX 基金公司上班，一进门发现李总也在，觉得有点蹊跷，因为他平时都是下午才过来转转的，今天大早上就在，不知道有什么事，连忙跟他打了个招呼。

李总看起来心情不错，对王啸热情地说道："王总，我有个好消息要宣布，我们的成长 1 号基金因为低回撤率和高收益率，在参加的私募排行网 5000 万元规模以下的全国基金投资大赛中拿到了第五名！"

王啸听到这个消息时精神为之一振，敏锐地感觉到基金规模快速扩张的机会来了，于是回应道："那我们应该趁热打铁，搞个客户峰会，一来感谢过去的投资人，二来把潜在的客户请过来让他们感受一下氛围，通过老投资人来刺激新投资人加入我们！”

李总哈哈一笑说道：“王总就是聪明，我还没说你就都想到了。我刚才跟孟总商量的结果也是这个意思，大家想一块去了。”

“私人客户这块，如果公司不嫌弃，我去邀请和组织，银行、券商这块估计还是要您出马才行！”王啸对李总恭维道。

“这个没问题，以我们的业绩，又刚拿了奖，估计最快这个月底就可以进银行理财的白名单。我已经跟孟总说了，最近也不要操盘，只要多出去路演宣传公司就好！”李总信心十足地说道。

孟总为人低调，本不善交际，但是他也知道这是关键时刻，必须出面路演，让更多投资人看到，他们才有可能投资，所以也就勉为其难地应承下来了。

私募基金里，矛盾的呈现形式是多种多样的，但几乎都是围绕钱出现的。这是一个先有鸡还是先有蛋的问题，销售往往会觉得自己的募资能力推动了公司规模的扩张，做大了资金池，但投资团队会认为是自己的投资业绩吸引了客户投资，像王啸和孟总这样配合默契的团队其实非常罕见。

客户通常只关心所购产品的收益率和夏普比率，也会看基金经理的交易历史，但是并不关心是谁把基金卖给他的，所以基金产品销售最难的在于打动客户，基金经理多数光是做投研就已经绞尽脑汁了，没有精力再面对不懂投资的客户去一遍遍解释那些关于基础知识的问题。金融投资是基于信息和认知的交易，销售则是处于投资经理和出资人之间的角色，向这个链条的两端频繁地传递着大量的信号或是噪声。

大多数销售都像黄嘉雯那样并不擅长投资，所以王啸的优势就是让客户通过他的专业水平，感受到这家基金公司连外围的销售人员投资水平都如此专业，那么基金经理的水平自然更加厉害！

很快，孟总的路演排期比吃饭的次数还要多，每天跑 4 场以上的路演，同时因为拿了全国第五以后，本地的银行、券商也来预约各种上门的调研。孟总要反复不厌其烦地讲解 JX 基金的投资理念和交易策略，这种高强度的工作比以前操盘更辛苦。孟总心里很抵触，但也没办法，因为花了大量时间精力在应付这些事上，他已经没有时间安安静静地研究股票了。

王啸则忙着筹备公司年会的事，由于盈利颇丰，王啸的客户除了以前杰盛木业的张总因为疫情留在台湾不能过来，程总、方总、张晓琪都约定好了会如期而至，因为对客户资源保密，所以就没请 Jason。王啸又邀请了一些本地的名流，会场选在了樱花会馆，这里王啸最熟悉，会馆也比较配合，直接把楼上的区域封闭起来包场了。

李总那边拉了他以前的一些朋友，一切准备妥当之后，JX 基金公司年会终于在 2020 年 2 月 25 日晚上 7 点正式开始。樱花会馆贴心地送上了横幅标语、布置了彩色气球，自助餐也是按一人 500 元用餐标准安排的。很快客户陆续到了，王啸在门口热情地迎接，有些陌生的客户他以前只打过电话，没见过面。8 点时，大家差不多都到齐了，李总站起来说道："各位朋友、投资人，感谢大家百忙之中来参加 JX 基金公司的投资年会，请大家先用餐，一会儿用餐结束，我们将宣布公司产品的分红金额，分红在本周末会汇到各位账户上，然后我们请孟总给大家做一个讲座，让大家对投资有更好的认识！"

在座的所有人都报以热烈的掌声，毕竟这个局面是皆大欢喜，程总拿着酒杯跑过来对王啸说道："王总，以前做木业承蒙你关照，现在你发达了，做股票投资还不忘记这些老朋友，带着我们一起发财，客气的话我就不多说了，以后有事你说话！"

王啸被他一番话说得心里有愧，当时拉他投资有很大原因是自己拿不出这么多钱，没有他和方总的 1000 万元，王啸也进不了 JX 基金公司，但是这话没法解释，于是说道："既然是兄弟，就别说见外的话，来！我陪你干了这杯酒！"王啸说完端起酒杯一饮而尽。

方总看到也过来跟王啸敬酒说道："王总啊，还是你有眼光啊，我听说你还入股了 JX 基金公司，这么好的行业，既能赚钱，又可以认识这么多朋友，我老方真是羡慕你啊！"

王啸连忙说道："方总客气了，我当年做木业都是靠朋友们支持，所以有了新的机会自然也想回报一下大家，好在没让大家失望，我也算不负所托，我敬您一杯！"王啸说着举起杯跟方总也干了一杯。

王啸跟他们聊了几句，看到坐在角落里的张晓琪正笑盈盈地看着自己，忙跟方总他们打了个招呼，抽身来到张晓琪面前赔罪道：

"张小姐，不好意思啊，招待不周，别介意，我自罚一杯！"

张晓琪呵呵一笑，伸手拦住王啸说道："等一下，就自罚一杯这么轻松让你过关，太便宜你了，你说一下你错哪了？"

王啸当然知道自己错哪了，自从跟黄嘉雯谈恋爱之后，王啸就没主动找过张晓琪，一个是工作忙没时间，另外也不想黄嘉雯误会，毕竟上次跟她吃个饭，就赔了个一万多元的包才哄好黄嘉雯。但是这也不好跟她解释，他只能编个借口道："你看都忙着研究股票啊，不然哪有这么好的业绩，这都是对你的投资负责。"

"哈哈，你这口才做销售真是物尽其用。"张晓琪打趣道。

王啸被她怼得一时之间竟无法反驳，只好装傻，张晓琪看到王啸尴尬的样子，也不想再难为他，于是对王啸说道："要赔罪都是喝三杯的，问题是你得先说自己错哪了。"

王啸忙说道："我错在对朋友关心不够，既然如此，是该自罚三杯！"

说完把手中的酒一饮而尽，就要去倒酒，张晓琪看他如此，气也消了大半，对王啸说道："看在你诚心悔改的分儿上，剩下两杯免了吧，今天是你的主场，客人这么多，你要陪好。"

王啸听闻此言如释重负，毕竟今晚还有很多客人要应酬，转身刚要走，张晓琪拦住王啸笑道："你记得我说的话，把我当朋友，别当客户就行！"

王啸有点惭愧，自己之前确实没把她当朋友，想不到被她看穿了，连忙解释道："你放心，以后我一定当你是我最好的朋友！"

张晓琪点了点头，转身离开了。王啸看李总那边围了几个人，孟总也在那边，好奇地走了过去。李总看到王啸过来，连忙拉过身边的人介绍道：

"这位是丁总，他们公司是专门做高端客户理财服务的！"

又转身跟丁总说道："这位是王啸，我们公司的操盘手！"

王啸上前跟丁总热情地握了握手说道："欢迎丁总，以后有机会大家多来往互相交流！"

丁总也客气地回应道："一定的，我对私募基金这块非常感兴趣，只是以前自己没有操盘团队，我手下有 100 多个理财顾问，客户资源这块非常丰富，后面有机会跟你们多合作！"

王啸听到他手下有 100 多个理财顾问，心里暗自一惊，这个规模如果推广起来，很快就可以把资金池做到亿元以上，难怪李总今天晚上都在陪着他。王啸自己是小股东，不能喧宾夺主，陪着丁总寒暄几句之后，就找理由离开了。

正好之前与一些新的客户只打过电话没见过面，现在是个熟悉的机会，王啸跟他们逐一进行了沟通，帮他们看了一下手中的持股，并给出了专业的意见。凭着多年的业务底子，很快王啸就跟他们熟络了起来。

这时孟总开始做路演，向客户介绍公司基金产品的投资风格和策略，客户们都听得非常认真，一些不明之处，王啸又给他们做了解释，就这样忙到了晚上 10 点多。最后公司开始公布今年基金的业绩分红报告，持有公司产品的客户听得兴高采烈，而还没有买公司产品的客户都跃跃欲试，过来向王啸了解公司产品的购买方式。王啸耐心地做了登记和解释。

整场年会活动进行得非常成功，既答谢了老客户，又拓展了新客户，就这样忙到晚上 11 点多散场，王啸把客户送出门，才跟李总他们打了个招呼，叫个代驾回家。他进门后也不洗澡了，直接躺在床上就昏睡过去。

次日早上 8 点多，王啸刚要起床，突然孟总打电话来说道："王啸，公司这边基金不是拿了全国排名嘛，最近找上门要交流合作的同行比较多，有个佛山的游资团队想跟我们谈战略投资合作，我想起你是佛山人，想让你代表公司过去跟他们谈合作，你愿不愿去？"

"愿意啊，我求之不得，我正好想了解一下游资的交易策略，您看我什么时候去？"王啸兴奋地问道。

"随你自己安排，最近你也看到了，公司没什么交易，都是忙着路演，我确实没精力过去那边，不然我也想去跟他们交流一下。"孟总无奈地说道。

"好，那边的进展我随时跟您报告！"王啸恭敬地回应道。

孟总也没再说什么，发了联系信息过来后就挂断了电话，王啸看了看信息，"JY 投资公司，白总"，只有微信号也没电话，王啸十几岁来广东时就落户在佛山，对那里再熟悉不过，起床洗漱了一下，联系对方的微信，简单信息沟通了几句，对方微信发了地址过来，王啸下楼直接开车去往对方公司。

D 市到佛山也就一个多小时的车程，王啸对道路很熟悉，很快就到了对方公司楼下。一个 90 后的小伙子下来接他，王啸也没多说话，跟着这个小伙子进了这家 JY 投资公司。公司装修是现代派风格，小伙子把王啸带到会议室泡茶，王啸跟他寒暄了几句，就直奔主题问道："请问公司的负责人白总有空吗？我能不能见见他？"

小伙子听到愣在原地，喃喃地说道："我就是白枫啊，也是公司负责人！"

王啸闻言大吃一惊，没想到对方竟然这么年轻，连忙起身说道：“白总，实在是失敬了，我没想到您这么年轻，果然是英雄出少年！”

白枫笑道：“我还在想，你为什么一直跟我说客套话，一点合作的诚意都没有，原来都是误会！”

两人搞清对方身份之后，交流起来就自如多了，原来白枫他们一直是做短线题材热点的，这些年从 200 万元做到了现在接近一个亿的规模。现在资金规模大了，想做一下中线投资，看到 JX 基金公司的投资业绩不错，就想互相交流学习一下。王啸此时心里已经有了主意，既然是他们主动想合作，那就得拿出诚意，正好上次孟总讲过抓题材热点方面游资比较擅长，自己何不让他用这个技术做个投名状呢？

于是王啸对白枫说道：“白总，要合作，大家要有个互相了解，你也知道机构擅长基本面逻辑，游资擅长题材热点判断，我能不能先请教你一些关于题材热点的问题？”

白枫虽然年轻，但是也不傻，他知道王啸这是考验他。好在王啸问的问题并不是核心的机密，关于题材热点这些策略，很多论坛上都有，自己根据那些资料做了一些总结，正好用来应对目前的局面。想到这儿，他起身对王啸说道：“你稍等我一下，我去拿份资料！”

白枫转身出去到自己办公室里拿了一份资料出来，回到会议室递给王啸说道：“王总，这个是我根据一些论坛里游资大佬的讲话总结的，你可以看看，有什么不懂的可以随时问我！”

王啸接过资料一看，果然跟孟总之前教的题材热点不太一样，孟总给的资料偏向于战略方向，白总给的资料偏向于战术上的实际操作细节，一共总结了 10 条，具体内容如下。

选择题材时要考虑的10个因素[①]

题材强度与持续性。即使赚钱效应很差，有够强的题材也能腾飞。这些题材的故事必须要有基本面的实在利好支撑，至少是明确预期的支撑，而不是什么消息都没有，让人看不清，否则很容易被砸，这需要更强的理解力、更准确的预判力。选择做什么题材时要考虑的因素有以下10个。

1. 题材产生的范围包括：政策、技术创新、重大事件、价格变动（大宗商品涨价）、行业周期、资产重组、业绩和股利政策。

2. 题材是主流题材、非主流题材还是冷门题材。在主流题材里找逻辑正的或者股性好的。板块的涨停板数量多说明题材是日内主流，如果板块内涨停板比头一天多也说明题材在走强。

3. 炒当前热点。尊重市场就是依据当下市场的热门，符合主流资金的方向。第一个误区是炒冷饭，炒刚刚过去的热点。市场的热点是轮番上攻的，新的热点已经转移到其他题材上面了，再炒原来那个热点当然是炒冷饭。这时买入不叫追热点，而是追尾声，这是大忌！第二个误区是炒主观预测的第二天的热点，这种叫赌博，应对趋势的最好办法是跟随而不是预测！

4. 题材内部的联动性。联动性强的更好，观察龙头涨停后板块内其他个股的走势，板块的龙头是一个板块的风向标，龙头在涨，板块不一定会涨，但如果龙头在跌，那板块一般是会跟跌的。

5. 题材的级别、想象力。级别大的和想象力强的题材不会一蹴而就，会反复炒作，而且通常能成为主流题材。内部的龙头获得增益会更加强大。题材内超大盘股票涨停，说明是主方向，当下热点就在这个板块。重点关注板块内对应大盘股的情绪龙头！

---

① 本节内容改编自淘股吧论坛。

6. 题材的真伪。一般来说，影响并不太大，题材处于朦胧期有可能更好！炒题材就炒这种状态。消息断断续续放出，处于既不承认也不否认阶段。当股价一路超预期上涨的时候，最好的新闻是没有新闻，真正的炒热点是炒刚刚被挖掘的热点，最好是在大家还处于怀疑和犹豫的时候介入，等市场证实了再介入就容易被反杀。因为如果题材逻辑太硬，就容易被证伪，一旦证伪，题材第二天必然崩溃。更重要的是题材的新旧，新事物、新技术、新题材无一不是爆点。如果以前已经被爆炒过甚至多次爆炒过，如今没有什么质变级别的利好，只是再次炒冷饭，那一般热度会越来越低，甚至变成“一日游”，哪怕“一日游”当天涨停的个股比别的题材多，次日情况也不容乐观，甚至当天就会冲高回落。所以要做没有被炒过的题材。有新题材，就要坚决抛弃旧题材。只有新题材，才能凝聚市场里最敏锐、最强大的短线资金。一个新故事出现在主流热点的时候，便是赚大钱的机会。不预判，只跟随。不预判次日会炒什么，只跟随已经炒起来的题材。题材还没有任何启动迹象时，即使认为有很好的逻辑，也不要去操作。等到至少形成首板的板块效应时，再考虑次日做最强的“一进二”。

7. 题材梯队的完整性。如果发现龙头身后没有跟风助攻，第二天最好不接力，因为龙头也快见顶了，市场资金参与得不多了。另外要看题材内有没有“抢龙头”现象。没有“抢龙头”现象，就认为板块强，有争抢龙头现象，就认为板块弱。出现“抢龙头”的现象，就说明板块不强，接近顶部了。如果出现龙头平稳过渡，或日内龙头和总龙头并存的现象，则要看新龙头出现时，老龙头是否依然表现强劲。板块在高位盘整时，龙二和龙三突兀拉起，而原来的龙一转为跟随，若这个现象出现，不能追高，同时还要减仓。

8. 涨停个股次日竞价开盘情况。次日板块中高开个股占比较多的，就认为板块强；低开占比多的，就认为板块弱。除了一字板多外，其他的红盘股高开是不是都在 5% 以上？平均的高开幅度大概在 5% 以上还是以下？如果平均高开幅度大，那就说明人气足，如果平均高开只有 1% ~ 2%，那就说明人气很一般，关注的价值不大。热点板块内昨天涨停的股票有很多低开，就先不操作，头一天涨停的甚至有低开 5% 以上的直接放弃。一旦早盘热点全军覆没，当天的行情就很危险，要多观望、少行动。

9. 盘中突发利好导致板块涨停，先判断是不是脉冲型信号，如果不是长期影响的重大利好，就不参与。市场传闻利好不参与，因为即使传闻是真的，一些股价位置不好的股票冲板也很容易被砸；万一传闻是假的，就会被反杀套牢。

10. 市场环境不太好的时候，资金总量少，这时跟踪个股数量少的板块，大局上多注意一轮下跌到起涨时转折的人气板块，这个板块可能贯穿行情的始终，板块快速轮动时，支流板块往往比主流板块更牛。但是支线板块中通常只有龙头股能做，介入的价格如果过高则不如放弃。

这些内容王啸一边看一边请教白总，最开始王啸还觉得白总年纪尚轻，就算有现在的成就可能只是“幸存者偏差”罢了，随着白总的讲解，他越来越觉得白总对市场的理解力着实很强。孟总和 Jason 这方面都跟他相差甚远。所以王啸收起了最初轻视的态度，认真地跟白总请教起来。而白总也问了王啸很多问题，靠着之前所学的知识，王啸应答如流，没有露出破绽。这样一番交流下来，两人都觉得各有所获。白总听说王啸是佛山人，极力挽留他多留几日，王啸自己也想多跟白总学习，跟孟总请示得到同意后，自己就安心地留在这边学习。只是他不知道，再回去的时候，等待他的竟然是天翻地覆的变化！

第二十章　龙头战法

1

2020 年 3 月 11 日，JX 基金公司因为上个月拿到全国基金投资大赛的名次，加上最近的业绩高速增长，最终进入了 GF 银行的理财白名单，银行首期 FOF 资金额度 5000 万元，后面如果产品表现符合预期，银行会继续追加投资，要求只是固定 8% 的年化收益率，JX 基金做劣后资金，把 5000 万元的 8% 即 400 万元作为保证金，托管在银行，如果亏损，先从 JX 基金这 400 万元中扣除，扣完 400 万元，银行就触发风控卖出持仓；如果盈利，超越 8% 以上的部分都归 JX 基金公司所有，这也等于是对赌协议。尽管孟总并不愿意接这样的资金，但是他知道，银行接的资金一定是有条件的，所以也就默认了。

李总看时机成熟了，趁机跟孟总说道："我上次跟银行谈判时，银行说我们的基金规模太小，投研团队力量薄弱，希望我们能加强一下，我想招两个行业分析师进来，再招两个名牌大学的毕业生进来做交易员，你看怎么样？"

孟总皱了一下眉头，说道："行业分析师当然可以招，这样也可以减轻我选股的压力，至于交易员不是有王啸吗？"

李总呵呵一笑说道："王啸的聪明能干咱们都是认可的，可是他学历太低，以后公司要出去路演，都不知道怎么介绍他的简历，所以我觉得还是要招两个刚毕业的名牌大学生培养一下比较好！"

孟总听罢争辩道："这行业最重要的是经验，王啸我已经培养得差不多了，他基本可以独立操作了，这些应届大学生在学校学的那些东西都是基础常识，对市场来说，只相当于你考了个驾驶证，并不代表你车开得多好，而对操盘手的要求相当于赛车手，所以我觉得没有必要吧？”

李总这次心意已定，就是要在操盘团队安插新人，所以无论孟总怎么说，他都坚持说道：“公司以后要发展，肯定要储备人才，两个刚毕业的大学生薪水很低的，就当是养两个文员，我觉得很有必要！”

孟总看李总一直坚持，没多想，于是说道：“既然李总觉得有必要，那就招吧！”

李总看目的已达成，连忙打圆场说道：“后面的资金越来越多，3个交易员，你也更轻松一点！”

李总想了想又试探性地说道：“孟总，上次酒会那个做私人财富管理的丁总你还记得吗？”

孟总说道：“我记得，人挺健谈的。”

李总小心翼翼地说道：“我看他那个意思，想战略投资我们公司，他那天问我们现在股份估值多少钱。我按5倍估值跟他提了一下，我看他嘴上说贵，但是还在问细节的问题。他背后的财力雄厚，我想我们是不是可以各自让10%股份出来卖给他，吸引他入股？”

JX基金是当年李总和孟总创建的，李总占股70%，孟总占股30%，中途李总卖了10%给王啸，所以要想保住控股权，现在他能卖的只有10%，但是这个数量明显吸引不了丁总的战略投资，所以他想拉孟总一起卖。

孟总想了一会儿觉得也无所谓，反正对公司有利就好，股权卖的价格也不低了，所以对李总说道：“只要是对公司有利的，我都没问题，不过公司的股份只能卖给两种人，一种是能拉来资金的人，一种是公司的技术骨干。既然你都愿意，我也没问题！”

李总听闻此言，心中大喜，他早已经跟丁总谈好了股权转让的问题，原本的打算是如果孟总不同意，就想办法收回王啸那 10% 的股权，于是故作平静地说道："那我就跟丁总谈一下，看他肯投入多少资金，我们再卖他多少股权。"

"嗯，你是大股东，你看着安排就好。"孟总这段时间路演累坏了，也没空多想这些问题，只想尽快地回归市场，安心研究股票。

李总坐了一会儿，就找借口走了，出来公司后，看看时间差不多中午了，直接打给丁总道："丁总，我是 JX 基金的老李啊，有没有空，中午一起吃个饭？"

丁总此刻正在听底下的业务员做报告，他最近也很头疼，很多项目投资周期很长，收益有很多变数，自己手上明明一大堆高净值客户，但是却没有好的投资项目引流这些资金。他接到李总电话，想有多些接触的机会，连忙说道："李总好，我现在不忙啊，吃饭你来找我吧，顺便来我公司看看！"

李总正有此意，说道："那我现在过去，咱们去你办公室聊！"

李总放下电话，直接驾车前往丁总公司。等差不多到了丁总公司楼下，李总也大概想好了怎么跟丁总谈判，所以快速地找了个位置停好车，对着镜子整理了一下仪容，大步流星地直奔电梯。到了丁总公司后，秘书已经等候多时，恭恭敬敬地把李总迎进办公室。丁总快步迎出来热情地跟李总握了握手，说道："欢迎李总，我刚泡好的茶，快请坐！"

李总坐下接过茶杯抿了一口茶，说道："这茶不错，回甘清甜！"

两人寒暄了几句，丁总故作不经意地问道："李总，你那个私募基金弄得怎么样了？"

李总心道："我等你问这句话等半天了。"他自然按照自己来时路上所想的那样，不提半句卖股份的事，把公司最近客户大幅增加的事大吹特吹，讲了半天，看丁总的表情不为所动，于是放出撒手锏故作神秘地说道："我们今天通过了银行的理财白名单，初期投资规模 5000 万元，后面根据投资绩效评估再行增加！"

丁总听到这里，身子一震，他明白自己财富中心管理的这点钱没办法跟银行相比，如果等 JX 基金公司跟银行的合作全面展开，后面自己再想以现在的价格入股 JX 基金几乎是不可能的事了。

想到这儿，他对着李总笑道："那真是恭喜你了，抱上银行这棵大树，后面必然不再愁资金的问题。"

李总谦虚了几句，反问丁总道："你们这个财富管理弄得怎么样？"

丁总无奈地说道："这几年投资项目虽然多，但是靠谱的很少，我们现在就是集仓储和抵押贷款于一体，同时引流一些项目，为一些高端人士理财赚点居间费，本质上跟你们私募基金很像，但我们没你们那个技术实力，投资是件很专业的事，我们并不擅长。"

李总看时机差不多了，试探着问道："那你们现在可以投资的资金规模有多少？"

丁总也不再隐瞒，老老实实地说道："目前我们账上大概有一个亿，但是能投资股票的不会超过 5000 万元。"

李总心中暗自盘算了一下，5000 万元虽然不多，但是丁总底下有 100 多个业务员，还有全城高净值人群的网络，如果能帮忙引流来 JX 基金，那以后就算没有银行，公司也不再愁资金的问题。想到这儿，李总开门见山地说道："既然你有资金没地方投，我有团队需要资金，上次提到的战略合作的事，我基本没意见，只是现在 JX 基金进了银行的白名单，公司股权估值已经不是上次讲的 5 倍了，现在我们股东之间转让都是 7 倍估值。"

丁总听闻心里有点不是滋味，这明显是坐地起价，但是金融市场就是这么现实，于是说道："7 倍估值太高了，我这边倒是有兴趣合作，但是超过 5 倍估值，我没办法接受！”

李总本就是虚晃一枪，5 倍估值他是认可的，但是也不好这么快松口，所以转移话题说道：“丁总，把你那 5000 万元资金投到 JX 基金，我给你开个专户，管理费全免，你看如何？”

管理费一般都是 1%，而且很多私募基金都会给客户做减免，所以这个条件并不诱人。

丁总听到后不置可否，心念一转说道：“管理费这点小钱，我还真看不上。投 5000 万元也不是不行，除非你按 5 倍估值给我 20% 的股份，同时签订对赌协议，基金产品的首年收益率要大于年化 30%，不然 JX 基金就要全额回购我们投资的股份，并且我们这边要派个代表去做操盘手监督这笔投资。”

李总心中暗喜，这就是他一路上过来时想好的条件，但是脸上故作为难道：“你这个条件，我答应不了，虽然我是大股东，但是很多事也要跟其他股东商议。我回去问一下他们，三天后给您回信，但是我估计他们不会同意的，我们那个操盘手王啸，公司初创时拉了 4000 万元资金，也才配售了 10% 股份，现在公司没那么缺钱，所以你这个条件有点难达成！”

丁总犹豫片刻，说道：“股份的估值不能高过 5 倍是底线，我们不要局限于眼前这点儿合作项目，你我都是干大事的人，资源整合、一起把蛋糕做大才是重点！”

李总假意推辞了一番，看丁总确实诚意满满，也就不再坚持了，只是说道：“这也就是咱们兄弟，你开口了，我必须要给你这个面子！”

丁总闻言大喜，这时公司厨房已经安排好了午餐，两人一起吃饭时又聊了一些生意上的事情。吃完饭，李总看时间不早了，自己找个理由先走了。下楼后李总心中十分得意，所谓的三天后回信，是不想答应得太痛快，让丁总起疑心，自己这边跟公司没什么好谈的，三天后宣布就行，至于操盘手更是无所谓，他本来就想招人，这样再招一个大学生就够了。

只是行业分析师这方面可能要找券商的朋友帮忙找一下，好在JX基金现在资金规模大涨，在券商眼里就是大客户级别，券商巴不得跟JX基金合作，这时找几个分析师易如反掌。想到这儿，李总打开手机看看通讯录里的一堆券商来电，挨个打电话过去问招分析师的事。果然不出所料，几乎所有的券商都很热情，说这几天就会把简历发邮件给李总。李总看着眼前的局面，心里不再像过去那样顾忌孟总了，他觉得自己才是JX基金真正的老板！

2

尽管JX基金公司那边已经暗流涌动，王啸远在佛山却完全没有感觉到。在这边已经十几天了，这段时间王啸跟着白总观摩学习游资的操作手法。一开始白总还有所保留，后面跟王啸相处越来越投缘，所以很多交易方面的问题，只要王啸问到，白总都会详细地解释。

这十几天高强度的学习下来，王啸对游资的操作，特别是龙头战法的理解与日俱增。白总把一些高手论坛总结的经验加上自己的经验都整理出来给了王啸，并且在这十几天的实战中进行了当面演练。这跟孟总之前教的很多内容完全不同，让王啸对交易的认知仿佛打开了新世界。为了表示感谢，王啸在资金管理和选股逻辑上分享了自己所学的知识。这次合作大家都非常满意，虽然两人年纪相差了许多，但是很多想法趋于一致，所以沟通得十分顺畅，王啸把白总给的这些资料整理出来，发了一封邮件给孟总，因为他对此一直很感兴趣。整理的材料具体内容如下。

龙头战法[①]

龙头股的三种类型

1. 科技龙头股看事件驱动。

科技类型的龙头股，一般都是受重大事件影响比较多，比如新的技术突破、行业利好政策、市场需求暴增等。如果重大事件是行业内新的技术突破，就要看行业内的技术黑马；如果重大事件是行业利好政策，就要细分行业内个股的受益情况；如果重大事件是市场需求暴增，就要对比产能规模和订单增长变化。

2. 周期龙头股看规模。

周期股一般都是在行业盈利周期形成反转时爆发，这时行业内规模越大的企业盈利能力越强，所以更容易形成业绩预期驱动的线性上涨趋势。市场表现为：个股走出震荡上升的独立行情，可能不会很激烈地涨停，但是每次分歧回落都不破重要 K 线结构的前低。

3. 情绪龙头股看环境。

情绪龙头股一般都是炒题材。一开始，题材尚处于朦胧期，大家都不知道个股为什么涨，偏偏就是会上涨。这种预期怕被证伪，所以只能走快速拉升连板路线，甚至成为市场最高板以吸引人气，但是这种个股很难成为穿越情绪周期的龙头，所以通常都是一波上涨见顶后就暴跌，被打回原形。

龙头股操作原则

龙头股操作，核心还是看主流 + 龙头在哪里，只参与日内绝对主流的追涨 + 持续性大主流的轮动。

主流内 + 模式内 + 控制力

只研究主流、参与主流，主流延续就找机会，主流兑现就空仓等。

① 本节内容改编自淘股吧论坛网友总结的帖子。

解读＋理解＋跟随盘面

看清楚盘面，看出确定性后再出手。尊重客观盘面给出的确定信号，放慢节奏、一击即中。逆向思维、关注预期差、对手盘与板块轮动。按照去弱留强、去弱换强、板块轮动的思路，接力必须往市场龙头靠拢，或者参与近期或日内有强板块保护的板块龙头。

把握好板块保护逻辑＋情绪转好溢价＋流动性溢价＋板块内部高低配合及空间差，以及板块之间的轮动切换，适时去弱换强、去旧换新，在情绪上升期要有格局，在情绪下降期要跑得快、回避偏门非核心中高位个股。

最高＋最低，核心＋补涨

重点还是跟随市场参与高质量的首板，以及板块保护和情绪溢价比较明确的连板龙头。对于突发、无酝酿期的板块高潮，次日不要去接力！！优先考虑题材的可持续性或可发酵性。大部分市场环境下，在情绪达到极致后的转折点入场才是最为确定、最有感觉的，过后便要去弱留强、谨慎接力。放慢操作节奏，踩准市场节奏，在情绪冰点期之后勇于出击，在情绪高潮期后及时撤退。不要心急，只交易既定计划内的标的，抵制盘中脉冲诱惑，做计划内交易，行情好时大干快上，行情差时空仓睡觉，全攻全守才是正确的交易节奏。

龙头效应特点

过程 1：龙头拉升。

过程 2：龙头概念发酵，板块中位个股跟风上涨。

过程 3：龙头继续高举高打，中位个股开始掉队，资金开始挖掘低位个股的首板。

过程 4：龙头滞涨，资金继续挖掘低位品种。

过程 5：全面退潮。

跟踪龙头股策略

换手板龙头股连续涨停后，当日跟前一天平量不回封或者跌破均价线下方3%再考虑卖出。

板块龙头涨停后，是否有龙二、龙三跟风涨停决定了龙头的溢价，龙二、龙三跟风涨停是因为龙一买不到。

板块集体上涨可以给龙头股做保险，一旦板块只剩下龙头独自在涨，行情就随时可能反转向下。

做龙头时，主力的方向一定是全力往上做，所以不要总是在龙头强势上涨的阶段性回落中看空，这样就会一路上涨一路丢失筹码。只要板块热点和情绪在，要敢于在第一次出现分歧时积极看多，就算不敢加仓，至少也不轻易丢筹码。

所以在确定板块龙头地位后，只在低位加仓，不在低位割肉。如果加仓之后，股价确实根据技术分析破位了，就把底仓减出来，第二天观察是否有二次进攻动作。第三或第四次涨停以后出现分歧时，如果等破位走就会损失利润，所以既然处于分歧位置，只要冲高接近8%就卖一半。如果回落，那么有两个条件可以补，一个是不低于均价线三个点，一个是不低于开盘价。如果破位，那么观察5分钟看看是马上反弹还是放量杀跌。如果不马上反弹，那么观察5分钟看看是否企稳回升。如果继续放量杀跌，那么立即止损出局。

龙头及市场表现

1. 龙头的定义。通常以最高板、封单、气势、带动性来分辨谁是龙头。龙头不在盘子大小，而在启动的时机。只要先于大盘连续上涨并能带动关联个股上涨的，就是龙头。趋势的力量会引导市场合力。连板最多的是龙头，有时候也可以按自己理解看涨停联动关系，把最能引起别人跟风的作为龙头。

2. 最好只做龙头，如果没有出现主升的龙头，就等待，出现主升龙头再全力一击。坚持龙头主升战法，必有回报，这是需要执行力的；是不是真龙头，考验的是理解力。有市场总龙头，则不做板块龙头，龙头盘口上都是超预期的，只有反复超预期的才是市场总龙头。板块龙头多一层保险，筹码轻的板块龙头应重点关注。板块龙头比情绪周期重要，情绪周期只是增加龙头的成功率而已。

3. 龙头不在盘中在盘外，要对重大事件驱动的题材和赛道有前瞻性的研究。做龙头比的是理解力，理解力来自详细的复盘和研究，可以相互印证去做，一方面从基本面选择有高成长的方向，跟踪个股验证是否成龙头；一方面根据市场的技术异动探寻背后的逻辑。

4. 龙头股的属性。龙头最重要的是人气，甚至只需要人气。一旦成为明星股，就会成为全市场的焦点，吸引市场上最积极做多的资金，同时也会吸引广大散户尝试参与。

5. 最适合做龙头的个股有两个特点，一是集多种题材于一身，被称为复合题材；二是在诸多题材中表现最生猛，被称为主流题材。

6. 龙头股的表现之一就是巨大的成交量，但是如果连续出现异常巨大的成交量，后面就有可能迎来趋势反转。所以避免做单日换手率超过 40% 的个股，以及两天换手率连续超过 50% 的新股。

7. 打板要打最强的。越早涨停的股票，当天越容易封死涨停，越容易成为市场的热点，第二天跳高的可能性越大。越不容易追上的涨停就一定要努力追上，前提是人气要足够强。

8. 龙头股或者总龙头股封板不需要快速涨停或早盘高开秒板，在早盘经过20分钟到半小时洗盘后才封上的板，才更不容易被打开。

9. 找到新题材总龙头才是龙头战法最核心的目标，命最硬的是新题材总龙头，其次是最强跟风和补涨龙头，再次是补涨中出现首板的个股。

10. 高手善于买入龙头，超级高手善于卖出龙头！当新龙头股出现时，就要果断舍弃旧龙头、拥抱新龙头。

11. 牛市环境中，整个市场竞争到最后只有两个最高换手板时，可以直接做那个先封板的，它大概率可以成为总龙头。若在开盘时一个最高换手板低开、另一个高开，可以开盘确定强势再跟最强的那个打板买入。

12. 缩量秒板。封板时间在9:35前，甚至开盘几秒就封住涨停。这种板，市场热情高的时候能封死，且第二天会有高溢价甚至一字板加速上涨；但市场热情一般的时候就容易开板补量，之后能不能封住说不准，甚至不排除日内十几个点的大跌，很多的打板大跌就是出现在这种情况下。但是从更偏向于控制风险的角度说，涨停板一封的时候最好不要买入，要等二封或者洗盘缩量不弱再买。

13. 不追二次加速的个股，不做缩量封板分歧之后的再次缩量加速的机会。龙头在上涨中会出现几次分歧和加速，从量上来看，放量就是分歧，加速就是缩量，一般不要参与缩量之后再缩量的板，这样容易炸板，一旦不能回封，就容易出现大跌。盘中开板，大幅放量，然后就不一定能回封了。当持有的股票在尾盘即将发生开板时，应立即在板上减半仓或者清仓，尾盘开板凶险至极，因为这时候不能确定尾盘会杀跌到什么程度，即使龙头股也是如此。

14. 分歧放量后的高位板如果换手足够充分，那么等同于首板。

15. 龙头的三个买点如下。

（1）市场情绪冰点期的换手最高板。这时打板介入，一旦市场情绪反转，市场最高板就容易加速连板扩展高度。

（2）反包新高涨停板。这个买点如果做对了，可能会开启二波上涨，在牛市里成功率更高。

（3）龙头首阴。这时一般是龙头的首次分歧，或被市场情绪错杀，次日往往会修复反包涨停。

16. 关注不同题材股、龙头股的互相影响。炒题材股，最重要的是联系，要分析联动谁、谁会带谁、谁会抢谁的资金。一方面，不同题材内龙头股之间的涨跌会彼此影响，进而这些龙头又会再影响各自板块，另一方面，也会存在新题材、大题材抢其他题材资金的情况，高位股遇到新题材往往会被炸板，遇见低位补涨股，板块也可能被带崩。

17. 昨日放量股票的今日买点。放量的股票，一般在第二天要缩量涨停，特别是已有 3 个涨停板以上的，有的个股当日成交已经超过头一天的总成交量了，还没有上板，表示它已经走弱，上午放量不涨停，下午必定严重分歧下行。

18. 只关注总龙头一字涨停后的 T 字涨停。要想接力一字涨停后的 T 字涨停，就一定要看竞价阶段是否爆量，对于 T 字涨停的个股一定只做龙头，或者觉得自己能力不够，就不要接一字涨停后的 T 字涨停。

19. 龙头不下水，今日低于昨日开盘价低开在水下的个股不做，开盘价即最高价的非总龙头，如已有二板以上，则不要接力。

20. 在情绪退潮期的龙头缩量加速板不能打，因为一开板就可能是天地板。

王啸把这些材料整理完成，已经是深夜 12 点多了。来佛山这十几天，自己技术上完成了一个全面的闭环，他心里说不出的高兴。唯一的遗憾就是黄嘉雯不能在身旁陪伴他，上周末她过来陪了他两天，王啸带她在附近玩了一下，感觉到她有心事，但还没来得及问，反正过两天就回去了，到时再好好陪她就是了。想到这儿，王啸关上电脑上床睡觉了。

次日早上 8 点，孟总准时来到 JX 基金公司，却发现李总带了两个陌生人在公司喝茶。看到孟总进来，李总连忙介绍说道："孟总，我给你介绍一下，我左边这位是李兵，GT 证券的科技行业分析师；右边这位是张成，ZX 证券的消费行业分析师。"

孟总听闻后，忙起身跟他们握了握手，简单交流几句才明白，这就是前几天李总说要找的行业分析师。孟总那天也是随口一说，想不到李总这么快就把人找来了，既然如此，自己也要考考他们，看实际水平如何，想到这儿，孟总对李兵问道："李先生，我想请教一下科技股的行业成长周期应该怎么判断呢？"

李兵知道自己今天面试肯定要有个考试，所以准备得很充分，直接回应道：

"科技股的行业周期一般从早到晚分成 6 个阶段。

"第一是主题投资期，因试探性技术触发早期需求预期，而技术和产业链缺口尚大，供给细分领域不完整，需求也不稳定，资本开始初次介入产业发展。

"第二是主题泡沫破灭期，行业关键成本下降的周期很漫长，同时市场需求未成长，商业模式还在试错期，前期投入的资本因现金流匮乏、流动性风险过大而退出，开始第一次恶性竞争的产能消化。

"第三是导入投资期，资本和信息化加快供给端迭代，微观供给初具雏形，行业技术开始规模化量产，市场需求也正式打开。

"第四是导入投资期进入成长期的估值换挡期。导入期末，市场容易过度乐观，特别容易忽视无序竞争，行业估值方法会产生变化。

"第五是经典成长投资期，需求强劲带动供给加速上升，产业进入正向循环的高成长阶段，行业内开始出现龙头企业。

"第六是成熟期，行业增量市场需求饱和，行业内开始内卷，优质龙头企业依旧收益平稳，小微企业出现经营困难。"

孟总听完这个回答比较满意，又转过来对消费行业分析师张成说道："你觉得作为一个行业分析师，最大的优势是什么？"

张成一看问到自己，赶紧答道："作为行业分析师，最大的优势不只在于对行业逻辑的深刻理解与普通人产生的认知差，更重要的是我们本就是相关行业专业毕业的，在行业内部工作十几年，有很多同学朋友在行业内的各个企业，所以在获取信息的渠道上比普通人多，这种认知差和信息差就会形成我们的优势。”

孟总听后点点头，又问了一些问题，他们的回答也都比较专业。李总之前说过，公司招的这些分析师都是有 3 年及以上工作经验的，所以孟总也比较满意地表态说道：“我个人欢迎两位加入 JX 基金公司，剩下就看李总怎么决定了。”

李总闻言大喜，连忙顺水推舟道：“既然孟总都能认可你们，那我自然没有意见，欢迎两位随时入职！”

他说完起身跟李兵和张成握了握手，然后把他们请到办公室开始谈待遇的问题。孟总打开电脑，看到王啸发来了关于龙头战法的邮件，打开刚要看，李总又折返对孟总说道：“丁总那边我谈好了，他投 5000 万元，然后 5 倍估值买 20% 股份，你我各卖出 10%，业绩上他要求第一年收益率不低于 30%，不然我们就要全额回购股份。”

孟总听闻丁总投资还要带对赌协议，想要拒绝，李总见状抢着说道：“我觉得以你的能力没问题，所以我已经答应他了。”

孟总隐隐觉得心里不舒服，但既然木已成舟，再说什么也无益于团结，只好点点头说道：“既然如此，那就这样吧，丁总后面有资源，入股公司也算是个帮手。”

李总看孟总同意了，乐呵呵地说道：“那这样，我明天约丁总过来签约。”

说完他转身出去了。孟总感觉这样太快了，但是也说不出哪里不对劲，想了想给王啸发信息让他先回来，有王啸在，自己也有个商量的人。王啸接到信息挺开心的，毕竟离开 D 市这么久，自己也想黄嘉雯了，拿起手机打给黄嘉雯道：“宝贝，我有个好消息要告诉你！”

电话那头黄嘉雯也好像很兴奋地说道：“这么巧，我也有个好消息要告诉你！”

王啸好奇道：“那你先说你的好消息是什么。”

“我们公司前段时间缩减业务提成，我跳槽到隔壁那个长 H 基金公司了，业务提成比之前还高一个千分点！”黄嘉雯开心地说道。

王啸心头一震，颤声问道：“是上次送你的那个林子濠的公司吗？”

“是啊，他对我挺关照的！”黄嘉雯说道，此刻她并没感觉到王啸情绪的异常，还沉溺在自己加薪的喜悦中。

王啸心里顿时有一种不祥的预感开始蔓延，但是也不好明说什么，只好对黄嘉雯说道：“那恭喜你，我这边的业务完成了，今晚回 D 市好好陪你！”

“好的，我等你，回来要好好抱抱我！”黄嘉雯嗲声道。

“好的！”王啸放下电话，苦笑了一下，想不到自己一个不留神，就让黄嘉雯去了林子濠那边，他对黄嘉雯肯定不只雇佣关系这么简单，但是自己如果说破会显得小气，只能走一步看一步了，于是辞别白总开车赶回 D 市。

第二十一章　风云突变

1

2020 年 3 月 16 日，王啸早上跟往常一样回 JX 基金公司上班，一进公司却发现比往常多了很多人，不仅外面办公室坐满了人，操盘室里也一群人在围着孟总不知道说些什么。李总在办公室里和什么人在谈事情，王啸走进操盘室跟孟总报告说道：“孟总，我回来了！”

孟总听到点点头说道：“回来啦，来，我给你介绍几位新同事！”

他从最右边开始介绍说道：“这两位是新加入我们公司的行业分析师李兵和张成。”

对方主动过来上前握手，王啸也热情地跟对方握手说道：“你好，我是王啸，以后请多关照！”

孟总又介绍左边的两个年轻小伙子：“这两位是陈伟和吴军，分别毕业于武汉大学和深圳大学，是我们公司新招的操盘手！”

王啸听得心中一震，明明说好以后让自己做操盘手，现在突然冒出两个大学生是什么情况？出于礼貌，他还是跟对方握了握手。操盘室一下多出这么多人，王啸十分不解地看着孟总，孟总知道王啸的意思，但也不好明说，只是让王啸先坐下，说等一下公司在会议室还有重大决定。

还有重大决定？王啸被突如其来的变化弄得很不适应，自己再怎么说也是公司股东，结果公司有什么决策连个电话都没有打给自己，特别是又招了两个没经验的大学生来做操盘手，这不是拿交易当儿戏吗？但是他不好当面问孟总，所以表面上一副满不在乎的样子。这时李总从办公室里出来了，刚好看到王啸回来，便说道："你回来得正好，咱们所有股东去会议室开个会，公司有新的动向。"

王啸应了一声，突然发现跟着从李总办公室出来的竟然是那天酒会上做理财管理平台的丁总。王啸顿时有种不好的预感，也不作声，就跟着孟总一起进了会议室。这时除了丁总之外，会议室里都是公司股东。李总也不兜圈子，直接宣布跟丁总达成了战略合作协议，丁总收购公司 20% 股权。说完就鼓掌表示祝贺，孟总也跟着鼓掌了，王啸震惊地看了看孟总，孟总轻微地点了点头，这表示他也事先知道，只有自己还蒙在鼓里，既然如此，自己是小股东，人微言轻，有什么好反对的？所以王啸也跟着一起鼓掌。

丁总听到大家的掌声心里有点激动，于是发言道："今天很荣幸成为 JX 基金公司的股东之一，以后我一定让我们的理财平台资源跟 JX 基金完美对接，为 JX 基金源源不断地注入新的资金！"

李总闻言又是第一个鼓掌。王啸没办法，只好硬着头皮跟着鼓掌。李总看大家都在，接下来又宣布了公司的另一项决定，就是以后的操盘室成立投研团队，搞决策积分制，孟总 30 分、李总 20 分、丁总 10 分、王啸 10 分，两个行业分析师李兵和张成也各自 10 分，两个新来的操盘手陈伟和吴军各 5 分，这样总计 100 分。这就是说，后面选股不是孟总一人说了算了，而是要整个投研团队投票大过 50 分才可以进公司的股票池！

王啸听到这个决定觉得实在太荒唐了，李总是银行出身，已经算外行了，丁总更是完全不懂股票，竟然也要进投研团队，还跟王啸有一样的投票权，这不是胡来吗？王啸铁青着脸看着孟总，只见他看似无所谓的表情下透着愠怒。王啸不想火上浇油激化矛盾，想了想就没说什么。

李总象征性地询问了一下大家有没有意见，看孟总和王啸都不说话，便说道："既然大家没有意见，以后公司的投研团队就按照这个积分制来选股，大家一起努力把公司做好！"

他说完了宣布会议结束，把丁总请到他办公室喝茶去了，全程没有给王啸任何解释。从早上一进公司开始，公司发生的这些变化，让王啸处于一种不真实的状态，总怀疑自己是不是在做梦。但是现在王啸明白了，一切都是真实存在的，只是没人在乎自己罢了，现在公司有了两个新人操盘手，明显就是不准备让王啸做操盘手了，以前就算不做操盘手，自己还能去拉资金给公司，也是一条出路，现在人家一个理财平台 100 多个业务员，还有全市高净值人群的客户资源，自己能力再强也无法胜过对方。

王啸这次回来本来谈妥了佛山白枫投资 2000 万元的产品，而且上次杰盛集团张总投资那 2000 万元因为收益可观，他很满意，已经答应王啸追加投资 6000 万元了，蔡志杰和王群阳过几天来公司考察，也是准备各投 2000 万元的，所有这些只等王啸确定什么时候投过来就可以了。但是现在这个情况，王啸不可能再把资金往公司引流了。"就算自己再努力拉资金，也是给别人作嫁衣罢了。"想到这，王啸心中黯然，"好不容易公司有了今天这个局面，形势一片大好，自己却又一次被排挤了"。一整天，王啸都没什么心情听操盘室里新来的这些人叽叽喳喳地讨论行情，浑浑噩噩地混到下班。他自己开车刚到家，孟总的电话就打过来说道："王啸，晚上有空的话来我家吃个便饭？"

王啸一肚子苦水正愁没地方诉，接到孟总电话自然喜出望外，连忙答道："师傅，你找我随时都有空，我马上过来！"

放下电话，王啸估计孟总也是心情不爽，一会儿可能要喝点酒，便开车在附近的商场买了两瓶茅台后直奔孟总家。孟总这边已经跟小区保安打过招呼了，王啸开车一路也没受到阻拦，很快停在孟总家楼下。他上楼后发现孟总已经把门打开了，等王啸到来。

一进屋，孟总看到王啸手中的茅台说道："家里有的，我都备好了，你何必破费？"

王啸微微一笑说道："酒逢知己千杯少，不在乎多两瓶。"

孟总挥挥手示意王啸坐下，他已经叫好了一桌外卖，老婆出国办事去了，今天正好跟王啸聚聚。

王啸也不拘谨，坐下看了一下孟总家的环境，这房子应该有200多平方米，里面都是欧式风格的装饰，客厅一套意大利进口沙发和水晶吊灯，一看当年就花了不少钱。孟总也不提公司的事，只是让王啸先喝酒吃菜，两人你一杯我一杯地你来我往，很快就喝完了一瓶茅台，孟总转身又在酒柜上拿了一瓶打开，王啸抢过酒瓶给孟总倒满，端起酒杯对孟总说道："师傅，感谢您这么长时间以来的教导之恩，我无以为报，公司现在变成这样了，您看我还能为您做点什么？"

孟总叹了口气说道："李总拉丁总入股我是同意的，甚至招募行业分析师也是我之前建议的，但是他搞两个新手交易员进来，我是不同意的，不论从公司立场还是私人立场，你都是最合适的选择，他这么干，让你寒心了吧？"

"倒不至于寒心，只是觉得李总对我这样过河拆桥，今天又搞积分制来插手操盘的事，都说共患难易、共富贵难，现在公司才有点起色就这样乱搞，真不敢想象以后会变成什么样！"王啸无奈地说道。

孟总听王啸吐完苦水，安慰道："积分制的事情我事先也不知道，只是这样搞，一是为了显得公司正规；二是李总还是把交易想简单了，他以为参与进来学习几年就可以自己交易，但交易哪有他想的那么容易？"

王啸对孟总的话感同身受，自己这么努力学习，而且除了自学多年之外，还有孟总和Jason甚至白枫几个人教导，到现在也不敢说自己能独当一面，突然想起公司来了这么多新人，就问孟总道："那两个行业分析师是怎么回事？水平怎么样？"

孟总摇摇头说道："这两人水平也就一般，不然也不会来我们这种小基金公司，如果行业分析师有那么大用处，那些管理规模几十亿元以上的公募基金什么样的分析师请不起？大部分不是一样亏得一塌糊涂。行业分析师的死穴有两个，一个是因为基本面主观预设了立场而忽略了市场合力的重要性，还有一个是同时带两块表引起的决策分歧。基本面走势和技术面走势出现分歧时，操作上要选择偏向哪一边？坚持基本面分析就是不尊重市场，不坚持的话，那行业分析师的意义何在？行业分析师的弱点和优点一样，都是主观意识太强，不能客观看待市场。"

王啸以前研究基本面时遇到过这样的问题，基本面是好的，但是市场走势一直跌，最终大部分到最后发现自己基本面的研究还是误判了，而且自己分裂得厉害，一会儿觉得自己主观判断错误，一会儿又怀疑是市场反向波动，根本交易决策执行不下去。后来，王啸选股用基本面更专业的人士选出的目标股，自己只专注于尊重市场，根据交易系统执行就好了，这是回避基本面和技术面冲突的最佳方式。所以对孟总所说的问题，王啸深表赞同。

孟总看喝得差不多了，就对王啸说道："趁你还没醉，我交易系统还有选股的部分，之前没来得及教你，今天是个机会，都教给你吧！"

王啸闻言大喜道："谢谢师傅，我一定不负所望！"

孟总想考考王啸，说道："基本面选股有五类，前面两种之前教过你的，不知道你还记得不？"

王啸想了想说道："第一是科技成长股，科技股主要看企业核心技术本身的市场应用潜力和技术研发水平，科技股比较容易出黑马。

科技股的波动幅度较大，因为变化因素多，所以不适合太长期持有，持有科技股的核心逻辑就是它的技术优势和核心竞争力，一旦这个发生改变，整个周期都会发生变化，案例就是之前的 WE 股份。”

“没错，还有第二个呢？”孟总追问道。

“第二是周期股，周期股的特点是行业上行周期是超额利润，行业上行的时候因为景气最高，所以看起来市盈率非常低；下行周期是一地鸡毛，所以看起来市盈率非常高。但是既然是周期股，景气的高低就会有明显的周期变化，行业景气高的时候大家拼命扩大产量，供给快速增加，会导致景气快速下降；反过来也一样，行业景气差的时候大家都不赚钱，拼命减产，导致供给快速萎缩，需求会让景气上升。所以周期股是要反向投资，在高市盈率市场需求处于低谷时买入，在低市盈率市场需求处于高峰时卖出，比如之前的 MY 股份。”

王啸说完，孟总高兴地拍了拍王啸说道：“你记得不错，证明是真的用心了！只是基本面选股除了这两个，还有三种，分别是重组股、线性成长股、强逻辑次新成长股，我分别给你讲解一下！”

“好的，谢谢师傅！”王啸不想错过机会，拿出纸和笔作记录。

孟总悠然地说道：“首先讲重组股的特点。重组股一是一般业绩不好，不重组没出路；二是市值不大，重组成本低；三是最好近期没有退市风险，有成交量配合。对于重组股，通常大股东的背景关系很重要。大股东有重要的非上市公司资产可以装入上市公司资产包，或者大股东的相关企业有借壳的预期，但是从长期来讲，将来市场采用注册制了，借壳上市的机会越来越少，并且这种重组股操作上也没有技术依据，正常主力资金运作是可以从容建仓的，突发重大利好之后，主力不抬高价格很难拿到足够筹码，只能是抬高价格后大幅震荡建仓，这种情况经常出现在重大资产重组股上。所以除非有确切的消息，不然这种很难操作，但是靠内幕消息交易又是违法的，所以我们很少做这方面的交易。”

孟总看王啸记录完，又继续说道：

“然后讲线性成长股。线性成长股一般有几个特点：经营管理层稳定，掌握核心技术，行业护城河深，主业聚焦甚至具有垄断优势，又或者是细分行业龙头，处于政策扶持行业，滚动市盈率大于 20 小于 60，毛利大于 20%，主营业务收入和利润连续三年复合双增 10% 以上，产能利用率 90% 以上且未来 1 ~ 2 年有新增产能，股价高于 10 元，除重要股东外的股份全流通，无明显主力操纵。

“线性成长股每天都会给你买入机会，极少出现涨停，一旦连续大涨甚至涨停，一下子全市场大赚，就会出现短期获利抛压集中释放，股价就会调整一段时间，考验 K 线结构的技术支撑位，如果缩量不破 K 线结构关键支撑位的前低，那后面可能慢慢又会涨回来了！”

孟总停顿了一下，继续说道：“最后讲一下强逻辑次新成长股，这种一般都是基本面成长性极好，股票上市后可能因为当时的市场环境比较低迷，发行时的市盈率相对于未来的成长性还是偏低，所以上市后被机构和游资连续净买入，因为刚上市，实际流通盘偏少，所以机构和游资连续净买入会让股价短期形成强势的单边上涨趋势。这种情况下，就要对行业分析和个股基本面分析有深入的研究，如果方向没问题，在市场资金大幅介入时跟随买入就好。”

“好的，我记下来了！”王啸激动地说道。

孟总继续解释道：“这些是基本面选股胜率最有优势的方向，选定了这个之后，等市场选股方向跟它出现合力共振，就是趋势性机会了！”

孟总说完去书房拿了几张纸过来，对王啸说道：“选股的策略我都记在上面了，你回去用心学习就好了！”

王啸接过资料，仔细看了一下，除了刚才所讲的，还有很多其他内容，具体如下。

选股的方向与策略

三个选股方向

1. 市场龙头

市场情绪陷入冰点、出现分歧后出现的最高板总龙头（周期性出现，这是热点相对确定的机会），通常叠加题材爆发和情绪炒作。在市场情绪最差时选择市场最强的高度板，这样的操作逻辑最简单，因为如果市场情绪转好，已经成为明星股的最高板龙头股连续上涨概率最大，这时其会聚焦市场人气，成为总龙头，向上打开市场空间；反之，如果连市场最强的明星股都次日被埋，那说明短期市场走势会非常弱，就应该空仓等下一个机会。

2. 流动性不足引起超跌触发价值回归的个股

利用研报需找大的基本面逻辑，再寻找逻辑得出的市场估值是否有效，需找出市场无效引起的价值低估，结合技术面的大盘与板块的趋势底部时机介入，具体表现在市场流通性不足引起的恐慌性下跌后，并未有明显的利空消息。

3. 新题材爆发

新题材爆发时，先确定是炒题材还是炒逻辑，如果是炒题材，那就以情绪为主，不需要逻辑和估值的支撑，这时的选股重点是看股性是否够强，流通盘是否合适，控盘方的资金属性是机构游资还是庄股。如果是支线题材，就只能做龙一，并且只能打板做加速上涨阶段，越是远离 5 日均线越安全，因为题材炒作主要是市场情绪不能被证伪，只要股价出现大幅下跌击穿 5 日均线而没有有效承接，就会出现溃败反转下跌。如果是炒逻辑，就要以行业地位和逻辑受益最大为主。这时，估值和业绩增速预期、行业技术水平等基本面会比市场的技术面更重要，所以就算回踩 5 日均线，只要不出现标志性K线同时击穿5日和10日线，K线结构上升趋势支撑点未被打破，5日均线有上涨斜度，那么一般回踩都是低吸的机会。

选股的策略

按技术面选股是一条线，按资金流向选股是一条线，按市场热点选股是一条线，按重大事件推动选股是一条线，按逻辑选股是一条线，找多线重叠共振的机会才有可能形成趋势。基本上要以逻辑推动来作为主线，当其他支线认可主线形成合力时为买入时机，逻辑选股要看是否有强支撑的上涨逻辑；技术面选股要根据大盘状态确定策略，需要适时采用顺势（右侧）和逆势（左侧）两种策略；以资金流向、市场热点选股只可以顺势；重大事件推动需要看技术面上有没有提前反应，反应是否形成市场共振，共振产生的泡沫是否支持继续膨胀，以此来选择重大事件推动的策略。技术面选股要看主力是否完成建仓洗盘后等待拉升，逻辑选股要看是否形成了质量、趋势、时机的三位一体。重视主导趋势的逻辑，在下跌的时候，应该把所有看多的逻辑放在一边，全面理解看空的逻辑，当觉得看空的逻辑已经体现后，再去想看多的逻辑，过早思考看多的逻辑容易出现偏见。要先选择最近的市场主线逻辑，再选择未来的市场逻辑，既然我们的交易系统是以趋势交易为核心，那就应该先确定趋势。确定趋势最简单的方法是市场的认可，所以我们的方向是先找市场已经走出趋势的强势股，因为资金具有敏感性，所以我们可以根据强势股及其板块的异动来分析它的基本面、技术面，以及背后异动的原因。这是一个选股思路，还有另一个选股思路是根据基本面选好的个股建立自选股池，然后等待自选股出现好的市场合力产生的趋势机会，再用计算机设定好的买点模型等建仓的技术性买点仓位。因为具有投资价值，仓位上可以偏多一点。

多线组合选股

股价运行决策的三要素是价值逻辑、市场情绪、市场表现。

根据时间节点，价值逻辑分为远期逻辑、中期逻辑和短期逻辑。我们应先选定远期逻辑，再选定中期逻辑，最后选定短期逻辑。

根据热度，市场情绪分为持续热点、短线热点和脉冲波动。

市场表现则可分为龙头、跟风和补涨。

这些资料全面地讲了如何做基本面选股、如何按市场方向选股、如何确定多线组合选股策略，等等。

王啸把资料收好，陪孟总又喝了一会儿，看他已经有醉意了。他正准备告辞，孟总突然说道："你回来之前，我们开过一个选股的例会，那时虽然没提积分制的事，但我选了几只线性成长的股票，都被李总和那两个行业分析师否定了！最终，李总从我推荐的个股中选了一个波动率很大的个股！"

王啸不解地问道："为什么？"

孟总苦笑道："李总跟丁总拉的资金签了对赌协议，首年资金收益率如果低于 30%，JX 基金公司要全额回购丁总的股份！"

王啸听后大吃一惊道："这条件他也敢答应？你怎么不拦着点？"

孟总无奈地说道："他都答应了，才来象征性地通知我，我也不好意思说什么，就同意了。"

王啸听得直摇头，说道："这么重要的事，岂能如此儿戏！"

孟总叹了口气继续说道："我们之前的盈利，大部分来自中性趋势股，特别是线性成长股，这种股上涨趋势确定性高，持续时间久，是最稳定的交易策略，但是经过上次 S 爱富刺激之后，李总他们现在根本看不上这类型的股票，他们只想找短期就有巨大收益的机会，我上次选的股票他们只留下这只 HC 电子，这只股票在停牌中，有重组收购的预期，明天行业分析师会跟同行一起去调研，这个票是他重点研究推荐的，你也跟去学习一下吧！”

王啸难得有机会走进上市公司调研，自然十分愿意，反正能多学习总是好的。跟孟总又聊了一会儿，王啸告辞，叫了个代驾送自己回家。

2

2020 年 3 月 17 日，早上 8 点 30 分，王啸赶到公司，李兵已经等在那里了。因为昨天宿醉，王啸也不敢再开车，就让李兵开车带他直接去 HC 电子的公司总部。这次调研是券商主持的，还有很多同行一起前往，一路上李兵侃侃而谈，大讲 HC 电子的潜力，王啸也跟他虚心请教。实实在在地讲，李兵的分析比较全面透彻，王啸也有点动摇了，也许人家真的是有本事也说不定。

等到了上市公司接待室之后，只见主持的券商代表跟大家互相介绍，王啸突然在人群中看到一个熟悉的身影，正是长 H 基金的林子濠，也就是黄嘉雯现在的老板。王啸正想着要不要打个招呼时，后面有个人伸手拍了一下王啸，回头一看，竟然是白枫，王啸惊道：“你怎么也在这里？”

白枫笑道：“怎么你们私募基金能来，我们游资就不能来买吗？别忘了，我们也是有私募基金牌照的。”

王啸连忙解释道：“不是那个意思，是觉得遇见你挺奇怪的，我以为你们不做重组类的个股呢！”

白枫一本正经地说道：“只要有暴发题材的个股，我们都做！”

这时券商代表正好带着林子濠过来给王啸介绍。刚要说话，林子濠抢先说道：“这个不用你介绍，老熟人了，我们公司黄嘉雯的男朋友嘛！”

王啸只好热情地打招呼道："林总，咱们又见面了！嘉雯说去了你公司，我还说有时间去拜访你一下，想不到在这里遇见了！"

林子濠也假惺惺地过来握了握手说道："HC电子的董秘是我大学同学，正好券商搞调研，我过来随便看看！"

王啸心道："这么多人看好，这只股票可能真的有机会也说不定。"于是他也不再作声，很快，HC电子董秘陈国华进来了，大家开始提各种问题，因为李兵是主要研究这个公司的，所以他负责JX基金公司的提问环节。

差不多用了两个小时，HC电子董秘陈国华详细回答了大家的问题，又带大家在工厂转了一圈，在公司吃了午饭，让大家更多地了解公司员工的生活状态和工作效率。大家一直忙到了下午才完成调研，各自回了公司。

在JX基金公司下午的复盘会议上，李兵继续提出要建仓HC电子，并且根据积分制原则，大家投票决定，王啸因为看过HC电子公司的资料，感觉基本面确实也还不错，所以也跟着投了赞成票。剩下的除了孟总，基本就看李总投什么票。对李总来说，他急于证明没有孟总，行业分析师也有实力做好基金，所以毫不犹豫地投了赞成票。这样有70分赞成票，孟总就是反对也没用，所以孟总犹豫了一下，最终也投了赞成票。这样就等着近期复牌建仓了，按规定，最多可以建仓50%，盘中可以加到80%。李总急于建功立业，决定让从丁总那新融资的5000万元资金先建仓，银行那5000万元资金留着加仓，公司原本的资金加上王啸募资的部分，分红之后还有5000万元，留着做T。

看起来这个安排并无什么不妥之处，但是王啸心里还是忐忑不安。现在公司管理的资金总数已经超过1.5亿元了，这还不算一些进行中的个人户那些零零散散的几百万元投资。按王啸的想法，只要孟总稳稳当当地找一些线性成长的股票来做，一年跑个20%的收益，公司分红就能从客户盈利的 20% 中提 20%，也就是 600 万元，加上管理费什么的，一年弄个 700 万元不是什么问题，根本没必要这么冒风险搞激进的重组股。但是孟总最终还是投了赞成票，富贵险中求，他应该也有把握，这次如果做对了，公司今年的业绩很可能就拿到私募排行网比赛的全国冠军了，那影响力可不是全国第五能比。

王啸只期望一切能顺顺利利的，突然手机备忘录提示次日就是 3 月 18 日了，之前约好的蔡志杰和王群阳要来中国给王啸过生日，一是大家很久未见了聚一聚，另外就是来看看王啸的私募基金公司做得怎么样，如果合适，他们也想投一部分资金。他们这几年工厂的经营遇到瓶颈，所以手上有大量的现金。王啸帮他们订好了酒店，安排好一切，想约黄嘉雯吃晚饭。这段时间王啸在佛山忙着跟游资学习，回来公司又一堆事，两个人都没怎么见面。电话打过去，王啸刚要说话，黄嘉雯抢先说道："亲爱的，我在登机，今天回四川老家，那边房子拆迁补偿款到了，我要去签字！"

王啸一听不由得为她高兴，打趣道："那你现在是富婆了啊，能补多少钱？"

黄嘉雯兴奋地说道："大概 200 多万元吧，我明天签字就行了，不跟你说了，知道你快过生日了，我回来好好陪你！"说完就挂断了电话。王啸本来想跟她多聊几句，也来不及说什么，便驾车回家休息了。

次日上午 9 点，白云机场，王啸准时地在国际到达区接到了蔡志杰和王群阳。一见面，蔡志杰就过来对着王啸胸口捶了一下，笑道："你小子在中国发了财，就忘了越南的兄弟们了！自从你上次处理完库存之后，一次也没去越南看过我！"

王啸尴尬地回应道："我这边杂事太多，一时间走不开，劳烦哥哥们不远千里来陪我过生日，兄弟感激不尽，这次一定多玩几天！"

王群阳也插话道："我早就说来看看你，只是工厂事情太多，所以才拖到现在！”

王啸过去拍了一下王群阳肩膀道：“我在这边真没什么可以称为兄弟的朋友，你们不在这边我也很寂寞！”

三人许久未见，自然有很多说不完的话。一边开车一边聊得兴起。蔡志杰提出先去JX基金公司看看，王啸请示了李总说有越南潜在客户过来观摩，李总欣然同意了，还让王啸这几天好好陪客户就好，公司别的事都不用他管。王啸也没多想，带着蔡志杰他们来到JX基金公司，看到整个公司早上都在忙忙碌碌，业务员忙着跟客户沟通，孟总忙着跟行业分析师和操盘手开会。王啸像个闲人一样带着蔡志杰他们到处看看，介绍公司的情况。李总泡好了茶招待，正说话间，行业分析师李兵兴冲冲地跑进来说道：“李总，我们昨天调研选的那个HC电子，今早公布了收购方案，涨停了！孟总正在排队下单中。”

李总听到大喜道：“太好了！这说明咱们的方向完全正确，你跟孟总说，放心去做，胆子大一点没事的。”

王啸听到也很欣慰，说明这部险棋成功了。但谁也没想到，看似一切顺利的背后，是踏入深渊的开始！

第二十二章　祸起萧墙

1

2020年3月18日，王啸带蔡志杰他们参观考察JX基金公司后，中午安排他们到樱花会馆吃饭，因为蔡志杰曾在日本留学，所以这里的菜比较合他的口味。刚坐下还没点菜，王啸突然接到Jason的电话说有要事相商，王啸觉得跟他也好久未见了，索性叫他过来一起吃饭再聊。Jason刚好在附近，便答应下来。王啸让蔡志杰先点些料理和清酒，等Jason来了再一起上菜。不一会儿，就见Jason急匆匆地走进来，看到王啸旁边的蔡志杰他们一愣，说道："你还有朋友在啊？怎么不早说？"

王啸站起身拉过Jason介绍道：

"都是好朋友，也不是外人，所以就没跟你说，这两位是我越南的好兄弟，这个是蔡志杰，这个是王群阳！"

Jason听到是从外国来的，明显放松了很多，忙上前跟蔡志杰他们握手说道："你们好，我是Jason，是王啸的合作伙伴。"

王啸听罢摇摇头说道："不对，你是我第二个师傅，你这么着急找我有什么事？"

Jason看了看蔡志杰他们，犹豫了一下，还是说道：

"我有个紧急情况，想跟你说，不知道方便不？"

王啸闻言答道："这两个都是我最好的朋友，我跟他们没什么好隐瞒的，再说他们既不在中国，也不是干咱们这行的，你有什么事尽管直说。"

Jason 点点头说道："那我就实话实说了，你不觉得你们公司最近变化很大吗？表面上公司越来越大也更正规，实际上你们李总最近一直在挖你的墙脚，不仅私下去主动拜访你拉过来的那些客户，甚至还给我开了条件，提供资金让我加入你们公司，承诺我以后待遇跟孟总一样，而且言下之意对你极为轻视，这些你都没感觉到吗？"

王啸这次从佛山一回来，就感觉公司氛围不对。他当然感觉到了李总的排挤，但是总觉得他应该不至于这么急着把自己清除出去，毕竟自己还有一定的价值。经过 Jason 这么一说他才确认，现在的情况有多糟糕。

他于是说道："嗯，是有一些异常，但是应该不至于马上出问题吧？"

Jason 冷笑一声道："我之前见过很多类似的情况，一个公司一旦开始拉帮结派就会祸起萧墙。你们公司现在很明显是李总带着新来的分析师操盘手是一伙儿，你跟孟总又是一伙儿，这样搞，公司很容易出问题的，会影响我后面基金产品的发展。所以我最近一直在忙着找解决这个问题的办法，今天有个机会可以一劳永逸，你有没有兴趣？"

王啸疑惑道："那怎么解决这个问题呢？"

Jason 拿起桌上的清酒抿了一口说道："我花了很长时间，找到了一个完美的私募基金壳公司，我想跟你一起收购下来，我们自己做！"

王啸听了大吃一惊，虽然他想过以后自己也开个私募基金公司发展业务，但这绝不是近几年内的规划，目前各方面条件都还不成熟，自己留在 JX 基金公司这边安安稳稳的，一年弄个百八十万元分红过日子就很开心了，何必冒风险去开新公司？于是他委婉地拒绝道："你要开新公司我肯定支持你，不过我暂时没有离开 JX 基金公司的想法，所以我对收购私募基金公司没什么兴趣。”

Jason 听完并没放弃，劝说道：“你先别忙着拒绝我，这个私募基金壳公司，前两年注册发行了产品，没团队操作，只是买了银行理财放着，所以产品一直都是正收益的，最近产品的资金方把钱抽走了，我们接过来直接给产品重新注入资金就可以了，这是个很完美的私募基金壳公司，收购下来差不多 100 万元，你在 JX 基金公司那 10% 的股份，现在按丁总收购价 5 倍估值刚好 100 万元，为了避免同业竞争的利益冲突，你需要卖了 JX 基金公司的股份，拿 60 万元收购这个私募基金壳公司 60% 的股份，剩下的 40% 股份我收购，这样对你来说，一边是在 JX 基金公司是小股东，一边是在我这边基金是控股股东，哪个更有利于你，这个账很容易算啊！”

王啸听完，沉吟半晌之后说道：“这么好的事，为什么找我？你自己也不缺那点收购的钱，你直接控股百分之百不就完了嘛！”

Jason 苦笑道：“你以为我不想啊？问题是我没有你的募资能力，我收购下来也不知道怎么去经营，我就是个搞计算机编程的。募资方面我一直很钦佩你，加上大家又聊得来，所以我想邀请你一起跟我经营这个私募基金，我愿意让给你 60% 的股份让你控股，这样你就可以放心地经营，我只想在幕后跟着分钱而已，也不想干预你后期的发展思路！”

王啸听了有点心动，犹豫了片刻说道：“Jason，谢谢你对我的信任，我还是觉得我现在自己搞私募基金公司有点太早了，以后有机会再说吧！”

Jason 听完仍不死心，说道：“你先不用忙着答应我，我今天先把那个基金公司股权收购下来，你考虑两天，如果实在没兴趣，我再找别人！”

王啸随口答应，也没往心里去，岔开话题招呼 Jason 吃饭喝酒。四个人一起举杯畅饮，谈笑风生倒也十分融洽，差不多吃了一个多小时，Jason 推说有事要先走了。王啸把他送出包房，回来刚坐下，蔡志杰就问道：“这么好的机会，为什么不拼一下？”

王啸尴尬地说道：“我现在这个能力有限，恐怕不能胜任吧？”

蔡志杰摇摇头说道：“做生意犹如逆水行舟，不进则退，你忘了当年咱们有机会在越南投木材加工厂，因为当时你找的那两个人不投，你就没投，结果让后来那个刘总钻了空子，在越南设了木材加工厂，抢了你相思木的生意！”

王啸回想起当年，确实觉得很遗憾，如果当时自己再坚持一下，早就几千万元的身家了。所以唏嘘不已地说道：“当年确实可惜了，两位哥哥，我当局者迷，经过今天你们在公司的观察，我是真的被排挤了吗？”

还未等蔡志杰开口，王群阳抢先说道：“虽然不想承认，但是我们今天看到的，公司上上下下所有人对你没有那种对股东的敬畏，更多的是敷衍和应付。而且你自己也说了，丁总那 100 多个理财专员进来，哪怕就是不做操盘手，你去搞募资也要面对巨大的竞争压力，这明显就是等死而已！”

蔡志杰听完也是附和说道：“我的看法也一样，你要把握好机会，不要被自己的恐惧局限了思维！”

王啸看他们两个都这么说，心里也有点动摇，自己最怕的就是这种站在人生重要关口的方向判断，因为一旦错了，后果通常都很惨！

王啸突然脑子灵机一动，说道：“我有办法了！我去试探性地跟李总卖我在 JX 基金公司的持股，如果他很爽快地答应收购我的股份，那就是真心想排挤我出去，如果他死活不答应收购我的持股，那就不是有意排挤我！”

说完，王啸拿出手机打给李总说道：“李总吗？我是王啸，我这边有点事情，想跟您商量一下，你现在有空吗？”

李总也很爽快地回应道："我现在不忙，有事你电话里直接说就好！"

王啸假装犹豫了一会儿，继续在电话里说道："是这样的，我老家那边有套房子一直看好了想买，但是手头上钱不够，想把公司的股份先卖了凑点钱，您看行不行？"

李总闻言心中一喜，但是电话里还是不动声色地说道："我这边自己的股份都卖给了丁总，我也不想回购股份，你要是急用钱我帮你想想办法。"

"好的，麻烦您了。有消息联系我！"

王啸说完挂断了电话，这下心里就放松了，这说明自己的判断没错，李总并没有排挤他的意思，不然现在就是顺势拿回王啸股份的最好机会。蔡志杰他们在旁边听完通话内容，也安慰王啸，既然公司这边没有危机，那就先不要参股 Jason 的私募基金，能稳定赚钱也挺好！

三个人继续喝酒，喝到下午两点多。王啸看他们喝得差不多了刚要去买单，电话骤然响起，一看来电信息竟然是丁总。王啸接起电话，里面传来丁总的声音道："王总，我是老丁，刚才过来跟李总泡茶，他提起说你那边手头有点紧需要资金，需要我帮忙吗？"

李总电话才结束不到一个小时，丁总就打过来，王啸心里明白这都是他们商量好的。既然如此，自己再赖在公司也没有前途，索性就假戏真做了，于是他跟丁总说道："丁总好，让您费心了，我这边是有点情况，买房子钱不够，想把公司股份出让给李总，但是他不肯收，我正头疼呢！丁哥你这么有钱，不如你帮小弟把这点股份收了好不好？"

丁总听到暗自窃喜，但还是在电话里假意推辞道："本来我这边要那么多股份也没用，钱的问题都好说，股份转让不是儿戏，你这么冲动，以后可能会后悔啊！"

此刻王啸心意已决，跟丁总说道："股份转让的事怎么能开玩笑？我也不多要，跟李总他们一样，按5倍估值就好。如果价格太低，也不够补我这边买房子的资金缺口！"

丁总心里快速地盘算了一下，虽然有点小贵，但是JX基金公司发展潜力巨大，按现在的势头很快就会达到几亿元的规模，明摆着后面他不可能再买到其他人的持股了，李总要控股，持股不能低于50%，孟总是基金经理，也不可能再减持，所以决定自己先吃下王啸的股份再说。因此，丁总也不再遮遮掩掩，直接说道："既然你那边急用，我明天打给你吧，你过来签个股份转让协议就行，手续的事让公司的人后面去处理。"

"好了，那我谢谢丁总帮忙了，咱们明天公司见！"

王啸说完就挂断了电话，看了看蔡志杰他们说道："人家就等着我退出呢。这样也好，我有空就去研究一下Jason的建议！"

"塞翁失马，焉知非福。退出来说不定是件好事，我们会支持你的，放心吧！"蔡志杰安慰王啸道。

王啸点点头，现在也只能如此，今晚要好好考虑自己以后应该怎么办了！

2

就在王啸忙着新公司筹备的时候，黄嘉雯此时却是发了笔财。家里的房子被政府拆迁了，黄嘉雯回老家后很快办好了手续，下午拆迁款就打入了账户。虽然她在金融公司里已经习惯了把金钱当成数字，但是钱进入自己账户才实实在在地感觉到钱的威力绝不是简单的余额上多一串数字，而是体会到了财务自由的感觉！黄嘉雯晚上回家陪妈妈吃饭，一进门发现小姨也在，脸上也是笑得合不拢嘴，这才想起小姨跟自己一个小区，她肯定也在拆迁补偿之内，一打听果然如此，她家面积大很多，所以补偿了600多万元拆迁费。她连忙恭喜小姨道：“小姨，这次你发了大财，以后一辈子也不用愁了！”

小姨笑着回应道：“哎呀！我还犯愁呢，突然多了这么多钱，我又不会做生意，以后应该怎么办才好？”

黄嘉雯妈妈突然插嘴说道：“咱们嘉雯在基金公司，你让她帮你买成基金好了！”

黄嘉雯连忙拒绝说道：“老妈你不懂别乱说！基金有风险的，让小姨存到银行买理财，一年有点利息就行了！”

小姨见黄嘉雯拒绝，不高兴地说道：“幺妹儿，小姨白疼你了，这点事儿你都不愿意帮忙！”

黄嘉雯连忙解释道：“小姨，你不知道，我们这些基金都是投资股票的，有很高的风险，我不想你冒这个险！”

“赚钱的事当然不可能没风险啊，你妈都跟我说了，你这两年赚了200多万元，以前小姨没钱也没机会跟你发财，现在有钱了，我只是想把我的钱让你帮我一块理财赚钱你都不愿意，罢了，谁让我没本事自己赚钱，就当我没说就是了！”

说罢小姨假装生气要走，黄嘉雯妈妈连忙拦住她说道：“二妹，你怎么还跟孩子一般见识？你是她亲姨，她能不管你吗。”

黄嘉雯一看小姨真的生气了，也只好哄她说道：“好啦，这样吧，你的钱跟我的钱放在一起，反正我买什么你就买什么，赚了按投资比例分，亏了也一样，你看行不行？”

小姨听后转怒为喜道：“这还差不多，你这幺妹儿，跟你姨还这么见外，反正你看着办就行，我又不懂你那些东西。你把卡号发给我，我打600万元给你。”

黄嘉雯无奈地给了小姨卡号，又跟妈妈说自己次日要返回D市，公司那边有事走不开，其实是为了后天给王啸过生日。这段时间他们两个人都很忙，黄嘉雯很少有机会好好陪王啸，所以想着这次他生日自己一定要好好补偿他一下。白天忙碌了一天有点累，黄嘉雯吃完饭就回房间去了，跟王啸通了个电话，得知他越南的好朋友过来给他过生日，王啸都在陪他们，黄嘉雯就没好意思说让王啸明天早上去机场接她，想了想在公司工作群里问道："明天有没有人来广州这边的？求搭车回D市。"

结果不一会儿，林子濠竟然回消息说，他明天拜访广州的客户，可以顺便接黄嘉雯。他毕竟是老板，黄嘉雯不想麻烦他，但是林子濠坚持说只是顺路，她也不好推辞。其实以前跟林子濠接触不多，黄嘉雯不觉得异样，但自从来了长H基金公司之后，黄嘉雯隐隐约约感觉到他有追求自己的意图，只是自己喜欢王啸这种大叔型的男朋友，林子濠这种富二代精英男并不是自己喜欢的类型，所以对他也没什么感觉，一直保持合理的上下级关系就是了。

刚准备要睡觉，打开手机发现账户上不知何时多了600万元，不用说，就是小姨的。黄嘉雯看看账户上自己原本有200多万元，加上拆迁补偿200多万元，加上小姨的600万元，账户余额已经过千万元了。她看着这些钱既兴奋又发愁，想了想，给王啸发了个短信问最近有什么股票可以买的，让他买的时候通知一下自己，等了一会儿看他也没回复，次日要起早赶飞机，自己就先睡了。

王啸这边招待蔡志杰他们吃完饭，又陪他们在外面喝了一会儿茶，到家刚洗完澡就看到黄嘉雯的留言。老实说，最近公司都在做宣传，他没研究什么股票，只是最近才选了这个HC电子。王啸打开电脑一看，今天这个一字板涨停走得很强势，大概率明天还会连续一字涨停的，又打电话问了一下孟总公司的情况。孟总说公司明天也会用丁总那只产品的5000万元排队这个一字板，银行那5000万元资金产品后面留着盈利以后加仓，剩下王啸拉的那些5000万元的资金产品留着做T，这样安排是因为王啸拉的那些资金产品原本就有很多盈利，错过也没什么，但是丁总和银行的资金刚到账，所以不想错过这个机会！王啸又跟孟总提了一下自己卖出 JX 基金股份的事，孟总竟然也没有劝王啸保留股份，只是让王啸自己规划好以后的发展路线就行。跟孟总聊完挂上电话，王啸总觉得孟总有事瞒着自己，但是又不知道是什么事，既然他都不反对王啸卖出股份，那明天把股份转给丁总就是了。打定了主意，王啸也去睡了。

次日早上 7 点 30 分，林子濠准时在机场接到了黄嘉雯，为了赶回来，她买了早上 5 点从四川飞广州的航班，由于头天晚上只睡了几小时，黄嘉雯样子有点憔悴，上车后跟林子濠寒暄了几句，不一会儿就躺在副驾驶上睡着了，手机也放在车上充电。

林子濠心情大好，看着身旁熟睡的黄嘉雯神不守舍。正在恍惚间，突然黄嘉雯手机传来一个微信短消息，由于字数很短，就是不解锁也能看到消息内容，林子濠看黄嘉雯睡得很熟，悄悄拿起她手机，看到了王啸发给黄嘉雯的消息，内容很简短："我们公司今天重仓买入 HC 电子，我今天也买，你要买可以挂涨停价直接买！"

林子濠看完后小心翼翼把手机扣好，这个消息让他内心狂喜不已，因为 HC 电子就是他做的局，董秘是他同学，他早就知道这个收购计划的存在，所以早在一个月前就买了股票，后面是他拉券商搞的上次那个调研会，拉了一堆基金公司，就是为了让他们建仓拉高股价好让自己顺利出货！其中还特别拉了王啸他们公司，因为他想证明给黄嘉雯看，自己远比她这个男朋友更精明能干！现在看到这个信息已经确定了王啸公司的基金会建仓，自己只要等他们拉到高点把货砸给他们就行。想到这，他不由兴奋起来，油门踏板不小心踩深了一脚，车猛然提速，让黄嘉雯一下从梦中惊醒，连忙问道："林总，没事吧，要不要我来开？"

林子濠尴尬道："没事，一不小心踩深了一脚油门，吵到你睡觉了吧？"

“嗯，我没事。”黄嘉雯说道。

经过这么一下，黄嘉雯也困意全消，起身拿起手机刚好看到王啸发来的消息，心里正在盘算应该买多少比较好，却听林子濠主动说道：“我前几天在HC电子调研看到你男朋友了，他们公司现在规模比我们还大，做得挺不错的。”

黄嘉雯听到林子濠也去HC电子调研，瞬间来了兴致，连忙问道：“那个HC电子很好吗？怎么你们都同时看好？”

林子濠等的就是这句话，他不确定黄嘉雯会不会跟王啸透露什么消息，但是他想让王啸持续地看好HC电子，不断地加仓来帮自己抬高股价，所以跟黄嘉雯把HC电子夸上了天，他本来就是学MBA的，讲起基本面比王啸讲得有逻辑和精细多了，听得黄嘉雯心潮澎湃，难得自己公司跟王啸公司同时看上一只股票，这个胜率肯定很高，既然这样，自己要不要博一把？于是又问林子濠道：“这个股票咱们公司买了多少仓位？”

林子濠面不改色地说道：“这种机会当然是满仓啊！”

他这句话没说谎，只是他没跟黄嘉雯说清楚，他是很早以前以低价提前满仓的，而不是今天高价格涨停买满仓的！

黄嘉雯听到这儿，再也坐不住了，悄悄打开手机，用自己账户的全部资金1000万元直接挂涨停价委托下单。这时看看时间还不到9点钟，她心里默默地祈祷，只要给自己两个涨停就好。

3

王啸起床后7点就去了公司，因为丁总看了皇历，股份交易在8点之前完成比较好，他比较讲究这个。王啸到公司以后发现，两个行业分析师和两个操盘手都在操盘室，特别是李兵，兴奋地跑过来说道：“王总，今天HC电子肯定继续涨停，我估计后面最少有5个涨停！”

王啸觉得5个涨停未必，但是3个涨停以上是基本没问题的，所以附和说道：“李老师，你的基本面分析太厉害了，以后一定多跟你请教。只是这样一直一字板，虽然走得强，但你买不进去也没用啊？”

李兵神秘地一笑道：“我们昨天半夜零点就下单了，丁总那个账户全仓5000万元，一会儿他亲自来坐镇！”

王啸这才想起来还没通知黄嘉雯，于是连忙微信发消息给她说道：“我们公司今天重仓买入HC电子，我今天也买，你要买可以挂涨停价直接买！”

发完信息，王啸自己刚要下单买HC电子，丁总已经到了，跟王啸打了个招呼就请他去办公室喝茶。王啸见状只好先跟他搞定股份转让的事，进屋后丁总还想客套几句，王啸觉得他这人太虚伪，直接说道：“我等下有事，你把钱打过来，咱们签合同吧！”

丁总脸上微微一红说道：“好的，我有你卡号，现在安排打给你！”

很快钱就到账了，王啸毫不犹豫地跟丁总签了股份合约，完事儿后找个理由先走了，因为今天要去接蔡志杰他们，王啸出门后给Jason发了条信息说自己同意收购私募基金，并可以今天付款60万元。

Jason收到信息很快打电话过来问道：“你怎么突然改变主意了？”

王啸苦笑道：“既然落花有意，流水无情，我再赖在人家那也没意思，连我师傅都没留我！”

Jason闻言暗自诧异，嘴上安慰道：“你师傅对你很好的，他不留你可能有什么难言之隐，你别多想了，咱们以后好好合作就行。”

王啸也不再多言，跟Jason要了卡号，把60万元打给他，自己过几天等越南的朋友走了再约他谈细节。放下电话，王啸也是头疼后续的工作怎么弄，公司那边行政的事有 Jason 可以处理，难的是怎么拉资金，虽然自己离开了 JX 基金公司，但是孟总还在，也不好意思让那些客户把 JX 基金那边的资金抽出来投给自己，唯一的办法就是新募资金。基金要有个基本的规模才养得起团队，最少也得 5000 万元起步，一会儿跟蔡志杰他们谈谈，看能募多少钱再说吧。

这两天带蔡志杰他们玩遍了周边，没啥地方可以玩了，王啸今天约了游艇公司的冯总一起出海钓鱼，这样可以带蔡志杰他们出海玩两天。蔡志杰喜欢吃生鱼片，出海钓鱼的食材最新鲜，自己也可以跟冯总聊聊，上次合作后互相介绍过几个客人，大家相处得还不错。王啸想促成冯总把他公司游艇的越南销售代理权委托给王群阳他们，这样也算回报王群阳他们一直以来的支持。生意就是这样，合作越多，关系才会越紧密。他拿起手机看看时间已经 9:30 了，这才想起自己还没下单，打开交易软件看到 HC 电子果然继续涨停，心里暗自佩服李兵他们这个基本面分析还是挺厉害的，涨停上有大笔的封单，他抱着试试看的心理，挂了一半仓位 300 万元的资金涨停价买入，处理好这些之后去酒店接蔡志杰他们喝早茶。广东这边的早茶是全国有名的，外地的朋友来了都很喜欢，王啸到了就打电话约他们下来一起吃早茶，几个人边吃边聊十分惬意。临近中午，黄嘉雯打电话过来问道："亲爱的，你在忙什么？"

王啸看到是黄嘉雯来电也很开心地说道："你到了啊，我陪我越南的兄弟在吃早茶，下午准备跟冯总他们的游艇出海钓鱼去。"

黄嘉雯一听可以出海去玩，也很想去看看，就抱怨道："你只知道陪自己兄弟，老婆都放一边，出海玩都不带我？"

王啸本来想吃完饭问她要不要去，既然她想去，自然带她一起，于是说道："你回家收拾一下，我们吃完了去接你，下午一起出海，可能要过夜，你带些衣服和洗漱用品什么的。"

“好的，那一会儿见！”黄嘉雯兴奋地说道。

挂断电话，黄嘉雯打开交易软件发现早上涨停的位置成交了几笔大单，因为她挂单比较早，大部分都成功买进去了，用的批量下单，所以还有几十万元没成交，涨停的封单依然十分强大，剩下这点钱买不进去也没关系。她拿起电话跟公司请了假，回家后带了一套泳衣和一些洗漱用品，给王啸也带了一些生活用品，就等王啸下午来接她。她自己在家精心打扮了一下，选了一条卡其色的超短裤，上身穿了一件蓝色的蒂芙尼修身T恤，搭了个白色的鸭舌帽，手上戴了王啸上次送的卡地亚手镯，自己照了一下镜子觉得比较满意，这样既好看又不失礼貌，毕竟是第一次面对王啸的好朋友，自己不能给他丢脸。

过了差不多一小时，王啸打电话过来说已经到了。黄嘉雯下楼就看到王啸的车停在路边，刚一上车就把蔡志杰他们惊艳了。不等黄嘉雯说话，蔡志杰就抢先对黄嘉雯说道：“我说王啸怎么一直都不去越南看我们了，原来他是乐不思蜀啊！你这么漂亮的美女，是怎么上了王啸的贼船？”

黄嘉雯在一旁笑得花枝乱颤，不知道如何回答，王啸连忙对蔡志杰说道：“别胡说，我这怎么是贼船呢？我这是爱情的诺亚方舟好不好！”

王群阳倒是很正式地跟黄嘉雯做了自我介绍，同时也不忘打趣道：“想不到王啸现在追女孩的本事这么厉害，有什么绝招也不跟兄弟们分享一下？”

黄嘉雯原本还有点拘束，经过他们这么一闹也熟络起来，大大方方地自我介绍了一下，说道：“一直听啸哥说，他这辈子有两个最好的兄弟，可惜都在越南，今天终于有机会见到两位哥哥，以后他要是欺负我，你们可要给我做主！”

蔡志杰哈哈一笑说道：“放心吧，妹子，他要敢欺负你，我就不认他这个兄弟！”

一行人就这样热热闹闹来到了游艇码头，车开进来后，只见一排游艇都停泊在港湾里，根据冯总的定位来到了最里面，只见一艘将近20米长、蓝白相间的游艇尾部旗帜上有一个“冯”字，不用说，那就是冯总的船。王啸把车停好，带大家下车走近游艇，看到冯总带了两个人在上面跟自己招手，王啸一手揽着黄嘉雯，身旁陪着他最好的兄弟一起登上游艇，这一刻王啸感觉到自己即将走向人生的巅峰！

第二十三章　怒海狂潮

1

2020 年 3 月 19 日，广东大亚湾海域，蔚蓝的海面上停泊着一艘豪华游艇，里面不时传来阵阵欢笑声，王啸和蔡志杰他们一群人在游艇飞桥区上一边喝着啤酒，一边听冯总介绍各种鱼肉的特点。船长忙着把刚钓上来的鱼清洗干净做成生鱼片，蔡志杰在日本留学多年，但是在游艇上吃生鱼片还是第二次，不由感叹这才是真正体现食材的鲜味。黄嘉雯换了一身粉色连体泳装，既凸显了曼妙的身材曲线，又不失优雅气质，此刻依偎在王啸怀里听着这群男人说着彼此之间的一些轶事。

众人说笑了一阵之后，冯总拉出身边一个穿花衬衣的男子介绍道："这个是我朋友，大家叫他阿强就好。他是澳门人，目前做一些贷款平台的生意，他对澳门很熟的，以后你们要去玩可以找他！"

一上船，王啸就注意到这个阿强了，冯总带了两个人，一个是船长，另一个就是他，之前他一直没怎么说话，想不到背景这么复杂！阿强表现得倒是很和蔼可亲，冯总介绍完后，他一个个跟大家敬酒递名片，嘴里一直说着让大家有空可以过去澳门找他玩，他免费招待大家。

王啸此刻已经明白，这个阿强应该就是传说中的叠码仔，也就是引流有钱人去澳门玩的中介，他跟冯总来无非是想多认识一些有钱人，听冯总的意思，这人还做一些放贷的生意，不论是哪种生意，自己都不想招惹是非，所以对阿强表现得敬而远之。阿强反倒对王啸表现得格外热情，因为从今天的谈话里，他已经知道王啸是一个私募基金合伙人，而且王啸带来的这两位一看就是富二代，所以他很想跟王啸交个朋友，期待王啸后面也可以像冯总一样帮他介绍有钱人。生意场上，人人心里都有本账，不存在无缘无故的亲近和疏远。

只是这些事王啸已经见怪不怪了，所以也应付自如。在这里逗留了一会儿之后，冯总突然来了兴致，要带大家去钓东星斑，他安排船长起锚，让大家下去船舱休息一下，因为离钓东星斑的钓点需要几小时行程。船上就黄嘉雯一个女孩，所以就把唯一的卧室留给了她，剩下的人去船舱的 KTV 里继续唱歌喝酒。她确实也有点累了，王啸把她送到卧室，转身出门上到船舱的 KTV。一进门，蔡志杰就笑道："你怎么来了？大家都给你好机会让你跟美人独处，你这么快就出来！"

王啸尴尬地说道："别闹了，人家说让我上来陪你们，她昨天没睡好，自己睡会儿！"

大伙将信将疑，但是也不再开这个玩笑，一起唱歌喝酒，气氛十分热闹，玩了有差不多两小时。王啸看大家都差不多累了，就跟冯总示意他把音乐关掉，舱内终于安静下来了，王啸对冯总说道："今天在座的各位也不是外人，我有件事情要跟大家商量一下，欢迎大家都给点意见！"

众人听到后都放下了手中的酒杯，等着听王啸要说些什么。王啸先是把自己在 JX 基金公司的情况跟大家做了说明，又讲到自己控股私募基金公司的情况，接着谈到了未来对私募基金公司的长远规划，最后强调重点是当前接手私募基金公司的第一步是需要给产品注入资金，想知道大家有没有兴趣一起组团成立这个产品。

冯总听完提问道："新公司是你跟黄小姐一起合作吗？"

王啸摇摇头道："不是，是我跟另一个投资高手一起运作，不仅如此，我希望各位跟黄小姐也不要提及我开新公司的事！”

冯总听罢继续追问道：“产品的资金规模是多少？”

王啸解释道：“现在证监会的要求是最少 1000 万元，不过我这个产品准备募资 5000 万元。”

冯总听后有点不太相信地问道：“王总这么有信心？”

毕竟一个新的基金产品，募资起步就要 5000 万元，这个目标定得确实有点高！

这时王群阳看了蔡志杰一眼，见蔡志杰点了点头，王群阳朗声说道：“我和蔡志杰之前已经商量好每人先投 1500 万元，总计 3000 万元，剩下的看王啸自己怎么安排！”

王啸感激地对王群阳比了个 OK 的手势，又转身对冯总说道：“这样资金缺口就是 1500 万元，为了减少大家对风险的担忧，我自己这边投 500 万元作为跟投的劣后资金，如果后面亏损，先亏我的劣后资金，亏没了我再补充保证金，所以你们的本金将得到保护，基本不受损！但是作为回报，收益我要拿 50%，这些都是行规，大家今晚打听一下就知道，明天给我回复就好！”

冯总没有再提出异议，毕竟也不是小投资，需要考虑一下，但是王啸跟投劣后资金这个比较好，一般的私募基金都不跟投，就算亏了，基金经理也没什么实际的损失，敢跟投就是信心的体现！

大家商量完，正好船长通过无线电报告到达了第二个钓点，冯总起身带大家去钓东星斑。王啸去舱内卧室看黄嘉雯睡醒没有，进门发现她还在睡着，就转身轻轻带上了门。黄嘉雯听到王啸关门后脚步声远去了，这才起床，她其实早就睡醒了，想去找王啸的时候听到他说开新公司的事，本来很开心，她早就知道王啸是个潜力股，未来不可限量，但是听到他要全程瞒着自己，心里凉了半截，一直以为他很爱自己，想不到他背后竟然对自己这样防备着！看看手机已经夜里 11 点了，这片海域并没有信号，黄嘉雯有点后悔跟着王啸出来，毕竟自己还有股票持仓，明天万一有事不好处理，现在只能希望明天一切都顺顺利利吧！

2

2020 年 3 月 20 日早上 8 点，长 H 基金办公室，林子濠正在悠闲地喝着咖啡。两个月前的同学聚会，自己偶然了解到曾经的大学同学陈国华竟然在上市公司 HC 电子做董秘，这种千载难逢的机会自己当然不能放过，从那以后就经常约陈国华出来喝酒、去 KTV 唱歌。果然一个多月前，有次陈国华喝醉了，不小心说出了公司最近会有个收购的大动作。说者无心，听者有意，林子濠在随后的调研中确定了收购的真实性，便索性跟陈国华谈合作，陈国华看既然自己不小心把消息泄漏出去了，那就一不做二不休，两人在市场还没反应过来之前就偷偷开始买入，等建仓完成后，自己拉上券商搞调研活动，让陈国华给一众不明真相的私募基金和投资大户大讲公司的业绩成长性，吸引他们买入推高股价，自己再把 6000 万元底仓卖给他们。既然绑在一条船上，陈国华就投了 500 万元在长 H 基金这边作为底仓。昨天偷看到黄嘉雯的信息，林子濠确定王啸他们的 JX 基金已经买入了，现在自己浮盈已经超过 25%，就等股价冲上去卖出就行了。正在得意扬扬之际，林子濠突然接到陈国华电话，语气中有点透着不安道："小林，你听着就好，我们公司大股东很快就会宣布减持，所以咱们今天早上就必须卖出持股，切记保密！"

说完他就快速地挂断了电话。林子濠放下电话，愣是没缓过神来，心情非常沮丧，自己冒这么大风险做这个内幕交易，就是想大赚一笔给父亲看看自己并不是一无是处。自从开了这个私募基金公司之后，就没少挨骂，公司基金产品常年盈利低，虽然没大亏，但是也不足以养活公司这么多人，好在家里并不以这个私募基金为生，父亲工厂那边每年还有几百万元盈利，不然早就饿死了。他本想通过这次交易一次赚个几千万元让父亲刮目相看，现在看来，盈利最多只有 1000 多万元而已，不过有赚就好，起码基金今年的业绩有保障了。很快时间到了 9:20，林子濠知道这时不能暴露自己的卖出意图，要等到 9:24:57 临近竞价结束，突然把手中的持股用跌停价砸出去，这样才能出其不意地卖出，不然太早挂单，自己一砸，大家都跟着卖，很容易把股价打跌停，结果就是所有人都卖不出去。他俯身快速打开电脑，填好卖单和数量，就等着 9:24:57 那一刻敲回车键卖出！虽然等待的时间只有几分钟，但是林子濠还是紧张得头上开始微微出汗。很快时间就到了，他毫不犹豫地迅速敲下回车键！电脑上股价本来显示涨 5%，在一瞬间变成了涨 3%！林子濠看着电脑上的成交回报显示全部成交，不由得长出了一口气，软软地瘫在老板椅上。本来好好的走势，经过这么一砸，今天肯定凶多吉少了，反正自己成功出逃了，还有 20% 多的盈利即 1000 多万元，想到这，他心里又有了底气，突然想起黄嘉雯肯定买了很多 HC 电子，就拿起电话打给她，结果语音提示对方不在服务区，刚想微信留言给她，突然想起她对自己不冷不热的态度，觉得她这个人太傲娇了，如果她不落难，自己绝对没有机会追到她。想到这儿，他默默地关上了手机，等着看风暴的突袭。

一石激起千层浪，林子濠早上突然砸盘，对市场原本的走势形成了严重破坏，JX 基金公司这边操盘室所有人都在紧张地看着走势图，孟总看到股价 9:25 巨量瞬间跳水，就知道大事不妙，跟行业分析师李兵他们说道：“这个位置，竞价突然砸了这么大一笔单子，恐怕后面凶多吉少！我们可能要准备止损了！”

李兵听到很不服气地争辩道：“孟总，这种强势票波动大点都正常，就算有反向波动，咱们还有 60% 的资金未动，也可以通过补仓做差价。”

孟总听得直摇头道："现在止损只是小错，如果还强行补仓就是把小错变成大错，我们还是要尊重市场才行。"

李兵见说不过孟总，心里暗自着急，这是自己进入 JX 基金公司的第一战，如果就这样草草收场，那后面还有何威信可言？于是偷偷发信息给李总让他过来主持公道，很快李总和丁总都从隔壁办公室来到操盘室，假装关心地问道："孟总，今天的走势怎么样？"

他们一进来，孟总就知道是什么意思，于是耐着性子又跟李总他们讲了一下事情的严重性。李兵还想争辩，这时已经到了 9:30 了，HC 电子一开盘股价就直线跳水，卖盘蜂拥而至，很快股价就从开盘上涨 3% 变成了下跌 3%，孟总看如此异常，就决定要放弃这只股票，清仓走人，现在卖最多亏 3%，后面做别的也可以赚回来，但是李兵极力反对说道："孟总，公司不是定了积分制决策吗？不能因为你主观不看好，一言不合就卖出吧？"

孟总这时也急了，怒道："你要搞清楚，定的积分制是选股，不是操盘，市场交易瞬息万变，谁有时间跟你们扯皮！这个基金产品的基金经理是我，你们搞坏了砸的是我的招牌！"

李总见状出来打圆场，对孟总说道："大家都是为了工作，立场有分歧都正常，不要着急，李兵对这个公司研究了很久，既然他这么有信心，不妨等几分钟看看如何？"

孟总听到这话都惊呆了，短线交易就跟战场一样，决策必须速战速决，岂能如此儿戏？但是李总既然说了，他也只好压住心中的怒火，冷冷地说道："既然李总也这么认为，那就听你们的！"

随着时间的推移，股价未见一丝反弹的迹象，很快来到 10 点钟，股价已经跌了 5%，因为昨天是涨停买入，所以账户损失也是 5%，已经到了止损位。这时李兵已经不敢说话了，孟总见如此，也不再犹豫，打开电脑决定卖出。这时丁总突然说道："孟总，就这么卖出了啊？两天时间就亏了 5%，卖出之后，要是立即反弹怎么办？”

孟总就是再好脾气，此刻也绷不住了，直接怒怼道：“现在交易还是不是我做主？每个人都来干涉？卖出是因为到了交易系统设计的止损点，有什么问题吗？”

丁总也不甘示弱道：“卖出实实在在亏的是我的钱，我自己的钱都不能自己做主吗？”

孟总对丁总这种外行人本来就很头疼，也不想再跟他争辩，于是说道：“那如果按您的理论，以后自己生的病也不用找医生，自己在家治就行了，因为您的病您自己做主嘛！既然您质疑我的专业，那这个票我就不操作了，让团队其他人跟进吧！”

说完，孟总就去外面阳台抽烟了，丁总平时都被人捧着习惯了，哪有受过这等气，直接怒道：“那孟总你就休息吧，我就不信死了张屠户就吃带毛猪了！”

李总见事情不好，想调和矛盾，但是这两个人谁也不听自己的，丁总转身对李兵说道：“这个 HC 电子你不是研究很久吗？今天就把这个交易的权力交给你，不就是钱嘛，我还有 5000 万元资金在后面可以支援你，你放心去做！”说完，他挑衅地看了孟总一眼就走了。

孟总从业多年，从未受过这般奇耻大辱，见李总唯唯诺诺又不替自己做主，这样留在公司还有什么意思？便走过去对李总说道：“李总，我能力有限，已经不适合公司的发展了，我决定辞职，我的股份也随时可以出售。请你尽快更换基金产品的产品经理，我不想自己的一世清名被毁于一旦！”

他说完转身也走了，任凭李总怎么挽留也无力回天。李总虽然拉了这两个新的行业分析师，但是那也只是想压制一下孟总，没想到会变成这样激烈的冲突，丁总现在是大金主，他也不敢得罪，孟总这边只能等他气消了再劝他回来，现在暂时让李兵代职。而李兵这边异常慌张，从交易职能来说，行业分析师相当于军队的参谋，基金经理才是司令，现在突然把权力交给他，他也很不适应。就像之前孟总和王啸讲的那样，现在基本面和技术面冲突，基本面好，技术面差，等于带了两块时间完全不同的表，反倒不知道哪个是错误的哪个是正确的。时间和股价的每一次变化，对李兵来说都是折磨，现在只盼着早点到 3 点钟收盘！

3

佛山 JY 投资公司，白枫在办公室看着 HC 电子的股价一路下滑叹了口气，叫外面的操盘手进来说道："这个 HC 电子昨天买进了多少？"

操盘手恭敬地答道：

"报告老板，昨天上午涨停价上成交了 2000 多万元。"

白枫猛吸了一口烟，恨恨地说道：

"这个票不行了，趁着还没跌停，都卖了止损吧！我去调研过这个公司，当时很多私募基金都在，这是个多机构票，一旦跌停会形成踩踏，产生连续跌停的！"

操盘手听到指令马上就去电脑端卖出止损了！

白枫想想这只股票今天跌得很蹊跷，走得好好的突然有资金大早上砸盘，现在只有等收盘后看龙虎榜上是哪个营业部卖出的，就大致知道是谁砸盘了！

正当所有人都处在紧张和不安中的时候，王啸却还不知道风暴已经来袭，因为他们在那片海域远离大陆，手机根本没有信号，只有船上的卫星电话，不知道这边 HC 电子天翻地覆的变化。冯总昨晚钓了很多鱼，他选的钓点不错，其中有 3 条 2 斤多重的东星斑，野生的东星斑颜色鲜红艳丽，身上闪烁着蓝色的斑点，船长熟练地刮去鱼鳞后，把鱼肉整片剔下来用竹签串好固定，然后把鱼皮朝上，用 90 摄氏度的水在鱼皮上淋一遍，使鱼肉定型，再放入冰块放在冰箱里镇一小时，这样切出来的生鱼片才爽口嫩滑！大家都开心地等着吃大餐，只有黄嘉雯坐立不安地时不时打开手机寻找信号，王啸知道她是担心股票，连忙安慰她道：“下午就回去了，到了近海就有信号了，就算有什么事，也来得及卖出！”

黄嘉雯这才放轻松了一些。过了差不多一个小时，船长把生鱼片端上来，果然味道十分鲜美。大家都吃得津津有味，只有黄嘉雯食不知味，只盼着早点启程。王啸看出了她的心思，对冯总说道：“冯总，这鱼果然是人间极品，等我上岸再回请你，我这边有点事情要处理，要不咱们返航？”

冯总点点头，用无线电通知船长开始返航，谁知开了不到一小时，游艇的一台发动机故障，只能靠另一台发动机来驱动，这就大大降低了返航速度。黄嘉雯心急如焚也没办法，看这样等到近海，今天的交易肯定结束了。王啸看她脸色苍白，以为她晕船，就让她到船舱里休息一下，等有信号了叫她。

黄嘉雯无奈之下只好如此，等她下去了，飞桥区只剩下蔡志杰和冯总他们，这时冯总说道：“王总，我昨天考虑过了，你那个基金我这边投个 700 万元吧，先试试看，后面如果好，再追加！”

王啸拍手说道：“其实我拉冯总买基金，主要是想我们以后的基金客户都能有机会了解冯总的游艇，而冯总那些有游艇的客户也能有机会了解我们的基金产品。另外冯总您也看到了，我越南这两个兄弟都是身价过亿的，他们长期在越南，我觉得您可以把您公司越南的游艇代理权委托给他们，那边现在经济发展很快，而且有漫长的海岸线，如此合作必然会双赢！”

冯总哈哈一笑道：“王总每次都能给我惊喜，代理这个事没问题，我一直很信任王总的眼光。我只是好奇，你为什么不拉黄小姐一起合作私募基金？”

王啸无奈地说道："您有所不知，我当年创业就是把我前妻安排在公司里，因为公司的事两个人经常发生矛盾，所以我现在学乖了，不把老婆安排在公司，她如果知道了肯定想掺和进来，索性就瞒着她算了！"

冯总听完恍然大悟，表示非常理解。正在几个人吹着海风吃着生鱼片惬意地享受生活的时候，JX 基金操盘室的李兵却在经历痛苦的抉择，下午一开盘，HC 电子的股价直接跌到 –9%，李兵打开账户看到银行资金发行的 2 号基金头天就已经 FOF 到丁总的 1 号基金了，5000 万元静静地躺在那等着主人的调遣，如果这时买下去，股价的平均亏损就会从 –9% 变成 –4%，这样等盘中拉起来哪怕只有 4 个百分点，自己把昨天的底仓卖出去，就能让账户收益翻红。现在股价是在 –9%，如果跌停，今天买入的也才只亏 1%，但是如果今天的大幅波动只是洗盘，那下午可能直接翻红甚至涨停，之前很多一字板的票都有这样的案例，那自己的操作就会像之前孟总操作的 S 爱富一样成功。如果什么都不做，股价今天的反弹错过了，后面更不知道应该何时下手，这只股票是自己极力推荐的，要是真买错了，以后很难获得公司股东的信任，自己的职业生涯就是慢慢等死。如果再次冒险做错了，公司对自己最多是开除而已；孟总今天这样一闹，肯定要离开公司，如果这次赌对了，基金经理的位子肯定是自己的，按孟总上次的分红，那可是百万元的收入。想想自己这些年还没还完的车贷房贷，李兵把心一横，颤抖着手输入了买入 5000 万元 HC 电子的交易指令，深吸了一口气，闭上眼，按下了回车键。

因为机构大单都是批量下单，很快，一连串的成交回报显示已经成交。李兵心里不住地祈祷股价快点反弹，只要股价反弹到 –4%，自己就马上卖出头天的底仓。时间一分一分在过去，李兵的眼睛死死盯着 HC 电子的走势图，屋漏偏逢连夜雨，股价不仅没有反弹，依然一路下滑，李兵紧张得头上、背上、手心里都是冷汗，14:27，股价突然毫无征兆地直线跌停，李兵想要卖出头天的底仓，发现根本卖不出去，手哆哆嗦嗦的紧张得连鼠标都抓不稳。此刻他已经完全绝望了，不敢再看屏幕，只想逃离这个操盘室。好不容易熬到了15:00股市收盘，李兵打开电脑一看，没有奇迹，跌停被封单，纹丝未动，自已挂的卖出头天底仓的委托单一股都没成交。现在只能寄希望于次日反弹了，如果不反弹，他就只能跟李总他们坦白了，等待他的将是被开除甚至更严重的惩罚。李兵不敢去想，麻木地关上电脑，找个借口溜回了家。

4

王啸他们经过几小时的航行终于回到了近海，但此时已经是晚上5点多了。黄嘉雯看到手机终于有网络了，连忙打开行情软件，却见到HC电子跌停收盘，整个人顿时觉得身子一软，萎靡在沙发上，王啸见状以为她晕船晕得厉害，忙跑过来抱着她问怎么回事。今天是王啸生日，黄嘉雯不想影响他的心情，再说这边几个人都是潜在客户，如果让他们看到王啸他们买的股票直接跌停，会影响他们的投资信心，于是强打精神笑了笑说道："我这个旱鸭子，晕船晕得厉害，我再去睡一会儿！"

说完她就让王啸扶着她去了舱内单间休息。王啸把她安顿好刚要上去找蔡志杰他们，黄嘉雯突然关切地问道："啸哥，那个HC电子你昨天买了多少？"

王啸尴尬地说道："别提了，我昨天跟他们谈事情，忙完时竞价时间已经过了，昨天涨停封了一天，可能因为我是竞价后排队委托下单，我挂了300万元涨停价买入，但是昨天收盘一看根本没成交！"

黄嘉雯听到后觉得非常欣慰，至少王啸没有中招，这样总好过两个人一起被套！王啸没注意到黄嘉雯的情绪变化，随口反问道：“你买进去了多少？”

黄嘉雯不想今天说这个话题，她想让王啸高高兴兴地过生日，所以骗王啸说道：“我也只买进去几十万元，你上去陪他们吧！”

王啸也没多想，亲了黄嘉雯脸颊一下，就上去驾驶舱了。

等王啸走后，黄嘉雯一个人蒙头在被子里默默地流泪，她恨自己怎么这么冲动，以至于造成如此严重的错误！

游艇因为只有单台发动机工作，所以又行驶了一个多小时，到晚上 7 点才靠岸，阿强听说王啸过生日，非要请王啸他们吃饭，王啸几番推辞，但是盛情难却，只好客随主便。黄嘉雯一点儿心情也没有，下船谎称身体不适要回家休息，让王啸把她载到家门口。王啸要送她上楼她也不肯，只是说让他好好陪这些朋友。王啸看她确实有点疲惫，让她回家休息，说自己晚上早点回来陪她，嘱咐了几句就走了。

黄嘉雯走后，车上没有女人，几个男的更放松了。饭刚吃过没多久，大家都不觉得饿，只是酒没喝够，阿强直接订了一个 KTV 包房，带大家去继续喝酒。到了 KTV 后，阿强还叫了一些公司的女同事一起过来团建。王啸不放心黄嘉雯，发了个位置给她，说自己很快就回去陪她。

几个人喝完红酒喝洋酒，很快就都醉了。蔡志杰突发奇想，跟现场的女同事说道：“今天我兄弟过生日，大家一起来玩游戏，输的人要选择真心话还是大冒险。”

KTV 里过生日，各种闹剧都有，大家都是图个热闹。王啸虽然心里很抗拒这个，但是看蔡志杰兴致这么高，王群阳和阿强还在旁边起哄录视频，他也不想扫大家的兴致，所以只好来者不拒。

果然，玩了几把之后，王啸是今天的主角，所以大家都针对他。一个年轻女孩赢了游戏之后，故意作弄他，说要让他亲旁边的女孩一口，不然就干了桌上剩下的那半支麦卡伦威士忌，王啸本身已经醉了七八分，哪里还敢再喝？他心想反正亲一口也没什么，借着酒劲壮起胆子一把揽过女孩，轻轻地亲了一口，却不知因此铸成大错！

原来，黄嘉雯回家以后，整理了一下心情，觉得今天是王啸生日，自己还是应该陪他，股票的事大不了第二天问他怎么处理就行。看到王啸发来的地址是个 KTV，她也没多想，毕竟这些男人都爱喝酒，自己正好开车去接他。等到了 KTV，走进包房之后，她正好看的王啸抱着一个女孩亲热！

黄嘉雯气得拿起桌上冰镇啤酒的冰桶，直接倒在了王啸的头上，冷冷地说了一句："王总，祝你生日快乐！"说完转身头也不回地走了。王啸被冰水一浇，瞬间酒醒了，飞身出来追黄嘉雯，可是房间人太多，等他好不容易挤出来，追到大门口，只看见黄嘉雯已经开车走了，留下落汤鸡一样的自己在夜风中颤抖！

第二十四章　祸从天降

1

王啸被淋了个落汤鸡，没心情再喝酒，跟蔡志杰他们草草收场，回到家里洗完澡想给黄嘉雯打电话，发现怎么打她也不接，微信也被拉黑了。他看看时间晚上10点多了，就想去黄嘉雯家里解释一下，却突然接到白枫的电话。电话接通后，白枫劈头就问："王总，HC电子你们有什么内部消息吗？我晚上看龙虎榜上你们的交易席位净买了5000万元，这种大跌你们还加仓，对这只股票这么有信心吗？"

王啸听后觉得非常诧异，因为以他对孟总的了解，绝不可能在这个位置加这么重的仓位，但是也不好跟白枫明说，只好解释道："我过生日，出海去钓鱼了，手机没信号，我自己都没买这只股票，具体的情况我也不了解，我一会问问我师傅！"

白枫诧异道："我还以为你知道呢，没什么，我昨天涨停买的今天止损走了，你知道我的风格！"

王啸听后安慰了白枫几句就挂断了电话。出了这么大的事他要问一下孟总，打开通话记录，发现孟总今天给自己打过两个电话，自己都没接，不由懊恼自己喝酒误事。他连忙回拨给孟总，电话接通后问道："师傅，我这两天出海了，手机没信号，您找我有什么事吗？"

孟总声音里透着疲惫地说道："嗯，公司今天冲突挺大的，一两句说不清楚，简单说一下，我今天辞职了！"

王啸闻言大吃一惊，说道："什么情况？怎么会突然这样？我现在马上来您家！”

孟总本来觉得今天有点晚，想了想还是同意了。王啸挂断电话，也顾不得去哄黄嘉雯，叫了台车送自己去孟总家里。很快到了孟总楼下，他跟保安报了业主信息就被放行了。到了孟总家门口后，他已经在门外等他，样子十分憔悴，王啸进门后，直奔主题问发生了什么事，孟总把当天的事从头到尾说了一遍。

王啸听后怒火冲天道：“李总现在怎么变成这样？以前他从不干涉操盘这边的事，如今先是排挤我，现在对你也开始各种干扰，这样你不做就对了，我倒想看看他请的那几个人搞出问题他怎么收场。你还不知道吧？今天我们公司又净买入了5000万元HC电子，我就觉得奇怪，这根本不是你的风格，现在看是他们自己在操作。”

孟总听到王啸的话，从沙发上一跃而起惊道：“你说什么？又买了5000万元HC电子？”

王啸点点头道：“是的，白枫告诉我的，都上了龙虎榜了！”

孟总连忙转身跌跌撞撞地走进书房快速打开电脑，登录基金产品账户，打开成交记录一看，下午在–9%的位置，果然有一笔批量买入的5000万元成交。

孟总像泄了气的皮球一样瘫在老板椅上，嘴里喃喃自语道：“完了，这次JX基金死定了！”

王啸连忙上前去安慰孟总道：“自作孽，不可活！他们惹的问题他们担，明天看看有没有机会让他们卖出就是了。”

孟总摇摇头道：“来不及了，就在十几分钟之前，HC电子大股东宣布清仓式减持，今天这个走势再遇上减持的大利空，明天肯定是跌停了。我走的时候李兵在接管账户，他补仓的5000万元是银行资金发行的2号基金产品FOF进1号产品的，这个我们是有劣后资金的，有400万元保证金在银行那边，这是公司之前的盈利，你我的分红都在里面，如果明天HC电子跌停，根据协议，银行直接就会扣掉这400万元劣后资金，并且也会收回这5000万元的投资！有了这个历史，别的银行再也不会给我们任何投资了，我们多年的努力化为泡影了！”

王啸没想到事情会这么严重，想起自己曾经挂了300万元买入，心里庆幸自己运气好没成交，不然自己也会损失惨重。只是可惜自己那100多万元的分红没拿到，竹篮打水一场空！但是相比之下，孟总损失更大，所以也没什么好抱怨的，于是询问孟总道：“师傅，那接下来怎么办？”

孟总定了定神说道：“当务之急，是避免他们狗急跳墙，把你那些客户组成的3号基金的5000万元也FOF进去补仓！明后两天刚好是JX基金的赎回日，保险起见，你今晚通知客户让客户明天赎回吧，那个基金是空仓，我明早收到申请后操作一下，保住这些客户，你以后才有机会！如果让他们把你这些客户也拖下水，那你以后在这行名声就臭了，没有人会再信任你！”

王啸听后才如梦方醒，自己竟然没想到这一步。还好孟总提醒，不然后果不堪设想。他也不管时间多晚了，拿起手机开始给客户分别打电话紧急通知，完事之后，这才放下心来，明早客户把基金赎回申请书发过来孟总就会签字盖章放行。因为3号基金产品已经过了基金的封闭期，所以很方便赎回。孟总更改了3号基金产品的交易密码，防止李兵他们再惹出什么麻烦。

处理完所有事，两人都觉得身心俱疲。王啸感慨道：“过去有个段子说，眼看他起高楼，谢宾客，再看时却楼塌了！我真没想过我们昨天还是全国前五，今天却在崩溃边缘！”

孟总比王啸感触更深，毕竟公司是自己的心血之作，自己多年的努力毁于一旦，而且这些基金产品挂名的基金经理都是自己，出了这样的问题，基金产品收益率曲线断崖式下跌，自己在行业内就留下了两个巨亏甚至被清盘的记录。他心灰意冷道：“我的职业生涯结束了，再无翻身之日！”

王啸闻言安慰道：“师傅，我不管别人怎么想，我一直信任您，您也知道我和 Jason 刚弄了个私募基金。您如果愿意来，我愿意把我的股份让给您做大股东，公司的事您想怎么操作我绝不干涉。”

孟总欣慰地拍了拍王啸说道：“你的心意我领了，也不枉我对你一番教导，只是经过这么多事，我也累了，想好好休息一段时间。”

王啸点点头说道：“我知道，反正您以后改变主意了，随时来找我，我这里永远有您的位置。”

孟总听后哈哈一笑道：“有你这句话，不枉我们师徒一场！”

两人又聊了一会儿，王啸看时间太晚了，就告辞回家，到家后躺在床上辗转难眠，一直到后半夜才迷迷糊糊睡去。

次日上午，王啸还在睡觉，电话响个不停。他拿起电话看到是李总来电，王啸不想接，就随手挂断。对这个人，王啸心里说不出的厌恶，要不是他这些胡乱操作，公司也不会走入绝境。隔了没几分钟，李总又再次打过来，王啸很无奈地接了电话，李总电话那边一改往日的傲慢态度，对王啸异常客气地说道：“王总，有时间来公司一下吗？这边有事跟您商量。”

王啸想了一下，自己总要去跟他们把事情说清楚，于是问道：“孟总在不在？”

李总尴尬地说道：“孟总说他有事已经走了，所以我想您过来咱们聊聊！”

“好吧。”王啸无奈地说道。

放下电话，看看已经 10 点多了。王啸打开股票软件看看 HC 电子，果然一字跌停并且巨量封死跌停。如此说来，JX 基金的持仓根本不可能卖掉！

王啸叹了一口气，心中黯然，看来 JX 基金真的难逃一死了。他起床洗漱了一下，就开车前往 JX 基金公司。到了公司一进门，整个办公室死气沉沉。大家都默不作声，看来都知道了 HC 电子爆雷的事。李总笑着迎出来，把王啸拉进他办公室，热情地招呼王啸喝茶。王啸不想浪费时间，开门见山地说道："李总，大家这么熟了，有什么事您直接说就是，不用这么客气！"

李总赔笑道："你可能也知道，昨天丁总和孟总有点争执，孟总就先走了，丁总让李兵暂时跟踪账户操作，他竟然私自买了 5000 万元，我今早已经把他开除了。我想请孟总回来，但是他不答应，你跟孟总关系最好，帮我劝劝他怎么样？"

王啸假装无奈地说道："孟总的脾气你是知道的，他决定的事我也劝不了，恐怕这个忙我帮不上您。"

李总叹了口气，说道："孟总不回来，操盘这边群龙无首，你有没有兴趣来接替孟总，我可以把孟总的股份原价转让给你！"

王啸心中冷笑，这个烫手山芋，李总还想忽悠他接手，就公司现在这个成绩，谁拿股份都是等着亏钱，真拿别人当白痴？但是他也不想点破，便对李总说道："我能力有限，您恐怕要另请高明了。"

李总见一计不成，又心生一计说道："那 3 号基金产品的客户都是你拉过来的，今早集体要求赎回，你能不能帮我出面劝劝，如果他们走了，那你拉他们过来那个 40 万元佣金，理论上也不存在了。"

王啸见他竟然以那几十万元佣金威胁自己，也毫不客气地说道："李总，如果我是个见利忘义的人，早就不是现在这几百万元身价了。客户要赎回是他们的自由，我爱莫能助！"

李总闻言脸色一变，说道："你和孟总这样等于是毁了公司！"

王啸冷笑一声，反驳道："你扪心自问，这么多事是谁搞出来的？我过来就是跟你把事情说清楚，以后 JX 基金的事与我无关了！"

王啸说罢，站起身来冲李总一挥手，转身离开了李总办公室，在大厅里跟大家打了个招呼，彻底告别了 JX 基金！

2

黄嘉雯早上一起床就看到HC电子的股东减持公告，心中五内俱焚，想打电话给王啸问他怎么办。她想起他昨天那出闹剧，自己那么难受，他却在酒店跟别的女人亲热，昨晚虽然自己拉黑了他，但是也不见他上门道歉，加上他开公司对自己讳莫如深，也许他心里根本就没有自己！想了想她拿起电话打给林子濠，问他怎么处理，毕竟长H基金也买了很多HC电子。电话接通后她问道：“林总，我想问一下，我前天买那个HC电子被套了，现在应该怎么处理？”

林子濠听到心里暗自窃喜，但是表面上很关切地说道：“哎呀，你怎么被套了？我们公司的持仓昨天卖了，我想通知你卖出，但是你电话打不通啊！”

黄嘉雯心中无比懊悔，都怪自己要跟着王啸出海，明知道手上这么多股票，还不认真盯盘，现在追悔莫及！绝望地说道：“我昨天跟朋友出海了，那边没信号，看到时已经晚了，现在应该怎么处理？还有没有希望涨回来？”

林子濠故作惋惜地说道：“昨天不卖就错过了止损时机了！现在这个大股东利空消息影响很大，后面还有的跌，短期之内涨不回来了！”

黄嘉雯听后绝望地说道：“既然如此，那也只好听天由命了！”

林子濠安慰道：“你不用过分担心，我帮你看看，有合适的买卖机会跟你说！”

黄嘉雯感激地说道：“谢谢林总了，我这几天不舒服，请几天假行不？”

林子濠大方地说道：“不舒服就好好休息，给你正常算工资，不用算请假。”

黄嘉雯心里第一次涌现出对林子濠的好感，说道：“谢谢林总，我状态好点了就尽快上班。”

挂上电话，黄嘉雯缩在被窝里抱头痛哭，恨自己为什么这么贪心，为什么跑出去玩，现在惹下这弥天大祸，不知如何收场。正哭得撕心裂肺的时候，看到王啸打电话过来，她不想接，此刻心里不免迁怒于他，让她买 HC 电子的是王啸，带她去海上导致没信号错过止损的又是王啸。自己一定是瞎了眼，才对这样一个男人倾心付出，自己以后都不要再理他！

想到这儿，她拿起手机给王啸发了最后一条信息说：“我们分手吧！”然后就把他拉进黑名单里去了。

王啸收到黄嘉雯的信息觉得她太小题大做了，生意场上逢场作戏，不值得因为这点事分手吧？电话既然被拉黑了，王啸只好开车上门找黄嘉雯，按了好久门铃，都惊动了保安，也不见她开门。王啸只得先回家，想等过段时间黄嘉雯冷静下来，自己再跟她解释。

王啸拢了一下手上的现金，减去买私募基金股份的 60 万元，还剩 520 万元，留下 20 万元防身，剩下 500 万元刚好够做新基金产品的劣后资金，现在还有 800 万元的缺口，等 JX 基金公司那边几个客户赎回资金到账之后，自己让他们帮忙支持一下即可。经过这次的事，这些客户对自己更加信任了，毕竟半夜通知这么紧急的情况，避免了严重的亏损，而且是宁可牺牲自己的分红也不让客户受损失，大家都非常满意，表示以后的投资理财都交给王啸代理。

王啸离开 JX 基金公司后，最难受的是李总。王啸走后，李总在办公室里大发雷霆，他早上一来就发现孟总签字盖章同意了 3 号基金产品所有客户的赎回申请书，这就意味这个产品就地解散了。孟总也没跟他解释什么，只说按流程处理，然后打了个招呼就走了。

李兵上班后跑到他办公室痛哭流涕地表示，自己都是为公司好才于头天补仓了 5000 万元。李总打开账户看到持仓，脸都气绿了。他就算再不懂行也知道这种股东减持的利空影响有多严重，更何况补仓的是银行资金的 2 号基金，今天如果一个跌停，就要赔 400 万元，同时银行通道的投资大门永远被关上了。于是他连忙打电话叫丁总过来商议，丁总过来一看情况这么严重，直接反水拿出协议，要求李总按自己的收购价回购这 30% 的股份，因为协议规定，如果 1 号基金产品首年盈利低于 30%，李总就要原价回购丁总的股份。只是协议的时间还未结束，李总当然不同意，跟丁总大吵一架，丁总扬长而去，并声称要走法律途径解决问题。李总看着坐在角落里瑟瑟发抖的李兵怒骂道："都是你这个没用的东西，你给我滚！后面我再找你算账。"

等李兵走后，李总这才不死心地打王啸电话想让他帮忙，结果不出所料，王啸根本不理他死活，反倒说他自作聪明才毁了公司。事情变成今天这样，他也没想到，只是现在木已成舟，只能盼着过几天有奇迹，股票能涨回来。

麻绳只挑细处断，厄运专挑苦命人。HC 电子跌停后的几天，虽然没有连续跌停，但是每天都大跌 5% 以上，2 号产品第二天开盘后就被银行风控强行平仓了，1 号基金产品第 4 天也到了亏损 20% 的止损线。丁总找上门来对峙，李总眼看再无翻身的可能，不得已把手上 50% 的股份都赔给了丁总，自己净身出户。同样惨烈的还有黄嘉雯，她每天躲在家里看着股票大跌想卖也不敢卖，想补仓自己又没钱，整个人精神恍惚，打开持仓看到已经亏了 450 多万元了，心如刀割，不知道怎么和妈妈还有小姨交代。今天突然接到妈妈和小姨电话，说来 D 市找她，黄嘉雯心里掠过一丝不祥的预感，但也没多想，收拾了一下就去机场接她们。飞机如期落地，很快就接到了妈妈和小姨，路上她们都在聊家里的事，也没问股票的情况，黄嘉雯这才放下心来。带她们在外面吃了晚饭后，回家在客厅聊了一会儿。黄嘉雯看时间挺晚了刚想回房睡觉，就听小姨叫住了她说道："幺妹儿，你姨父那个老顽固，不同意我炒股票，这个钱我怕是没那个财运赚了，这次来就是想跟你说，把那个钱打回给我吧！”

黄嘉雯听后如同五雷轰顶，一时之间呆住了说不出话来，隔了半晌，才小声地说道：“小姨，那个钱我炒股亏了450多万元，按股份来算，你们亏了240多万元，我们家亏了210多万元！”

小姨听到不敢相信自己的耳朵，直接跳起来说道：“你说什么？你再说一遍！”

黄嘉雯强忍着泪水又重复了一遍。小姨听后崩溃地躺在地上号啕大哭，一边哭一边抱怨黄嘉雯怎么如此冒险，把自己的棺材本都亏了，自己回去一定会被小姨父骂死，说不定还会被离婚，等等。黄嘉雯妈妈见状连忙劝小姨道：“二妹，股票的事都是涨涨跌跌的，说不定过几天就涨回来了呢！”

小姨闻言突然坐起身子道：“后面涨多少我都不要了，我只要我的本金600万元，少一分都不行！”

黄嘉雯妈妈听到这里火气也上来了！怒道：“当时嘉雯说让你买银行理财，你一百个不愿意，非要逼嘉雯帮你买股票，当时说好的，按比例自负盈亏，现在又不是你一个人亏，我们也亏很多啊！凭什么我们要连你的损失一块赔？”

小姨听到像发了疯一样，怒道：“我不管！反正我转你的转账记录是600万元，你说是投资，我说是借款！你们不原数奉还，我们就法院见！”

黄嘉雯在一旁听得如坠冰窟，这还是小时候背着自己满山采野果的那个小姨吗？那时候自己手被果树划了个小口，小姨都心疼得直流眼泪！黄嘉雯不想再争吵不休了，绝望地闭上眼睛，流着泪缓缓说道：“小姨，钱我如数归还，咱们是亲人，不要闹得跟仇人一样！”

黄嘉雯妈妈不服气道：“幺妹儿，凭什么？妈给你做证，她那份钱她自己亏！”

小姨见黄嘉雯主动承担损失，生怕她反悔，抹掉眼泪找了张白纸出来递给黄嘉雯说道："口说无凭，你打个欠条我就信！"

黄嘉雯只想快点结束这个闹剧，不顾妈妈的阻拦，毫不犹豫地快速写了张欠条给小姨！小姨接过欠条看了看，又不放心地拿出口红让黄嘉雯擦在手指上给欠条按个手印。黄嘉雯苦笑了一下照做了，小姨这才满意地接过欠条，小心翼翼地放在贴身口袋里，想了想又转身说道："幺妹儿，按这个欠条说的，30 天内给我 600 万元，说不定到时股票大涨你还多赚了呢！"

黄嘉雯听后气得身体直抖，强忍着泪水说道："这下我能走了吧？"

小姨突然有些不好意思，说道："这是你家，还是我走吧，我还没住过这边的酒店呢！"

黄嘉雯妈妈此时已经气得脸色苍白，指着小姨骂道："你给我滚，这辈子你都别再来找我们！"

小姨面有愧色，转身头也不回地走了。

黄嘉雯看着门关上，再也撑不住了，跟妈妈两个人抱头痛哭！

3

王啸这边忙着私募变更的各种手续，进行股权转让流程，并向工商部门提交工商变更申请，准备管理人变更材料，律师出具专项法律意见书，在资产管理综合报送平台提交管理人重大事项变更，私募协会反馈、整改，等待审核通过，等等，一堆手续办下来，忙得无暇顾及黄嘉雯最近的情绪异常，这就让林子濠钻了空子。

自从黄嘉雯请病假之后，林子濠经常以关心下属的名义，买各种礼物和补品来看望黄嘉雯，见黄嘉雯妈妈也在，更是对黄嘉雯妈妈各种讨好。他本来就年轻，又表现得风度翩翩，言谈之中有意无意之间炫耀着自己的家世背景。黄嘉雯妈妈对他非常满意，也看出他喜欢黄嘉雯，所以很想撮合这段婚事，毕竟黄嘉雯喜欢的那个王啸离婚带子，年纪也大，而且黄嘉雯出了这么大的事，也没见他过来关心过一次，所以对林子濠越看越顺眼。

终于有一天，黄嘉雯下楼去买水果，黄嘉雯妈妈趁机对林子濠说道："小林啊，嘉雯不在，有件事我想问下你，你是不是喜欢我们嘉雯啊？"

林子濠看时机已经成熟，也不再隐瞒，突然跪下对黄嘉雯妈妈说道："阿姨，您也看出来了，我是真心喜欢嘉雯的，为了她，我什么都愿意，只是嘉雯对我一直不冷不热，希望阿姨您帮帮我！"

黄嘉雯妈妈连忙扶起他，说道："你们年轻人的事我也不懂，但是我也希望嘉雯有个好归宿，只是现在我们家里出了点事，嘉雯可能没心情谈恋爱，所以才冷落了你！"

林子濠知道黄嘉雯是因为股票亏钱的事，但是亏多少他并不知道，所以试探地问道："阿姨，家里发生了什么事？我能帮上忙吗？"

黄嘉雯妈妈听后暗自窃喜，如果林子濠真的爱嘉雯，那这几百万元他肯定拿得出来，于是就把黄嘉雯帮小姨炒股亏钱的事讲了一遍，说完之后又流泪道："都是我不好，嘉雯一开始就不愿帮她小姨买股票，是我想简单了，现在要下个月还600万元，就算把我们自己的钱全加上也不够，所以你说嘉雯哪有心情跟你谈恋爱！"

林子濠知道黄嘉雯买了很多HC电子的股票，但是不知道竟然买了这么多，还捅了个这么大的窟窿，犹豫了一会儿，下定决心说道："阿姨，那还差多少？"

黄嘉雯妈妈见他问了，故作为难地说道："你也知道，嘉雯就那么200多万元，要还钱至少差400万元！我天天愁得睡不着觉，嘉雯也是以泪洗面！"

说罢她又继续哭了起来。林子濛一边安慰黄嘉雯妈妈一边暗自盘算了一下，400 万元虽然很多，但是黄嘉雯在公司每年都能赚个 60 万元以上，自己要是娶了她。这个钱也等于不用给了，而且又能抱得美人归，并没有吃什么亏，于是他假装为难地说道：

“阿姨，这个钱数目太大，我要动这么多钱要问过我父母，只是他们也不会同意我借这么多钱，除非是……”

黄嘉雯妈妈一看林子濛愿意帮忙，连忙追问道：“除非什么？”

林子濛红着脸说道：“除非是我结婚，以给妻子彩礼的名义提出，那肯定没问题，而且也不用还钱，按我们那边的风俗，彩礼都是送女方的。”

黄嘉雯妈妈闻言大喜，高兴地拉着林子濛的手说道：“阿姨一直觉得你这孩子不错，一表人才，家世也好，如果你真能帮嘉雯渡过这个难关，我一定促成你们的婚事！”

林子濛等的就是这句话，就差现场改口叫妈了！

这时黄嘉雯突然买水果回来了，看他们两个气氛怪怪的也没多想，洗了水果端上来给林子濛吃，他却推说有事先走了。等林子濛走后，黄嘉雯妈妈故意夸他优秀又家世显赫，黄嘉雯听后只是淡淡地说道：“我们不是一路人，我也不想高攀他！”

黄嘉雯妈妈犹豫了一下说道：“嘉雯，你股票亏钱的事，我跟他说了，他说他是真心喜欢你，愿意帮你还这 400 万元，只要你能嫁给他，这个钱就算给你的彩礼！”

黄嘉雯听后羞愧难当，怒道：“妈，我就惨到非要卖身还债吗？”

黄嘉雯妈妈反驳道：“有人愿意为你付出这么多钱，这才是真的爱你，利益是最好的试金石，你那个男朋友王啸怎么没见说要帮你还这 400 万元？”

黄嘉雯听到妈妈这样说更加生气，怒道：“他根本就不知道我出事了，我的事你不懂，你不要乱掺和行不行？”

黄嘉雯妈妈见状也不想刺激她不开心，就暂时不提，但是从这儿以后，黄嘉雯有什么动态，她妈妈都第一时间通知林子濠，这让黄嘉雯开始产生了错觉，以为林子濠很懂她，慢慢地也不那么抗拒了。有时她跟妈妈晚上在楼下散步，林子濠也一路陪着，在外人看来就像一家人一样。

这天王啸终于搞定了所有私募基金公司的手续，第二天就要正式开业了，新公司叫 YX 基金。王啸觉得过了这么久，黄嘉雯应该也不再生气了，就买了一束花过来黄嘉雯家楼下。刚要下车，她就看到黄嘉雯和妈妈、林子濠三个人一起散步，三个人有说有笑聊得很开心，王啸顿时如同五雷轰顶。他没想到黄嘉雯说分手是真的，本以为她就是一句气话。王啸怕现在下车自己太冲动会把局面搞得一团糟，就在车里静静地等到了晚上才上去敲门。开门的正是黄嘉雯，王啸见她一脸憔悴，又消瘦了许多，眼泪瞬间夺眶而出。黄嘉雯看到王啸刚想骂他几句，见他哭得稀里哗啦，瞬间就心软抱住了他，嘴里依旧不饶人地骂道：“你这个瓜娃子，这些天都不关心我，现在想起我来了是吧？”

她骂完不解气，又一把推开了王啸。王啸这时哪里敢松手，任凭她怎么打骂自己都牢牢抱着她。等她发泄完情绪，王啸把她扶进房间坐下。

看她情绪逐渐平复了，王啸才试探地问道：“嘉雯，你跟我分手绝不是因为我生日聚会那场闹剧吧？到底发生什么事了？你原原本本地跟我说一遍！”

黄嘉雯此时也不再隐瞒，就把所有事从头到尾跟王啸讲了一遍，王啸听完才明白最近黄嘉雯承受了多大的压力，特别自己过生日那天她顶着压力陪自己，自己却在 KTV 胡闹。再说，要不是自己给她推荐这个 HC 电子，又带她出海，以她的性格，怎么可能惹这么大麻烦？想到这儿，王啸抱过黄嘉雯轻声安慰道："你放心，这 400 万元我来想办法，你给我点时间，我一定不会让你再受任何委屈！"

黄嘉雯听到王啸的承诺，所有的怨气都化为乌有。突然门铃声响起，黄嘉雯连忙起身整理了一下衣服，小声说道："我妈回来了！你先躲到我房间里，这时候你们见面不合适！"

王啸虽然不愿意，但也不想惹黄嘉雯不开心，便乖乖地躲进了黄嘉雯房间。

黄嘉雯妈妈进门后，一边放下菜一边抱怨道："怎么这么久才开门？累死我了！今天多亏小林载我去买这么多菜，你看看他多好！"

黄嘉雯不想提他，反驳道："就陪你买个菜、散个步，这种小恩小惠就是好人了？"

黄嘉雯妈妈也不客气地回应道："你说这是小恩小惠，那人家愿意给你 400 万元彩礼帮你还债，这总不能算小恩小惠吧？"

黄嘉雯怕她妈妈再乱说话，连忙假装肚子疼，让妈妈下楼去买药支开她，等她走远后，王啸从房间出来问道："林子濠跟你求婚了？"

黄嘉雯见王啸听到了，尴尬地说道："他跟我妈说的，我没理他，我们只是同事关系而已！"

王啸点点头说道："钱的事我来想办法，你安心休息，调养好身体要紧。我先走了，省得一会儿被你妈看到好尴尬。"

两个人依依不舍地分开了！

王啸第一个想到的就是孟总，他自己的 500 万元已经打入基金产品了，如果要提出来，所有的交易计划都要改。而蔡志杰和王群阳的活动资金也都进了基金产品，现在能借出这么多钱的只有孟总。于是他驾车直接往孟总家赶。孟总很意外王啸突然到访，叫保安放行后，王啸一进孟总家门就发现，家里很多东西都已经打包起来了，好像要出远门的样子，于是问道："师傅，你要去哪里旅游吗？"

孟总犹豫了一下，说道：“本来不想跟你们说，徒增伤感罢了，既然你来了，我就不瞒你了，我明天飞新西兰跟我老婆团聚。”

王啸这时还没意识到问题的严重性，追问道：“那地方挺好的，风光秀丽，什么时候回来？”

孟总叹了口气，说道：“不回来了，我是拿了绿卡，老婆早就过去了，一直催我过去。”

王啸听后大吃一惊，抓着孟总的手说道：“师傅，为什么啊？怎么这么突然要走？”

孟总拍了拍王啸肩膀说道：“不是突然要走，是一直以来拖着没走。因为基金的事，我一直想做一番事业出来，之所以当时同意他们选 HC 电子也是因为留给我的时间不多了，我想走之前大赚一笔，想不到被他们搞成这样，我心灰意冷，就答应了老婆过去陪她过下半生。”

王啸纵然有万般不舍也没办法，只是跟师傅学艺以来的点点滴滴涌上心头，很是伤感。孟总见状连忙安慰道：“没事的，你以后可以常去看我，只是可惜，我本来把你培养出来，是想等我走后让你接手 JX 基金，结果事与愿违，但是能教你的我都教了，以后要靠你自己了。”

王啸强忍住泪水，没说什么，看到桌上有茅台酒，就拉着孟总大醉一场，两人惺惺相惜，亦师亦友。王啸喝到很晚，见孟总也醉倒了，这才不舍地离去，叫代驾把自己送回家，到家后倒在床上很快就沉沉地睡去。

次日上午，王啸迷迷糊糊醒来，急忙赶往机场去送孟总最后一程，但还是慢了一步，眼看着孟总乘坐的航班滑出跑道直冲蓝天，王啸失魂落魄地回到车里，抱着方向盘默默地流泪。只是他不知道，此时还有另一个人也在家里的电脑前哭泣。

李兵被开除后情绪一直很差，现在所有人都知道 JX 基金是因为他违规操作导致被清盘了，选股也是他选的，这些天他一次次地复盘自己的分析到底出了什么问题，一切都很符合逻辑，他明明没有错，为什么会这样？他一边哭一边翻着交易记录，突然翻到 3 月 20 日龙虎榜数据，发现了那个卖了 6000 万元的营业部，刚好早上竞价那笔大单卖的也是 6000 万元。为什么这么巧？为什么还没开盘他就突然一笔卖出 6000 万元？为什么他卖出 6000 万元后当天就跌停，晚上还公布大股东减持？这一定是一个局！

想到这，李兵突然直冒冷汗，当时邀请去调研的是 HC 电子的董秘陈国华，可是自己记得还有个长 H 基金的基金经理跟王啸说过一句话，说他跟 HC 电子的董秘是大学同学，这里面一定有问题！李兵越想越生气，既然你们毁了我，你们也别想好过，他拿起手机拨通证监会的举报电话说道："你好，我要举报 HC 电子内幕交易……"

第二十五章　雪上加霜

1

从机场回来的路上，王啸联系了之前赎回的 JX 基金那些客户，发现他们赎回基金的钱根据合约要月底才到账。远水不解近渴，现在最快的办法是找上次游艇上那个阿强借钱，只是不确定应该选择直接借 400 万元给黄嘉雯，还是借 800 万元来填满 5000 万元，启动基金产品？

王啸考虑再三还是决定先启动基金比较好，毕竟黄嘉雯的事还有一个月，没那么紧急，但选择启动基金后，是选择找一只股票做 20 多天赚 400 万元？还是找强势股一天赚 400 万元？面对这两个方向，最终王啸选择了看着危险其实更稳的后者，因为这样有 20 多天时间可以等一个一天涨 10% 的确定性机会。

王啸想清楚了方向，拿起电话打给了阿强。他上次聚会结束时跟王啸暗示过，以后如果需要钱周转的话，1000 万元以内都没问题，所以接到电话之后，阿强倒也很爽快地说道："800 万元没问题，只是要 2% 的利息，每周付一次。"

王啸此刻也没别的选择，咬咬牙同意了，电话沟通好后，跟阿强约了个地方签合同，很快搞定手续，当晚钱就进账了。王啸把所有的资金都归入这个新基金公司 YX 基金的成长 1 号产品，规模 5000 万元，王啸劣后担保资金 500 万元，以这个规模只要短期内赚一个 10%，就可以抽出 400 万元劣后资金借给黄嘉雯了。这个说难不难，但是也绝不简单，要做超级短线才有可能。王啸想了想打电话给白枫说道："白总，我是王啸，我这边有个紧急情况想请白总指点一下。"

白枫听后客气道："王总，客气了，您自己也是高手，哪里轮到我教你做事。"

王啸没空跟他说这些客套话，直接把自己需要在 20 多天内赚 400 万元以上的情况跟白枫说了，只想让他推荐几只股票重点关注一下，这样可以有效地提高胜率，白枫看王啸说得如此紧急，也不再开玩笑，于是说道："我晚上研究一下，最近这段时间我看好的投资组合都分享给你研究，但是这些股票都只是关注，我也不一定会买，你自己自负盈亏！"

王啸感激地说道："那是自然，如果咱们私下商量好买什么股票，那样就构成操纵市场违规了，我可不想违法乱纪！咱们只是分享目标股，买卖多少彼此都不要过问。"

跟白枫沟通完挂上电话，王啸直奔 YX 基金公司，新公司还有很多东西没完善，王啸到了后跟 Jason 简单说明了情况，Jason 虽然有点担忧，但是他知道这个事王啸避无可避，既然如此，只好让王啸多注意安全。Jason 自己这段时间筹划 2 号产品运行量化交易，这样跟王啸彼此都不干扰。很快，当晚白枫给王啸发信息让他重点关注 8 只股票，王啸反复研究后，最终锁定了 JJ 股份，这只股票受益于全球的粮食安全问题，已经在短时间内涨幅翻倍了，是整个市场的龙头股，这种强度和巨额成交量足够 5000 万元资金短时间进出而不会大幅影响股价。一切准备好之后，2020 年 4 月 7 日上午，王啸在 YX 基金严阵以待，早盘 JJ 股份 9:20 竞价就严重低开，王啸没有底仓，所以正好趁机低吸，先买了 2 成仓 1000 万元，9:30 开盘后，股价快速下跌至 –3% 以下，王啸没有被跌幅吓倒，而是紧盯着成交量，发现大跌是因为开盘两次巨量卖单造成的，现在虽然跌得厉害，但是成交量严重萎缩，于是果断在 –3% 的位置买入 2000 万元。这个金额相当大，所以马上引起市场做多资金的热情跟风买入，股价如同旱地拔葱般从 –3% 直接翻红大涨。这种剧烈波动引起了市场散户的共鸣，因为 JJ 股份最近一直都是市场涨幅最高、最具人气的龙头股，所以跟风买入的散户蜂拥而至，很快把股价推高上涨至 5% 才有所回落。王啸见此心中十分惋惜，可惜自己没有底仓，不然这是个很好的做 T 机会，但不管怎么样，今天开局就盈利，总是好事，现在就看 JJ 股份能不能强者恒强了。

远在佛山的白枫也在时刻注意昨天给王啸的这些票，他在前一天买入了 2000 万元底仓，现在看到 JJ 股份在低位被巨量买入后，就知道至少今天 JJ 股份应该是比较强势了，于是叮嘱操盘手跟踪，等 JJ 股份的股价从底部直接涨到 5% 之后又缓慢回落到 3% 附近时，白枫意识到，如果从 5% 回落破了 3%，那今天这次反攻就会被认为基本失败了，从而引发散户们墙倒众人推，这样自己昨天那 2000 万元底仓也只能认赔出局，所以必须要加把火，让 JJ 股份再顶出一个新高，如此才能让犹豫要不要卖出的散户坚定持股。想到这儿，白枫快速打开电脑，直接买入 2000 万元 JJ 股份。这笔巨额的买单直接把股价从 3% 的涨幅推高到 7%，市场热情被再次点燃了，又一波资金跟风买入，JJ 股份的股价盘中再也没有大幅下跌的迹象，股价在 7% 附近继续扩大成交量，持续到了 10 点 31 分，这时突然一笔大单把 JJ 股份的股价从 7% 直接拉到涨停了。白枫看后满意地点点头，对操盘手说道：“把我们昨天买的底仓 2000 万元卖了吧，这样我们今天买的资金就绝对安全了。”

操盘手钦佩地说道：“好的，白总您真是神机妙算啊。”

白枫笑了笑，没说什么，心中却想着，王啸有没有做这只股票呢？

事实上白总的担心是多余的，王啸这边一直在紧张地盯着电脑，看到 JJ 股份回落到 3% 后再次被拉出新高，王啸心里才有点着落，这样今天应该是大概率能赚钱了，开局就赚钱，后面操作的压力也小了很多。看着 JJ 股份一直在 7% 附近盘整，王啸心想，要是自己还有 5000 万元就好了，直接一笔单子拉到涨停，今天就稳了。

看看手上剩下的 2000 万元，按交易规则今天不能再买了，王啸强忍着冲动，靠在老板椅上期待 JJ 股价不要跳水，10 点 31 分，突然看见一笔大单买入，JJ 股价直线上升涨停，并且巨量封死涨停。王啸激动得直接从椅子上跳起来大叫一声，不停地挥动拳头，仍然无法抑制内心的狂喜。再看看账户，已经盈利 330 万元了。这是王啸自己第一次操控这么多资金，第一次一天盈利几百万元，并且完全没有依靠孟总。王啸兴奋的心情久久不能平静，此刻就盼着股市马上收盘锁定收益！但是离收盘时间还早，王啸提心吊胆地守着电脑，直到下午收盘时，JJ 股价依然稳稳地封住了涨停，这才松了口气，今天虽然大获全胜，但是自己背负的压力也是前所未有的，想到中午自己紧张得饭都顾不得吃，此刻就想回家吃盘妈妈煮的饺子，再睡个好觉，这是最大的幸福！

2

2020 年 4 月 10 日，王啸靠在老板椅上头疼欲裂，昨晚白枫过来 D 市，为了感谢他推荐投资组合，自己陪他在酒吧喝到凌晨三点多。不得不承认，年轻人体力是真好，今天白枫早上起来就跟没事人一样回佛山了，只有王啸还未醒酒，整个人在宿醉状态。但是他心里挺高兴，之前买的那个 JJ 股份，通过这两天做 T，已经盈利 475 万元，须弥会群里的朋友跟买也盈利不少，只要自己今天找个高点卖了，就可以把自己的劣后资金撤出 400 万元拿给黄嘉雯，想到这儿，王啸就觉得很开心，只用 3 天时间自己就完成了目标，一切进行得非常顺利，计划等下自己卖了股票后回家好好睡一觉。

很快，时间来到了9:30，JJ股份开盘就继续往上冲，王啸账户持仓之前大部分已经在高点卖出，现在账上有5000万元现金，只剩下一点底仓，市值也很快冲到了500万元，王啸想也没想，直接按了闪电交易全仓卖出，刚点完鼠标，电脑屏幕上传来一串成交回报，王啸觉得奇怪，500万元这点资金在冲高时卖出，通常都是几笔就成交，怎么会出现一串成交回报？

他连忙点开交易记录一看，整个人瞬间呆住了！！原来自己不是点了全仓卖出，而是全仓买入！！等于把500万元卖出敲成了5000万元买入！王啸不敢相信地揉了揉眼睛再次确认，账户上5500万元持仓清清楚楚！王啸突然觉得胃里一阵翻涌，心理的巨大压力引起了身体反应，过了好一会儿，才缓过来神了，再看JJ股份已经高开低走了，不得已只好先卖了昨天的底仓500万元，王啸心里在不住地祈祷，求上天一定要再给自己一天时间！就一天就够了！可是市场从来不以个人意志为转移，JJ股份一路高开低走，最终收盘在–5%，王啸早上全仓买入时股价刚好是涨5%，这样等于今天王啸买入的仓位正好亏了10%，账户盈利也从500万元变成了25万元，这么多天的努力都白费了，只因为自己一个乌龙指！王啸狠狠地打了自己两耳光，但是这也于事无补，现在只盼着下周开盘有机会能保本卖出就好。如果万一出问题，王啸想到这儿，心里打了个冷战，想起HC电子的暴跌，自己目睹了JX基金的覆灭，如果JJ股份也这样怎么办？王啸不敢再往下想，起身跌跌撞撞地离开公司，在路旁酒店随便开了个房间，一个人躲进去蒙头大睡，这样可以避免自己被恐惧吓倒。周末两天时间，王啸感觉像过了两年一样长，好不容易等到了周一早上，王啸强打精神来到公司，心里盘算着等下股价一旦有冲高，哪怕只有3%，自己也要卖出大部分的持仓。

9:30，JJ 股份开盘就大跌，王啸看了一下，觉得情况非常异常，狠了狠心决定止损，打开电脑准备挂全仓卖出，突然发现 JJ 股份跌停了！ 9:32，等于开盘只有一分钟的机会能卖出，王啸此刻心如刀绞，看着账户已经从 5025 万元变成了 4525 万元，也就是 2 分钟时间亏了 500 万元，而且这还只是个开始，也许这就是下一个 HC 电子！由于自己的 500 万元是劣后资金，这个跌停等于把自己打破产了！多年的奋斗毁于一旦，王啸此刻万念俱灰，瘫坐在地上，绝望地闭上了眼睛，心里祈祷着股价能翻红，好不容易终于熬到了股票收盘，打开电脑一看，没有奇迹，JJ 股份被牢牢封死在跌停板上！王啸等盘后看看公司是不是有什么消息引起了这次异常波动。果然，晚上公司公告去年巨亏，并且未来有重大事项，明天起停牌！这就更麻烦了，因为阿强的借款本就是短期过桥资金，每周要付一次利息，而基金这边劣后资金损失殆尽，按合同最少需要补充基金总资金的 5% 也就是 225 万元，王啸平时因为资金都在炒股，根本没这么多现金，阿强那边已经不能再借了，想来想去，突然想起上次跟马总聚会一起吃饭的那个陈总，好像是做小额贷款的。王啸赶紧翻出手机通讯录打给他，寒暄了几句，陈总是个聪明人，明白王啸突然找他自然是有事，便问道："王总，是不是生意上有什么周转不开啊？有需要直接开口，都是兄弟，大家都好说。"

王啸见如此，只好尴尬地说道："陈总，我这边一只股票停牌了，资金动不了，需要 200 万元资金周转，你看方便吗？"

陈总听后哈哈一笑道："自己兄弟有什么不方便的，不过股票的事我不懂，长借不行，我这边是短期过桥贷款，一周内还可以，利息每天 5‰，你觉得可以，就过来签合同。"

王啸现在哪有选择的余地，连忙说道："没问题，那我现在过去，一会儿见。"

王啸放下电话，开车去了陈总的茶庄，两人很快谈定了合同，当晚陈总的 200 万元就打过来了，王啸又通过网贷凑了 25 万元加到一块儿，第二天打入 YX 基金成长 1 号基金账户做劣后资金。

只是王啸没有想到，JJ 股份复牌的时间一拖再拖，眼看时间一天天过去了，离黄嘉雯要还钱的时间越来越近，但是王啸心里已经完全绝望了！按现在的情况，即使复牌，股价也可能继续跌停，再有一个跌停，自己就至少负债 500 万元，别说帮黄嘉雯，自己都是泥菩萨过河自身难保。可是每次电话里黄嘉雯小心翼翼地问起时，王啸又不想让她失望难过，总是跟她说在准备、快好了，但这样的谎言又能持续多久？王啸实在是不敢想，只是期盼着 JJ 股份早点复牌，能有奇迹发生，可惜奇迹没来，噩耗先至。

林子濠这边一直在黄嘉雯妈妈面前献殷勤，本来王啸答应帮黄嘉雯还 400 万元，黄嘉雯妈妈知道后对王啸的看法有所动摇，但是眼看还款时间将至，黄嘉雯妈妈电话旁听到黄嘉雯每次问王啸，他都在敷衍，从来没有一个准确的答案，所以她逼黄嘉雯直接表态，行就是行，不行也别浪费大家时间。黄嘉雯拗不过妈妈，只好偷偷打电话给王啸说道："啸哥，我妈在问那个钱的事。你是不是有困难，有困难你跟我说，我自己想办法凑，别让我妈知道就行！"

王啸听后心里一阵酸楚，嘉雯这么好的女孩，自己既然帮不了她，也绝不能连累她了！犹豫了一下，他狠下心说道："对不起，嘉雯，我在外面搞了个公司，现在正在关键阶段，不能因为你坏了我整个投资计划，而且我觉得你也是草根出身，有机会嫁入豪门未必不是好事，更何况有 400 万元彩礼可以让你负债清零，我们都是商场里摸爬滚打过来的，应该面对现实！"

听到王啸竟然说出如此绝情的话，经历过小姨亲情的背叛，如今王啸又让她对爱情失去了信心，黄嘉雯此刻也万念俱灰！想起王啸开公司都防备着不让自己知道，也许他真正爱的只有他的事业，自己不过只是他生活的点缀罢了，根本就不是他要守护的目标。既然如此，还有什么好说的？

黄嘉雯默默擦干眼泪说道：“啸哥，既然如此，我就不给你添麻烦了，祝你生意兴隆，财运亨通！你说得没错，那我就面对现实，找个爱我的人踏踏实实过日子吧！”

黄嘉雯说完就挂断了电话，把自己关在洗手间里痛哭流涕，既是哭自己所托非人，也是怨命运的不公！王啸也是蜷缩在墙角泪如雨下，自己没办法跟黄嘉雯说实话，眼下的情况自己离正式破产只差股票复牌！到时自己不仅一无所有，甚至还有可能负债近千万元，王啸不想让黄嘉雯背负道德的包袱选择跟自己在一起，也不想让她在人性和爱情之间做如此艰难的选择，人之将死，其言也善，就自己承担所有的罪过吧。

3

林子濠突然接到黄嘉雯妈妈电话说黄嘉雯同意婚事，而且越快越好。林子濠听闻此言心头狂喜，为了保险起见，又打电话给黄嘉雯确定是否属实，黄嘉雯只回了一句：“我累了，想找个能依靠的人嫁了，如果你是真心喜欢我，那我愿意嫁给你，以后踏踏实实过日子！”

林子濠听后心花怒放道：“嘉雯，我对你一直都是真心真意的爱，只是以前没有机会，以后我一定好好对你！”

黄嘉雯听后没再说什么，只是说一切都听林子濠安排，婚礼越快越好。她想尽快忘记过去，开始新的生活。林子濠放下电话之后，兴冲冲地去跟父母报喜。因为黄嘉雯在公司已经来了一段时间，林子濠父母都见过她，对她印象很不错。林子濠父母这些年一直在催婚，突然听到林子濠要跟黄嘉雯结婚，既感到意外又有些惊喜，跟黄嘉雯妈妈见面后相谈甚欢，很快婚礼就定在了下周末，林子濠负责安排婚礼事宜，他找了万达文华酒店定了场所，同时也安排发出了喜帖请柬，想到自己最终抱得美人归，林子濠此刻得意之极，还拿了张请柬专门跑到YX基金公司给王啸，并对王啸说道："王总，虽然你也算精明能干，可惜人生的起跑线低了点，有些东西注定与你无缘，放手对大家都好，希望你能祝福我们！"

王啸此刻也无力反驳，毕竟两个人差距摆在这里，只好黯然道："林总，你说得没错，我祝你们幸福吧！"

林子濠见王啸没了之前意气风发的样子，心满意足地扬长而去。

在后面的这些日子里，王啸每天盼着JJ股份能够早点复牌，如果自己能翻身，马上就会不顾一切地去找黄嘉雯说清楚！只可惜一直到黄嘉雯结婚那天，JJ股份仍然还在停牌中，王啸没勇气去参加她的婚礼，只是听人说新娘子当日打扮得很漂亮，去了很多社会名流，等等。王啸在家整日借酒消愁，也不再理基金公司的事，这引起了Jason的不满。找了个时间，趁只有自己和王啸两个人在公司，Jason说道："王总，我当时找你合伙是觉得大家志同道合，但是你的表现让我很失望！人这辈子谁没经历过挫折？谁没经历过失恋？你如此自暴自弃怎能成就大事？你要是这样，不如咱们把公司关了，都回家各自炒股去算了！"

王啸早就心灰意冷，也不做反驳，只淡淡说道："我累了，你想解散就解散吧！"

Jason听后怒斥道："现在股票还没有复牌，一切尚未可知，你就已经丧失信心，这岂是一个操盘手的所作所为？要我说，当年你们公司团队集体的问题就是对交易心理的重视程度不够，导致交易时漠视交易规则，操作上也严重脱离交易系统，才会引起一连串的问题！"

王啸闻言嘴上默不作声，但心中感叹确实如此，虽然自己的交易系统比 Jason 更全面，但是自己是主观交易为主，哪怕交易的胜率再高，只要遇到小概率事件，都有可能一次就被打死！反观 Jason 用量化交易，他是以数量模型做分布式交易，用概率优势去跑大数法则，依靠长期交易获胜，根本不怕这种“黑天鹅”事件！

Jason 看王啸有所动容，继续说道：“你为什么不趁这个时间整理完善交易系统？我帮你把你的交易系统都整合成自动辅助交易，电脑比你更能完整快速地执行你的交易指令，你要是早点做出这个辅助交易系统，也不会出乌龙指，就算出问题，电脑止损也会快速自动成交，不至于被套死在里面。”

王啸被 Jason 骂得如梦方醒，自己白手起家，什么苦没吃过？绝不能在如此重要关头放弃自己。心中既然有了主意，王啸便也不再颓废，精神也为之一振，起身对 Jason 说道：“你说得对，我从今以后绝不再浪费时间。我师傅和你教我的知识甚至还有白枫的指导，我要把这些整合成一个完整的交易系统，到时你再帮我做成量化程序辅助交易，我只负责选股就行，日常的止盈止损、仓位管理这些都让电脑自动执行，这样既比人工快又克服了人性的弱点。”

Jason 看王啸终于打开了心结，也替他高兴，转身从皮包里拿出一份资料，说道：“这个是我总结的关于交易心理的一些方法，你最近没事可以多看看，这行要想真正开悟，都是从绝境中历练心智才会真正地做到无我。只有做到了无我，你才能放弃主观情绪欲望而坚持系统交易！”

王啸感激地接过资料，对 Jason 说道：“我一定会用心学习，不辜负你的一片好意！”

Jason 点点头，转身离开了公司，他知道现在王啸又活过来了。

王啸等 Jason 走后打开资料，发现 Jason 的这些资料既有行为心理学的研究又有哲学研究，内容如下。

关于交易心理

期望目标需要有弹性，要克服恐惧。恐惧是因为可能把市场信息定义和解读为具有威胁性的信息，忽略了市场上的有利信息。同时要管理贪婪，为贪婪设立合理化目标，贪婪是因为可能把市场信息定义和解读为具有利好的信息，而忽略了或者说心理上有意不接受市场上的利空信息。同时不可盲目地从众，要保持独立思考，紧跟市场趋势。

市场在80%的时间里都因为受随机事件的影响而没有明显的趋势，并且市场具有不完全有效性，接受市场的不确定性和不可预测性，相信每笔交易都是独特的、不可复制的，这是交易的核心信念。

要以交易系统的执行为目标，不强求交易结果都是正向收益！

市场不会解读本身提供的信息，解读的人是交易者自己，重要的是理性、不带偏好地解读信息，唯一的解决办法就是无我！

要坦然地接受亏损和错误，它们是交易中的必然成本，不可回避。每次交易时，应自动扣除止损点位作为交易成本。

用概率和交易系统约束自己的行为，用纪律和规则画出能力圈，保护自己成为长期获利者，用高盈亏比提高自己的收益。

交易时不害怕，也不过度自信，其实人只有在空仓时看待市场才最理性。交易者都有属于自己的独一无二的认知和偏好，所有问题都是因为外界或自我行为与这些自我认知和偏好互相冲突而产生的。

不同状态和经验的交易者会存在不同的“固执程度”：时间长、经验足的人会更倾向于坚持自己的观点，因为长时间的交易使其对自己有更强的信心；而时间短、经验浅的交易者则可能更容易接纳他人的观点和理念，这种冲突的程度会降低。无论是浅还是深，都说明每个交易者是“有核心的”，也都不可避免地会有与这个核心不匹配的冲突，无论是与他人观点上的还是自我行为上的，这些冲突都会对交易者造成心理上的挣扎和冲击。

在股市里一败涂地的人往往是性格有缺陷，中小投资者却总幸灾乐祸地觉得是他们蠢。

投资的两端分别是分析和交易，而连接这两端的是等待。投资分析的核心是商业理解力和概率思维，投资交易的核心是赔率和逆向思维，等待的核心是谨守能力圈和尊重常识。从长期来看，优秀的交易无法挽救糟糕的分析，优秀的分析却可能毁于糟糕的交易。然而相比之下，最难的还是学会等待！

分析与操盘

分析是通过系统的手段，综合历史数据和信息对未来进行预测，并制订相应的交易计划。

操盘是根据市场环境做出相应的判断，执行或修改交易计划。

对个人而言，必须把人格分裂成两部分，一部分是分析者，另一部分是操盘者。这就需要建立两套系统：一是分析系统，选出投资标的，评估并做出预测，制订相应的计划；二是操盘系统，通过市场的实际表现来验证分析系统给出的交易计划是否有效，如果两者共振，那么就是投资的良机，但是具体的操作以操盘系统为主。

同时两者又是两个极端，分析系统需要客观严谨地分析和判断，对行情进行预判，制订明确的交易计划。

操盘系统正好相反，越简单越好，原则上按计划执行，过程中监控，严格遵守纪律，控制风险和头寸。对市场无为而治，不对市场进行预判，不强求达到目标。当风险加大、出现离场信号时，坚决按纪律离场，市场的实际表现大于一切交易计划！

不要试图控制市场，而应该去控制仓位，因为这会使你的交易简化，同时还可以增加你的交易能力，这主要是因为当你知道自己所期望的目标之后，就可以在建仓的时候实现这些目标。

投资最难的是明知道有不确定性还要坚持，唯一可以相信的就是概率，可以控制的是资金管理。

从市场观点解读市场提供的信息、放弃主观意识、全心全意倾听市场趋势，这是重中之重，如果因为持仓而不能客观面对市场，就清空仓位再来重新看待市场，全心全意地专注于当前交易，不频繁更改目标。

与三体问题类似，交易系统正确性本身就是概率问题，交易系统参考的因素越单一，系统相对正确性越高，参考的因素越多，出现不可控的错误越多。这就好比戴一块正确率80%的手表，犯错的概率是20%，戴3块正确率80%的表，正确率并不能提高太多，反而犯错的概率会大大增加，因为每块表的走时各不相同，彼此之间产生了混沌效应，所以参考因素不是越多越好！

保持开放性的心态，避免锚定心理偏好，不能选择性地只接收单方面好的或坏的信息。

相信每次交易盈亏概率的随机变量的独立性，不受之前的交易影响。

接受系统的局限性，等待系统的交易机会出现，接受枯燥的重复性交易流程。

在选股上，明明只有一个最优的选项，偏偏后面几个也跟随买入，导致了资金的分散，同时后面的个股还拖累了最优个股的盈利，出现好股赚钱、差股亏钱的窘境。

人们潜意识都存在侥幸心理，往往是选择高风险高亏损，而不是选择确定性亏损，所以这是投机市场的两大魔咒！

王啸把自己关在家里反复地研究、参悟这份资料，最终战胜了自己的心魔，既然大错已经铸成，再逃避也没有用。王啸拿起电话先约冯总 4 月 20 日过来公司，又打电话约蔡志杰和王群阳同日飞来中国，一起商讨如何解决问题。(后来便有了本书开篇的那一幕。)不管结局怎么样，王啸心里已经做好了准备，勇敢面对现实才是结束内心纠结的唯一出路!

第二十六章　生死之战

1

王啸苦等多日的JJ股份今晚终于传来公告——明天起复牌交易，王啸看到这个消息总算松了一口气。不管怎么样，复牌以后起码能把资金解放出来，自己也不用到处筹钱应付过桥资金的贷款利息了。在前面停牌的这段时间里，王啸一个人把自己关在办公室里整合交易系统，已经在Jason的帮助下完成了整个交易系统的自动化辅助，更重要的是，在交易心理方面实现了突破。现在王啸的交易决策都是根据系统概率执行，不再是以前那种以主观交易为主的方式了。

对于JJ股份，王啸准备了多份预案，就看明天复牌之后股票走势如何，如果明天复牌就跌停，王啸计划持股到明天盘尾，如果股价还不翻红，就不计成本止损。

次日，股票如期开盘，果然开盘就继续一字跌停，王啸那5%的劣后资金根本就挡不住亏损。因为事关重大，蔡志杰和王群阳得知JJ股份复牌，一大早上就从越南飞来，守在YX基金公司。当看到早上JJ股份一字跌停后，蔡志杰坐不住了，对王啸说道：

“算了，止损卖出吧。趁现在的损失你还能承受，扣掉你的保证金，账户还亏225万元，后面你跟我去越南吧，我找个什么小生意给你做，慢慢还钱就行！”

王啸叹了口气，哀求道：“哥哥，不是我不听劝，按咱们的投资合同，就算要处理也是截至今天15点，现在只是刚开盘，再给我点时间吧！”

蔡志杰不悦道："这样做困兽之斗，你觉得有意义吗？现在卖也许还卖得出去，如果下午卖，万一卖不出去，明天不是要继续亏？"

王啸不知道怎么跟蔡志杰解释，索性默不作声。

王群阳见状连忙说道："兄弟，我理解你的心情，但是做生意不是儿戏，你如果停牌之前那天及时跑了，最多也就是把赚的亏回去，就是因为你犹豫错过了全身而退的机会，如果今天你再犹豫，恐怕会死无葬身之地！"

这时冯总也打来电话，强烈要求王啸马上止损。

王啸在电话里跟冯总解释了很久，奈何他根本听不进去。没办法，王啸只得拿出基金合同，强调最终决定交易的是基金经理，任何人不得干预。

只是如此一来，多年的兄弟感情毁于一旦。蔡志杰看王啸不肯听劝，脸色铁青地摔门而去，王群阳也默默地跟着出去了。王啸看他们发火离去，忍不住想同意止损，但又想到孟总当年就是因为心软没能坚持原则，才导致后面一系列的问题。古语有云："将在外，君命有所不受！"既然按交易系统交易，就要遵守交易规则，等到下午才卖出。至于结果怎么样，只能看天意了。

YX基金公司外面，蔡志杰怒气冲冲地出来，对紧随其后的王群阳说道："群阳，你说王啸现在这样是不是失去理智了？"

王群阳安抚道："有事慢慢说，大家这么多年兄弟，别伤了和气！当务之急是尽快让王啸止损，以免后面继续扩大亏损，既然我们劝不动王啸，不如你去请黄嘉雯来，说不定会有用！"

蔡志杰闻言赞道："这个办法好，我上次在游艇上正好加过她微信，我简单吃个饭，等下就联系她，下午让她跟我一块去劝王啸马上止损！"

王群阳点了点头说道："我先回去陪着王啸，下午你主要负责跟他谈，我要保持表面的中立态度才好调和矛盾。但是基金这个事我也是站在你这边的，我也希望他马上止损。”

王群阳说完之后，就返回YX基金公司继续规劝王啸止损。蔡志杰听王群阳这样说，放心地去找黄嘉雯，出门后在路边餐厅简单吃了饭，急匆匆赶到黄嘉雯家楼下。电话响了几声后，黄嘉雯才接起电话，蔡志杰含糊地说了王啸基金持仓股不肯止损和他的来意后，黄嘉雯听完有些犹豫道：“志杰哥，我不是不帮你劝他，但是你也知道我们早就分手了，而且我已为人妻，你觉得我劝他有用吗？恐怕你高看了我在他心中的位置！”

蔡志杰可不想放弃这个最后的希望，对黄嘉雯说道：“不管怎么样，你们相爱一场，王啸心里是有你的，恐怕你也不想看着他因为一意孤行落得破产甚至跳楼的下场吧？”

黄嘉雯听后默然不语，她了解王啸的脾气，虽然两个人分开了，但是她也不想王啸真的闹到如此惨淡收场的境地，犹豫了片刻，说道：“好吧，我可以跟你去试试劝他一下！”

蔡志杰闻言大喜过望，说道：“我在你家楼下，你开车过来，咱们一起去吧！”

黄嘉雯挂断电话，简单地收拾了一下，下楼开车载蔡志杰一起来到了YX基金公司，一进门就看见王啸和王群阳分别坐在沙发两边都不说话。王啸看到黄嘉雯进来先是一惊，随即明白了她和蔡志杰同来的意图。两人四目相对间包含了太多复杂情绪，王啸微微透红的眼睛与黄嘉雯深情的目光相撞，又迅速地分开了。两人明明近在咫尺，却像是隔着千山万水。

王啸打破尴尬，哽咽地说道：“你来了？”

黄嘉雯此刻内心也是百感交集，表面上却故作平淡地说道：“嗯，听说你交易上有点不顺，我来看看你！”

王啸强装镇定说道：“交易上出了点小问题，我能处理好，不用你费心，你去忙你的吧！”

王群阳见状抢先说道："嘉雯妹妹，你来得正好，王啸前段时间乌龙指把基金所有的钱都买了一只股票，结果那个股票停牌20多天，今天一复牌就跌停，王啸的本金是基金的劣后资金，已经亏完了，但他就是不肯止损，你快劝劝他！"

黄嘉雯听到后大惊失色，突然明白了什么，红着眼冲过来抓住王啸颤声问道："他说的是不是真的？所以你不是不肯帮我，是因为乌龙指被停牌套死了资金，所以才故意刺激我分手，是不是？"

王啸叹了口气，低头沉默不语，黄嘉雯继续追问道："是不是为了帮我快速赚这几百万元，才把本金做了劣后资金？"

王啸看事情既然已经瞒不住了，只好无奈地点了点头。

黄嘉雯气得冲上前去打了王啸一耳光，哭诉道："你为什么不跟我说？我在你眼里就只认钱吗？就算你没办法帮我还那400万元，我只要知道你为我尽了全力，我绝不会另嫁他人！我被债务压得喘不过气来，你却没有任何表示，我以为你心里根本就没我，万念俱灰之下这才同意了和林总的婚事，我如果知道你为了我冒了这么大风险，就算一辈子还债我也愿意！"

说完黄嘉雯抱着王啸放声大哭，回想起过去的点点滴滴，王啸也伤心地默默流泪。

蔡志杰见状过来劝道："算了，王啸，现在你的保证金已经归零了，明天再一个跌停只是徒增几百万元负债罢了，清仓算了，跟我去越南，我帮你重新开始。"

王啸闻言绝望地点了点头，此刻他确实无力回天，现在跌停如果不跑，不知道后面会不会像上次那个HC电子一样连续3个跌停。他刚要打开交易软件下单止损卖出，黄嘉雯却突然转身对着蔡志杰怒道："你口口声声说兄弟，你了解王啸的志向和理想吗？你知道他为交易付出了多少努力吗？你出生得好，生来就有亿万元身家，你知道王啸走到今天有多不容易吗？一路上你都在跟我说让我劝王啸收手，我还以为你是真心为他好，现在才明白你就是为了你自己的利益！”

王啸急忙拦住了她说道：“别说了！嘉雯！”

很多事说开只是大家尴尬而已，王啸不想把事情挑明。却见黄嘉雯从背包里拿出一张卡说道：“这里面有200万元，如果不够，明天我再想办法凑300万元，这个算我为王啸补充的保证金，希望你们让王啸完成他的交易！”

王啸一把拉住黄嘉雯说道：“不用，我的事我自己处理！”他不想黄嘉雯再陷进这场旋涡里。

黄嘉雯挣开王啸的手怒道：“你别管！再管我跟你翻脸！”

蔡志杰看到既然有保证金到账，自己的本金起码安全了，于是对着王啸说道：“那就多等一会儿吧，我不是不信任你，只是这都是生意，希望你理解。”

“我懂的，没事的。”

王啸虽然嘴上这么说，但是心里还是难免失落，自己还是高估了蔡志杰对自己的感情，从始至终他都是生意至上，这也是人之常情，哪有那么多超越利益的友情？是人都有个价，只能说在蔡志杰心里自己不值这几百万元。

正在此时，JJ股份的跌停板突然打开，成交量瞬间放大了，很明显，所有人都在跑步卖出。王啸看了看时间，14:10，既然跌停能放量打开，那就有两种可能的情况：一种会反弹起来不再跌停，那明天甚至今天就会迎来反弹；另一种就是反弹失败，二次跌停。根据交易系统的要求，这时要谨守趋势，除非反弹失败、二次跌停，否则必须持有到明天。所以王啸狠了狠心，坚持在尾盘跌停价条件单止损，这样只要不触发二次跌停就不会卖出。时间一点点地流逝，每一秒都像在用皮鞭抽打王啸的心，每抽一次就问一句：卖不卖？终于熬到了14:30，到了这个位置还不反弹上去，基本没戏了，王啸也不忍再看，就找了个理由说去洗手间。此时巨大的焦虑让王啸胃里翻江倒海地抽搐着，他实在忍不住，跪在马桶旁吐了起来，呕吐的压力导致眼睛充满泪水。王啸吐完后彻底崩溃地瘫坐在地上失声痛哭。他不想让外面的人听到、看到他崩溃的样子。哭了一会儿，王啸认命了，他不想把黄嘉雯辛苦赚的钱再搭进来，所以洗了把脸准备跟命运妥协，卖出 JJ 股份止损。突然黄嘉雯在洗手间外拍门惊喜道：

“啸哥你快来看！股价翻红了！！！”

王啸闻言后顾不得自己的狼狈模样，跌跌撞撞地从洗手间跑出来，推开众人，看到了让他终生难忘的一幕——JJ 股份的股价正放巨量直线飙升，很快就涨到了 8% 的位置，瞬间又出现一个大笔买单直接把股价拉至涨停了，JJ 股份竟然从跌停板变成了涨停板！！！

王啸激动得头晕目眩，呼吸都困难，手颤抖着打开账户持仓，赫然发现账户市值从早上的 4200 多万元变成了 5015 万元，并且账户也从亏损 800 万元变成盈利十几万元。

黄嘉雯看到账户扭亏为盈，激动地抱着王啸热泪盈眶。蔡志杰和王群阳也兴奋地互相击掌庆祝。王啸强压着激动的心情，认真地分析了之后，决定继续持股，就算要卖也是明天开盘以后。

蔡志杰听后脸色一变，说道：“兄弟，现在能全身而退，你要不跑，明天继续大跌怎么办？你不要再以身犯险了！”

此时连一直沉默的王群阳也坐不住了，对王啸说道：“弟弟，我知道你最近承受了很大的压力，但是现在这个机会能全身而退，你不要再意气用事了！”

王啸摇摇头说道：

“两位哥哥，你们都说我现在退出是全身而退，可是你知道吗？我因为这只股票失去了嘉雯，你们觉得我还能算全身而退吗？而且根据我的交易系统，这只股票明天卖赢的概率很高，我要遵循我的交易系统。”

蔡志杰和王群阳听后都无言以对，因为他们懂得失去黄嘉雯对王啸伤害有多大。两人不由把目光投向黄嘉雯，希望她能出面劝一下王啸。

黄嘉雯今天经历了此生最难忘的情绪变化，现在这种情况她也不知道应该怎么办，但是她选择相信王啸，哽咽地说道：“啸哥，相信你自己的判断，别为了我们影响你的判断，不论你做什么决定，我都支持你！”

王啸感激地点了点头，犹豫了好一会儿，分析出 JJ 股份这么异常的走势，已经带动了市场成为新的龙头，根据上涨趋势中持有的时间越长越好的原则，最少也要等明天看看反弹强度再决定是否卖出。既然心意已定，王啸就对蔡志杰他们说道：“两位哥哥，一路以来你们都是最支持我的人，现在希望你们再送我最后一程！”

蔡志杰看王啸话已至此，也只好说道：“既然兄弟你这么看好，那咱们就多等一天也不怕，反正现在也不亏钱了！”

王群阳也表示赞同这个意见，王啸见达成了共识，这才放下心来，很快就到了 15 点，JJ 股份以巨量的天地板涨停收盘。

随后在收盘不久后传来公告，JJ 股份因为前期亏损，不得已引进战略投资者，行业巨头开始资本扶持，并将进行长期的战略合作。这无疑是巨大的利好，难怪今天跌停板上有人敢重金买入，这则消息等于提前锁定了明天的胜局，王啸终于迎来了自己的好运。

次日早上，JJ 股份开盘 5 分钟不到，就快速巨量封涨停，王啸打开辅助交易系统，设定了 JJ 股份涨停板打开就自动闪电卖出 3000 万元，这样再也不用担心自己操作失误了。王啸心里暗自感激 Jason 帮忙做这个系统，看着账户市值已经变成了 5600 万元，王啸想到黄嘉雯却高兴不起来，昨天多亏她关键时刻力挺自己，不然后果不堪设想。突然手机里须弥会群里传来消息，大家都在互相发红包庆祝

JJ 股份涨停，对王啸也不乏赞美之词，同时也有人问王啸后面怎么操作。王啸苦笑着摇了摇头，拿起手机在群里简单地回复“持股待涨”便不再说话。

JJ 股份当天以涨停价收盘，王啸看了一下量能和市场热度，确定后面还会有涨停。果不其然，第二天 JJ 股份开盘继续冲涨停，又是全天牢牢封死在涨停价上！王啸看了一下账户余额，已经突破 6100 万元了，连续的涨停和消息利好大大地刺激了散户的追捧，就连王群阳和蔡志杰两个不懂股票的人都兴致勃勃地打电话给王啸说道：“兄弟，我周围朋友都说，JJ 股份这波价格要翻倍了，你的判断没错，后面要坚决持有这只股票！”

王啸嘴上应付了几句就挂断了电话，人就是这么奇怪，两天前还恐惧得不顾一切地逼王啸卖出，现在又从恐惧变成贪婪，想一夜暴富。也许这就是人性吧，越是如此，明天越要谨慎。

果然，次日开盘后股价上涨速度很慢，成交量也有所萎缩，但还是在 10:15 封了涨停，王啸看看账户余额已经到了 6800 万元，正在考虑要不要卖出时，JJ 股份涨停板突然打开了，这时自动交易系统迅速地卖出了 6800 万元，全部成交后账户余额为 6750 万元。此后，股价虽然很快回封了涨停，但是王啸已经设定禁止再次买入 JJ 股份了。因为他判断 JJ 股份的头部已经形成，没必要再继续重仓跟进了。而须弥会群里还沉浸在连续涨停的喜悦里，大家一边发红包一边询问王啸要不要加仓，王啸想了一想还是老实回复道：“我已经清仓了，后面怎么走不确定。”

大家闻言都是一惊，既然王啸都卖出了，大部分人也跟着卖出，反正盈利已经超过 20% 了！

经此一役，所有人对王啸的能力都更有信心了。收盘后，原本 JX 基金的客户纷纷联系王啸，表示那边产品赎回的资金已经到账，愿意随时投入王啸这边的产品里。王啸起初并没意识到问题，但连续接了几个电话，好像大家都不约而同地选择今天开始买入王啸的基金产品，他这才意识到根据基金法，从原本的 JX 基金那边赎回的资金早就到了，大家一直不肯投过来是因为要看看王啸自己管理基金产品的水平如何，也许这就是生意头脑。好在 Jason 已经准备好了 2 号基金产品的备案，等他们资金到了直接注入就行。王啸看了看 1 号产品的盈利总金额已超过 1600 万元，按交易合同，王啸应该分一半，正好 800 万元可以还阿强的短期借款，同时把陈总那个 200 多万元借款也提现还给了他，王啸终于可以解除短期借款这颗定时炸弹了。

2

2020 年 5 月 1 日，澳门此时正逢旅游假期，虽然受到疫情影响，但威尼斯人酒店里大运河购物中心依旧人潮汹涌，王啸身在此处却来不及看周围的风景。前几天王啸如数归还了阿强的 800 万元短期借款，并一定要当面感谢澳门王董当时高抬贵手，这才有了他后面的咸鱼翻身。阿强请示过后，王董也对王啸产生了浓厚的兴趣，于是让阿强带他过来澳门玩几天，顺便见个面。王啸跟着阿强一路来到威尼斯人酒店的总统套房门口，阿强进去通报了一下，很快就出来把王啸带进房间。阿强进门后对着沙发上一个身材肥胖的秃头老者恭敬地说道：“董事长，我把王总带过来了！”

王董听到后，抬头仔细打量了王啸一番后，笑道：“果然是后生可畏，欢迎你过来澳门玩！”

王啸连忙把手里的燕窝鹿茸礼盒轻放在茶几上，上前几步对王董一个深鞠躬后说道：“感谢王董之前的高抬贵手，让我度过了这场危机！”

王董点点头，示意王啸坐下，询问了一下事情的前因后果，王啸不敢隐瞒，就把事情原原本本地说了一遍，王董听完后很满意，说道：“以后大家都是朋友，你客户资源这么好，可以带他们到这边来玩儿，资金返点上我给你和阿强一样的优惠！”

王啸不想当面拒绝，这样不礼貌，便答道：“感谢王董的栽培，我后面有朋友过来一定让他到您这边玩！”

王董看时间差不多了，转身对阿强说道：“你给王总从柜上拿20万元筹码让他开心一下，我还有事，你们去玩吧！”

王啸想推辞又不好意思，只好先跟阿强离开房间，出门后阿强打趣道：“你要发财了，以后可以兼职叠码仔，以你的资源，一年弄几百万元不在话下！”

王啸却反驳道：“我不过是不好意思驳老人家的面子，我不希望我身边的任何一个朋友赌博，包括你，请问你赌博吗？”

阿强被驳斥，刚要发火，又忍了下来，说道：“不错，是不应该带人来赌博，说句老实话，我自己也不玩，这是我们这行的行规！”

两人边说边聊，很快到了赌场门口，阿强拿出一沓筹码塞给王啸说道：“既然来了，就去见见世面，反正王董请客，有事你随时叫我，我去忙一会儿！”说完他就自顾自地走了。

王啸看看时间还早，就把筹码装进口袋，走进了赌场大门，里面装修得极度奢华，再加上人潮涌动和情绪的亢奋，果然是空气中都弥漫着金钱的诱惑！作为一个系统交易者，王啸知道赌场具有概率优势，在大数法则下，只要你赌就是输了！所以王啸进来更多的是想观察人们贪婪和恐惧情绪的变化，这对投机交易有启发，本质上投机也是一种概率游戏。

就这样在里面逛了大半天过后，王啸发现只要下场赌了，不管表面上多平静，内心的情绪波动都会对理性决策造成干扰，回想起自己过去交易上的种种问题也是源自于此，庆幸自己现在通过认知提高加计算机辅助交易实现了知行合一，不然自己依旧是这些人中的一员，就像古希腊神话里西西弗斯的诅咒，每天把石头艰难地推到山顶附近后，在山下又捡起刚滚下山的石头，如此周而复始，无限轮回。王啸觉得这些人既悲哀又可怜，不忍再看下去，转身离开了赌场，让阿强帮忙叫了司机准备过海关回 D 市。阿强以为王啸输光了筹码所以才要回去，也就没再问，安排司机送王啸去海关，王啸上车后把筹码一分不少地交给了司机，让他转交阿强，自己在海关附近的玫瑰圣母堂下了车，因为时间还早，王啸对天主教比较感兴趣，正好这次可以了解一下。司机返回后把筹码交给阿强，他马上跟王董做了汇报，并上交了筹码，王董看了看筹码，不解地问道："他是没进赌场直接走了吗？"

阿强走上前恭敬地答道："正好相反，我查了监控，王啸不仅进去了，还在里面看了大半天，每个角落都去了，只是很奇怪，一次都没下注！"

王董感叹道："看来他比我想的还要聪明，我让他带客户过来玩的事，他私下怎么跟你说的？"

阿强尴尬地说道："他说只是不好意思当面驳您的面子，他不希望让身边任何一个朋友赌博！"

王董闻言点了点头说道："这个人我越来越喜欢了，你去带人在海关那边把他接回来，就说我有事跟他详谈！"

阿强惊讶地看着王董，也不敢多问，急忙赶往澳门海关。王啸慢悠悠地参观完教堂，刚要去海关，就看见阿强带着两个人气喘吁吁地跑过来说道："可算找到你了，王董找你有事详谈，麻烦你跟我回去一趟！"

王啸很奇怪为什么突然又把自己叫回去，但是想来也没什么危险，就爽快地跟阿强上了车。这次见面的地点却不是在酒店，而是直奔王董位于星河湾的海景别墅。车辆通行经过层层保安后，才到达王董家的地下车库。王啸下车后，阿强神秘地叮嘱道："我不知道王董找你什么事，但是估计多半是好事，你自己见机行事，我还有事，就不上去了。”说完阿强就开车走了。车库里一个菲佣已经恭敬地等在那里，见到王啸便引路带着他去楼上找王董，王啸看着巨大房间内的豪华装修目瞪口呆，别墅他见过不少，这么奢华的还是第一次，连楼梯扶手都是镀金的！只是好像这房子并没有多少人住。进到房间后，菲佣知趣地退去了，王啸快步上前，说道：“王董，我来了，您有何吩咐？”

王董起身示意王啸坐下，笑道：“以后不用这么见外，我单名一个坤字，你以后就叫我坤叔好了！”

王啸受宠若惊，连称不敢，但是王董坚持让他这样叫，王啸只好却之不恭，忐忑地坐下叫了声：“坤叔！”

坤叔满意地点点头，说道：“这就对了，我叫你回来，是因为我觉得你是我一直要找的人，一不为利益带朋友赌博坑队友，二能在赌场这种利诱情况下有定力全身而退，三又对投资理财非常精通。你这种德才兼备的人，是我一直渴求的！”

王啸听得既惭愧又惶恐，说道：“坤叔，您过奖了，晚辈愧不敢当！”

坤叔摆了摆手，继续说道：“我们这个行业，你知道的，捞偏门，虽然很赚钱，但是有损阴德，所以我子嗣一直不旺，前面两个孩子都夭折，现在只剩下一个小儿子在国外。我从来不让他碰我这些生意，只是他太年轻，家里现在大把的资金却不敢给他投资，让他以后能堂堂正正地做正道生意是我一直以来的夙愿！如今有幸遇见你，我想请你帮我管理家族投资，以后有机会也可以帮我教导儿子投资之道，不知你是否愿意？”

王啸听得十分动容，站起身说道：“坤叔，您为孩子打算得足够深远，晚辈十分钦佩！只是晚辈能力有限，怕是辜负了您一片心意！”

坤叔笑道："你不必客气，请放心，我的钱都是贷款公司的合法收入，没有洗黑钱的风险！"

王啸被他说破心事，脸上微微一红，说道："坤叔您多虑了，澳门跟香港一样都是金融自贸体，并没有这么多限制，你们可以投资港股美股，可能机会更好！"

坤叔转身拿过一份文件，递给王啸说道："这是个 3000 万美元的账户，我们先试试，你帮我选股、交易，一切都由你负责，你把下单指令安排给我这边证券公司的经纪人即可，按你们的行规，年化收益率达到 20% 给你提 20% 佣金，如果年化收益率超过 30%，统一提 30% 佣金，这样你看合理吗？"

王啸接过文件看了一下，心里暗暗吃惊，3000 万美元合 2 亿多人民币，在坤叔这只是小试牛刀，如果自己错过这个机会，可能一辈子也碰不到第二次。好在王啸对美股、港股一直有研究，操作起来难度并不大，犹豫再三，最终下定决心说道：

"坤叔，难得您这么看得起我，我一定全力以赴，只是投资有风险，如果最大损失在 20% 以内，您可以接受吗？"

坤叔耸了耸肩，轻松地说道："你放心去做，愿赌服输，你赌的是技术，我赌的是你这个人，你只要对自己有信心就好！"

王啸见他如此表态，便也不再保留，拿出手机打开炒股软件对坤叔说道：

"当今世界，科技是第一生产力！全世界现在科技革命最有前景的就是新能源汽车，而新能源汽车里面最有优势的龙头企业只有两个，第一是特斯拉，这个公司之前的困境是因为产能严重不足造成的，但是特斯拉上海工厂去年年底刚开始投产，随着后面公司产能爆发，股价必然会有一波长期上涨趋势。而唯一能威胁特斯拉的新能源汽车巨头就是比亚迪，这两个我不确定谁是真正的王者，所以最稳的办法就是美股那边买 1500 万美元特斯拉，港股这边买 1500

万美元比亚迪，这样各打五十大板，综合胜率就会很高！”

坤叔听后只是淡淡说道：“我这个投资不求暴利。你也知道，我做的生意本来就是暴利项目，我想要的就是家族资产的保值和增值，所以你不用有太大的业绩压力。钱这方面，以后有需要可以增加到5000万美元，只是你要做好资金管理就行，你既然看好，后面自己联系证券公司经纪人就行，我明天授权给你，文件里有账户资料和交易密码，希望你不负所望！”

王啸闻言站起身来，对坤叔说道：“您放心，我会当成自己的投资一样去计划和执行，力争完成任务！”

坤叔很满意地招呼王啸坐下。两个人又聊了许多事，但是没再提股票了。坤叔当晚临时有应酬，看时间不早了，就安排车先送王啸去海关返回D市。等他回到家已经8点多了，洗了个热水澡刚要睡觉，原杰盛集团的张总却突然从台湾打电话过来说道：“小王，我想跟你聊下投资的事，你现在有时间吗？”

王啸哪敢说不，连忙说道：“张总，有什么吩咐您请讲！”

张总郑重地说道：“虽然我在你们那里的投资收益都不错，最近群里那个JJ股份我也跟着赚了钱，但是我发现你们选的股票波动性太大了，跟我的个性不符，所以我想问你能不能找一些稳健的、具有长期投资价值的个股来交易，我知道这跟你们其他产品的交易风格有冲突，所以我愿意拿一个亿出来让你单独成立一个产品操作，你觉得有把握吗？”

王啸自信地说道：“有把握，我正好有个目标股是这个类型。”

王啸这么说真不是敷衍，他最近一直在研究孟总留下来的资料，对里面选股策略里分析的线性成长股和强逻辑次新成长股，都分别选好了目标股，本来计划“五一”假期后操作，既然张总问起，就提前透露给他。只是线性成长股有个问题，需要对基本面分析得非常准确才敢下手。王啸突然想到，张总虽然不懂股票，但是他做了这么多年大公司的董事长，对公司管理可谓是手到擒来，如果自己技术面上选出的股票，请他做基本面分析，最合适不过了。

想到这儿，王啸直接在电话里跟张总沟通了想法。果然他对此很感兴趣，两人一拍即合，合作模式是张总的基金产品要建仓的股票需要张总本人同意，未经张总同意的都不能买入。王啸决定把3号基金产品作为线性成长产品的代表，基金规模1亿元，“五一”假期后开始启动，目标股范围主要集中在医疗领域。一号目标股是做口罩出口的YK医疗，国外疫情蔓延，口罩需求供不应求。二号目标股是做牙科诊所连锁的TC医疗，未来社会进入老龄化时代，牙科诊所需求旺盛。三号目标股是KLY，创新药研发的龙头，技术水平和公司规模都是首屈一指。这三只股票王啸都发给张总去做研究，等他最后确定。研究了两天，张总觉得这些股票都非常不错，同意都加入目标股，仓位上让王啸自己看着处理即可。

假期这几天，王啸也同时完成了2号基金产品的募资，募集到的资金远超预期。这里面包括原本JX基金的客户，他们都追加了投资，总数达到了5000万元，而须弥会群里的客户也总计投了3000万元，两边加起来刚好8000万元。1号基金产品这边，王啸去掉了自己的分红还有总计5800万元，其中他个人资产1300万元，超过总资金的20%，继续做劣后资金交易，只是操作上不是只做一只股票，而是要建立一个完整的投资组合。所有的一切都准备就绪，王啸算了一下，目前管理的资金规模已经超过了JX基金，属于自己的时代正在来临！

第二十七章　急流勇退（大结局）

1

2020年5月6日，王啸早上7点半就到了YX基金公司，今天需要建仓买入几个产品。1号基金的5800万元目标锁定两只个股。一只是科创板的HG产业，这就是以前孟总教过的强逻辑次新成长股。因为第一次做这类股票，王啸不放心，头天晚上特意请教远在新西兰的孟总，让他帮忙把关，今早孟总传来信息，就两个字——可以！另一只目标股是跟张总共同选定的YK医疗，全球疫情泛滥激发了对口罩的强烈需求，这个会是由股价和业绩互相驱动的强趋势股，表现为股价领先于业绩上涨，等股价涨不动了，公司发布超预期业绩报告修复高估值，会再次推动上涨，这种股票往往是已经涨了很多，但是看市盈率只有十几倍甚至更低，所以王啸把这只股票作为唯一一个三个基金产品共同配置的目标股。今天的交易计划如下：

1号基金计划买入3000万元HG产业，买入3000万元YK医疗，行业配置为一半科技、一半医疗；

2号基金计划买入4000万元YK医疗，买入2000万元HG产业，买入2000万元TC医疗，行业配置为大部分医疗，小部分科技；

3号基金计划买入5000万元YK医疗，买入2500万元TC医疗，买入2500万元KLY，行业配置全部是医药行业。

王啸设定好计划，把各目标股分别输入三个基金产品的交易模型，设定好买卖仓位的上限、买点条件。今天因为全部是建仓买入，不需要开自动做 T 的模型，所以相对会比较简单，只要目标股盘中符合交易系统的买点条件就可以自动批量下单。设定好一切之后，Jason 也到了公司，见到王啸就埋怨道："我备案了三个产品，你倒好，一周时间全征用了，一个也不给我留，害得我自己这边量化交易的 2000 万元资金又要重新备案！"

王啸闻言也觉得很不好意思，尴尬地说道："Jason，我这个确实要跟你赔罪，只是客户的资金来得太猛，我选的股票又都刚好到了买点，所以临时抢了你的 3 号基金，我保证给你补偿，等我这些产品有盈利之后，我让客户分流一部分资金到你的量化交易产品，你看可好？"

Jason 连忙摆手说道："千万别这样，我刚才就是开玩笑，你做股票盈利水平比我好太多，容易出成绩，我乐得其成，躺着分钱不好吗？再说，要没有你的基础和客户资源，我们一个刚开业的小私募怎么可能短时间就募到这么多钱？就凭这，你做什么我都不拦着！"

王啸感慨道："其实进行得如此顺利，我也是很意外，但是既然时机到了，你我就不要畏畏缩缩，正所谓时来天地皆同力，我们大干一场也不枉此生了！"

Jason 闻言赞道："说得没错，我擅长防守，以我那个量化打法，收益率不会很高，你擅长进攻，有好机会你很容易做出利润空间，我们互相配合，一定可以稳步发展！"

王啸听后感慨万千，觉得这些年最大的收获就是交了 Jason 这个朋友，两人年纪相仿又惺惺相惜，特别是 Jason 的量化交易解决了王啸知行合一的问题。

两人不知不觉聊到了 9:25，听到电脑传来成交回报的声音，发现 HG 产业触发了竞价交易模型，三个基金产品都分别有成交回报，平均成交价格 16.1 元，但是由于是竞价交易，所以成交的数量并不太多，很快到了 9:30 正式开盘，三台高性能电脑分别跟踪三个基金产品，不时传来“滴滴”声提示着成交回报，完全不用王啸手工干预。

由于科创板的高波动性特点，今天模型触发最多的就是 HG 产业，不到 10 点，电脑就完成了整体买入，HG 产业平均成交价格 16.5 元。剩下的时间，王啸就看着电脑在按部就班地建仓买入，临近 11 点钟，突然有资金连续买入 HG 产业，王啸本想手工加仓 HG 产业，后来忍住了，实行自动交易后，最大的问题是自己会忍不住总想插手，就像你开车时凭经验更改导航的路线一样，还是需要对系统有深度的信任，才能避免人机大战。

王啸实在无聊，突然想起澳门坤叔那边的事还没安排，打开电脑看到港股比亚迪的走势复盘了一下，王啸深入研究这只股票很久了，目前比亚迪的股价在 47 港元左右，根据技术走势分析的以损定位原则，支撑位在 44 港元左右，王啸传信息给坤叔的证券公司经纪人 Wendy 小姐，要求她先以目前价格买入 500 万美元，后面如果跌破 44 港元就加仓 1000 万美元，这个准备长线配置。而美股特斯拉，国内市场发布消息称特斯拉上海工厂产能要增加一倍，这会进一步提高特斯拉的盈利水平，所以王啸直接要求 Wendy 在今晚市价买入特斯拉，只要股价不高过 800 美元，就直接买入 1500 万美元，之所以不直接交易，是王啸不懂那边的交易规则，传信息可以更准确，同时也能保留证据。

很快，王啸收到 Wendy 的回复：“收到交易指令，保证按规定执行。”

王啸交代好一切后，随便吃了点东西就午睡了一会儿，结果一觉睡到 14:30 闹铃响起。交易系统会分别在早上开盘后半小时和下午收盘前半小时提醒交易者看盘，这两个时段对交易来说最重要。

王啸看看电脑，买入的 HG 产业已经涨停了。由于是科创板股票，涨停板上限是 20%，这样今天买入的 HG 产业当天就已经有了百分之十几的盈利，这也算是为整个投资组合创建了盈利安全垫，再看剩下的目标股也买入了计划数量的一半以上，YK 医疗平均成本 17.55 元，TC 医疗平均成本 122 元，KLY 平均成本 133 元，三个基金产品投资组合建仓买入总金额接近八成仓位，剩下的现金就是留着后面用做 T 的交易模型跟踪做差价，这个 Jason 最擅长，交给他就好了。

这些股票都不是短期的布局，更多是基于行业成长趋势和市场趋势的结合形成的中长期趋势。王啸安顿好一切之后就把账户转交给 Jason，他自己当晚要飞北京参加一个行业分析师的聚会，现在计算机交易解放了双手，王啸就有时间在基本面上做更深入的研究了，行业展会、企业调研、分析师年会，这些都是王啸计划在未来学习的渠道！

2

2021 年 2 月 20 日，YX 基金公司在国际酒店顶楼的樱花会馆举行新年茶话会，一是答谢老客户，二是邀请了很多潜在的高净值人群做基金产品宣传，这里王啸最熟悉，办起事来流程比较简单。在过去的 9 个月里，王啸管理的三只基金产品净值都出现了超高收益，更难得的是整体回撤幅度最大只有 9%，这主要得益于两方面：第一是投资组合中线性成长股和科技股出现了共振上涨，科技股的回撤曲线被线性成长股填平了；第二是 Jason 和王啸共同开发的量化做 T 策略，在持仓股票的向上波动周期增加了收益，在向下波动周期减少了损失。

三个基金产品的投资组合在 9 个月时间里，买入 TC 医疗的平均成本为 122 元，卖出的平均价格为 276 元；KLY 的买入平均成本为 133 元，卖出的平均价格为 211 元；HG 产业买入的平均成本为 16.5 元，卖出的平均价格为 39.1 元；YK 医疗买入的平均成本为 17.55 元，卖出的平均价格为 97.3 元。

最可惜的是这个 YK 医疗，在王啸卖出后又一直涨到上个月的 160 多元才开始真正走下跌趋势。三个基金产品持仓金额虽然有所不同，但是仓位都在七成以上，1 号基金仓位重一些，2 号基金仓位轻一些，2021 年初都完成了清仓，兑换成了现金。

1 号基金 5800 万元的本金盈利 8000 万元，2 号基金 8000 万元的本金盈利 7600 万元，3 号基金因为是全医疗行业配置 1 亿元的本金，盈利 1.6 亿元。YX 基金转眼之间从一个名不见经传的小私募基金变成了炙手可热的投资明星，这难道就是传说中的情场失意、赌场得意？

经过这一轮暴涨，王啸和 Jason 彻底实现了财富自由。特别是王啸，因为 1 号基金分红比例是 50%，所以王啸私下算了一下，自己目前有差不多 6000 万元的资产了，算是追上了黄嘉雯老公的家族资产。这次年会，王啸也请了黄嘉雯，倒不是为了炫耀，只是想让她一起见证自己当初的梦想实现了！Jason 带着员工忙着安排招待事宜，王啸则忙着准备晚上聚会的发言稿。

夜幕降临，樱花会馆宾客云集，王啸在角落里望着空荡荡的、写着“黄嘉雯”名字的椅子，心里黯然神伤。这美梦我已实现，可是那个最想分享的人却不在！回想自己当年初来广东睡过的工棚，努力奋斗也只是想有份收入过万元的工作而已，一步步走到今天，与其说是个人努力，不如说是环境逼迫着自己只能杀出一条血路。Jason 看王啸神色异常，走过来提示道：“客户基本到齐了，你可以开始准备发言了。”

王啸定了定神，深吸一口气走上到台前，开始了当晚的致辞。

感谢各位朋友们，从百忙之中抽空参加 YX 基金今天的分享会，很多朋友一直以来对投资股票都抱有极大的兴趣，但是自学又面对海量的数据，不知道从何学起，我今天就把我投资的一些心得，无私地分享给大家，后续还会成立官方微信公众号“须弥会”持续跟大家分享，希望对大家以后的投资有所启发！

首先是了解市场运行规律，市场是混沌的，就像飘扬的旗帜，是风在动，影响了旗帜；还是旗帜在动，产生了风？正因为如此，市场才是不确定的，不能完全遵循因果关系来应对。市场处于无限变化中，既局部有效也局部无效。市场能准确反映经济中的某些问题，同时也会扭曲另一些问题的准确反映，市场总在寻找有效反应和试图更正扭曲的无效反应。什么才是真正的有效反应？遵循因果关系的价值再发现逻辑，就是市场波动的根本原因。有效市场靠因果关系的价值再发现逻辑和逻辑产生的心理预期，无效市场靠超预期产生的情绪波动，情绪高涨而产生热点，热点爆发而产生泡沫，泡沫过大而导致破灭。

所以要建立价值逻辑—预期—情绪—热点—泡沫—泡沫破灭—价值逻辑的反身性关系，就是统一市场方向从而产生趋势！这个逻辑就是，假设市场有效，股票价值波动的底层逻辑和预期是主要趋势；假设市场无效，二级市场的供求关系和市场情绪就是趋势，这两者就像风和旗帜一样互相作用，形成包容有效和无效的混沌市场的大趋势。而趋势永远是对的，最强的趋势就是未来会被所有人都认可的价值波动方向，那么这个波动方向是什么？是质量、趋势、时机，是基本面与技术面，是时机的反身效应和相互作用。

公司基本面的研判逻辑，主要源于行业分析和公司分析，以行业的成长周期为主轴趋势线，以行业龙头企业为节奏线，以企业的质变突破为买卖时机点，用这个确定行业和公司的趋势方向为主轴趋势线，以公司流通股数量变化的供求趋势和市场资金动向为节奏线，以行业和公司的重大事件影响为买卖时机点，所以反身理论是形成市场大趋势的唯一逻辑。价值再发现逻辑只能形成有效市场的趋势，供需关系和市场情绪只能形成无效市场的趋势。

很多牛股一开始大家看不懂的原因是无效市场领先有效市场，即使是在有逻辑的情况下，也是无效市场先发动，大资金一般比较敏感，会在逻辑显现前就先动手，让无效市场走出趋势行情，这时经过人们挖掘，逻辑才会发现价值，有效市场才会形成和无效市场共同的趋势。当共同趋势展开产生重大利益时，就会形成热点，而到所有人都意识到以后，大众会蜂拥而至，这时人性的本能就会产生很多情绪——贪婪或恐惧、从众。当贪婪和从众的情绪蔓延开来，导致情绪失控而产生不理智时，就会产生泡沫。等到少部分人发现了泡沫的存在，因为恐惧而开始退出时，从众的心理会引发更多的人跟随，导致泡沫的破灭。当泡沫完全破灭以后，市场会因为恐惧而产生扭曲，低估价值，而价值低估以后，市场会遵循因果关系的价值再发现逻辑，周而复始，生生不息！

有效市场的逻辑是因果关系，但是市场并不总是有效的，所以很多时候都会出错，不能完全遵循因果关系并正确地做出反应。市场同时存在着均值回归效应和马太效应，市场并不是一直有效或者无效，而是受情绪和逻辑的交替控制，在混沌和趋势之间不断变换状态。所以我们应该在市场逻辑有效的部分做均值回归和价值再发现，在市场逻辑无效、受情绪主导的时候做马太效应的泡沫收益，同时空仓回避泡沫和逻辑双杀的系统性风险。

最后再重复总结一下前文的观点。遵循因果关系的逻辑是市场波动的根本原因，有效市场靠因果关系的价值再发现逻辑和逻辑产生的心理预期推动涨跌，无效市场靠超预期产生的情绪波动推动涨跌，所以是先有逻辑而后有情绪，情绪失控而有泡沫，泡沫破灭而显价值，市场永远是错的，趋势永远是对的！

公司质量、市场趋势、重大事件

1. 基本面价值逻辑

以公司的基本面长期发展为主轴趋势线，公司基本面的研判逻辑，主要源于行业分析和公司分析。以行业的成长周期为主轴趋势线，行业的政策法规为节奏线，以企业的质变突破为长期趋势买卖时机点，以周期性盈利拐点为短期趋势买卖时机点。

2. 市场趋势

对二级市场来说，市场是具有不确定性的。但是在不确定性当中，主要有三大确定性因素影响市场变化，即股票流通筹码供求关系、价格、市场情绪。这三点互相影响、相互作用产生市场波动，三者彼此共振、相互自我加强，便产生了趋势，三者彼此自我纠错便产生了震荡。市场趋势总是领先公司基本面趋势的变化而变化，而这种变化对公司基本面产生影响后，基本面又会对市场产生影响，周而复始。但是，再复杂的市场也是由人组成的，对市场来说，参与者主要有以下三种。

第一种就是战略投资者，主要关注公司基本面与股价之间的关系是否均衡，当股价低于公司的实际价值时，他们会忽略市场，逆势进行操作，以短期的损失等待市场对公司价值的再发现，从而获得长期性的收益，我们称之为左侧交易者。这种投资者通常为大资金持有者，例如基金、私募等，他们的弱势是资金体量大、灵活性差，短期内他们的大量买卖会引起股价的急剧波动，进而引发趋势的变化和反转，所以他们会更多地利用他们的优势，即对资讯的准确和完整获取、专业的技术力量、对政策的充分理解、雄厚的资金实力来进行前瞻性的战略投资。

第二种就是专业的投机者。这种人具有完整有效的交易系统和一定的资金实力，洞察力敏锐，对市场趋势敏感，由于没有专业机构投资者的调研能力，当发现左侧交易的战略投资者战略性地建仓以后，他们会等待市场回应，待市场的供求关系、价格、市场情绪产生共振（这个共振必然产生股价的波动）后入场，他们会在高于战略投资者的市场价格建仓，我们称之为右侧交易者。右侧交易者的缺点是，风险和成本高于左侧交易者，收益必然少于左侧交易者，但优点是灵活性高、时间周期短。

第三种就是随机的参与者。这种人通常没有完整的交易系统，对市场的波动性和趋势性判断多基于市场情绪和个人期望，对价格、消息敏感，容易受到媒体蛊惑而盲目地交易，目前是交易市场上的主流。

以上参与者彼此互相影响，相互作用，也就决定了市场状态是趋势还是震荡，三者方向一致形成趋势，三者强烈分歧形成震荡。参与者催化了市场的反应强度和时间，归根结底，投机就是在不确定性的市场中寻找确定性，当三者都出现确定性方向时，就是市场趋势！

重大事件驱动买卖点

由于市场很多时候是错的，所以供求呈现了均衡与不均衡的关系，极端的不均衡状态是好的买卖时机点。

不理性的或重大事件影响下的非均衡状态为买卖时机点，因为重大事件可能影响需求和供给，譬如行业或个股基本面的盈利周期性拐点是起爆点，这个周期包含板块周期和个股周期，这时股价会先行，而后才会凸显逻辑。所以我们也要关注资金和技术上的爆点，寻找背后的预期是否符合逻辑。如果符合逻辑，那么就有可能是趋势的买点。

从事件的直接影响可以推导出最大概率出现的直接结果，直接结果会衍生出事件的进一步结果，事件的分裂发展方向需要用逻辑和概率来推导。

我从这些规则中总结出了具有概率优势的交易系统，但是再好的方法在应用的时候也是靠人去执行，需要解决人性的弱点问题，比如贪婪和恐惧。人性即使从生理上来说也是分裂的，大脑既有本能反应，也有理智决策，加上各种身体激素对情绪的影响，所以人的决策很难保持长期一致性和理智。而交易要维持概率优势就要长期坚持使用具有概率优势的交易系统，所以就需要把交易系统做成自动化的交易模型，利用电脑的客观性规避人性的弱点，同时提高交易的效率，也解决了看到机会来不及交易的问题。这就是 YX 基金投资的成功秘诀！

由于内容比较长，王啸足足讲了一小时。结束时，在场的宾客掌声不断，大家都被王啸这番投资理念的论述所折服。Jason 看现场情绪高涨，连忙趁热打铁走上台开始宣传 YX 基金当年的新基金产品募集计划，哪怕管理费收到 1.5%，报名的人依然围了一大圈。王啸感叹，看来金融市场真的不缺钱，缺的是相对确定性的机会。王啸在人群中努力寻找黄嘉雯的身影，但却只是徒劳！

自从去年 JJ 股份那次投资之后，黄嘉雯就好像从这个世界消失了一样，王啸不知道她到底发生了什么。

3

2021 年 3 月 7 日，王啸突然收到消息说林子濠因为内幕交易被抓了。他连忙打电话给黄嘉雯，却发现手机已是空号，想发微信却发现好友被删除，就连须弥会的群她也退出了，开车前往黄嘉雯家，却发现房子已经被卖了！

王啸再也顾不得忌讳，直接开车去了长 H 基金公司，到了后只看到一片狼藉。公司大部分员工都已经被遣散了，只剩下前台那个叫陈丽的女孩，王啸记得她好像跟黄嘉雯是闺蜜，平时两人经常聊天。陈丽之前因为男朋友的投资问题，托黄嘉雯约过饭局，当时请教过自己解决方案。在王啸的追问之下，她这才和盘托出。

原来黄嘉雯自从2020年4月下旬知道了王啸不肯帮她的真相后，情绪就陷入了抑郁状态，后悔自己不应该怀疑王啸对她的感情，但是木已成舟，再说什么都晚了，既然命运如此，自己就只好安心跟林子濠过日子了。

可是随着时间的推移，黄嘉雯慢慢发现精英男只是林子濠的表面人设而已。他从小家境富裕，在娇生惯养中长大，身边都是照顾他的人，他却从不顾及别人的感受，对黄嘉雯的感觉就是娶回来的佣人。嫁入林家后，林子濠再也没有给黄嘉雯发过原本应该给她的薪水和业务提成，这笔钱一年本应该有几十万元，他只是拿了张信用卡给她，让她要买什么就自己刷卡，这让黄嘉雯觉得寄人篱下。

前段时间黄嘉雯意外发现自己怀孕了，她不想要这个孩子，偷偷跑到医院咨询过之后，医生警告她，因为她太瘦弱了，如果不要这个宝宝，后面想再要会非常困难。没办法，黄嘉雯只好回来跟林子濠说已经怀孕了。但是他的表现很奇怪，虽然嘴上说很开心，但是表现得并不热情，倒是林子濠妈妈非常开心，经常送各种吃的用的过来。林子濠因为黄嘉雯怀孕，说怕影响宝宝，提出两人分房睡，自此他就经常夜不归宿，就算回家也是冷言冷语。黄嘉雯挺着大肚子还要跪着擦地干活，林子濠看到了也从不帮忙。孕期妇女本就情绪不稳定，在这种情况下，黄嘉雯患上了产前抑郁症，最终引发了早产，好在送医及时，总算保住了孩子。不幸的是，生产过程中黄嘉雯损伤了子宫，以后再也不能生育了。因为只生了个女儿，并且以后还不能再生，公婆从满心期待生个孙子到希望完全破灭，对黄嘉雯也开始各种挑剔。林子濠更是怀疑黄嘉雯早产是因为女儿不是自己亲生的，偷拿孩子的毛发做亲子鉴定。

没过多久，林子濠就因为内幕交易被抓，黄嘉雯仔细回想那天在林子濠车上的情况，发现自己睡着前手机屏幕是朝上的，而醒来时手机却是屏幕朝下，由此推断出林子濠偷看了王啸当天给她的荐股短信，故意设局害她。黄嘉雯至此心灰意冷，跟林子濠正式决裂，卖房还了林子濠的钱，回四川老家之后就不知去向。就连陈丽都联系不上她了。

王啸听后哭得泣不成声，他从没想过黄嘉雯会过得这么难，他本以为她结婚后会像少奶奶一样过着养尊处优的生活，却不知道她受了如此多的委屈。

王啸去洗手间洗了把脸，出来对陈丽说道："你愿不愿去我公司上班？我让你做业务代表，给你相当于这边 1.5 倍的薪水，只有一个条件，请你帮我找黄嘉雯的消息。"

陈丽听后喜出望外，想不到公司破产，自己却能升职加薪，连忙感谢王啸，说自己一定想尽一切办法找到黄嘉雯。王啸点了点头，转身离开了。

4

2021 年 3 月 9 日，澳门，星河湾海景别墅，今天是坤叔生日，王啸特意从广东过来陪他过生日。坤叔看到王啸格外开心，这时候王啸学过烹饪的优势又发挥出来了，他亲自给坤叔做了几道家常菜，引得他连声称赞，对阿强说道："你快来尝尝这个亿万富翁的厨艺，真的很靓！"

王啸心里暗自诧异，坤叔怎么知道自己有多少钱？再说自己的身价也没过亿啊。

坤叔看出了王啸的心思，笑道："我没有夸大其词，你难道忘了去年帮我投资的那两只股票了吗？我上个月把它们统统卖了。不好意思，我没告诉你，我实在忍不住了，特斯拉赚了 5 倍，比亚迪赚了 6 倍，我 3000 万美元给你投资，现在竟然市值快两亿美元了，你说我哪里还坐得住！”

王啸听后大吃一惊，他最近几个月忙昏头了，根本没顾得上去看这两只股票，还是刚买入那几个月看到有了 40% 以上的收益，就想着有这个收益放着等股息算了，没想到无心插柳柳成荫，竟然涨了这么多。他连忙解释道：“都是坤叔您财运好，我只是碰巧遇到罢了！”

坤叔笑着摇摇头说道：“你不要谦虚，是你的总归要给你！”

说完他转身拿过一个文件夹递给王啸说道：“这里面这张汇丰银行的支票是 5000 万美元，按我当时说的盈利超过 30% 给你提成 30%，本来是 4000 多万不到 5000 万美元，我想取个好意头给你，所以凑了 5000 万美元！”

王啸却不敢接这个文件夹，这个钱太多了，要是真拿了，万一坤叔反悔，自己可能会凶多吉少。

于是连忙推辞道：“坤叔，行规都是 20%，您这样吧，给 3000 万美元就好了，零头就算了。”

坤叔哈哈一笑道：“阿强，你看到没？这就是气度！”

阿强连忙恭敬地说道：“我第一次跟王总接触，就感觉他不一般，要不然也不敢凭空借 800 万元给他！”

王啸连忙附和道：“那是，要没有强哥也不会有机会认识坤叔您这位贵人！”

坤叔开心地笑道：“你有这份心意就够了，但是规矩就是规矩，出来混要讲道义。这样好了，我让阿强在澳门给你开个账户存 2000 万美元，生意人要有个棺材本，万一时运不济也有翻身的机会，剩下的 3000 万美元你带回去吧！”

王啸见坤叔确实是真心给这笔钱，这才同意。他陪坤叔聊天喝茶到深夜，看他有倦意了，才回客房睡觉，第二天早上跟坤叔辞行。坤叔把王啸送到门口说道："等过两年我小孩从国外回来，我让他跟着你一起搞个基金公司，以后烦劳你多带一带他！"

王啸连忙答道："坤叔您言重了，都是我分内之事，我没有弟弟，只要你不嫌弃，我把他当我亲弟弟一样去关照！"

坤叔满意地点点头，挥手送别王啸离去。

车刚离开坤叔家门口，阿强就跟王啸说道："王总，你真是太厉害了，你知道我来澳门多少年了，跟着坤叔出生入死，到现在也才不到1000万美元的身家，而你只用几句话，一年时间不到，5000万美元到手了，抢银行都没这么快！"

王啸闻言打趣道："怎么，你想抢我啊？抢就给你，给我留条命就行！"

阿强连忙解释道："你可别乱说，你有坤叔罩着，谁敢抢你？兄弟的意思是，以后再有好的投资机会叫我一声，你看怎么样？"

王啸大方地说道："当然没问题，你之前也没问过我啊！"

阿强感慨万千，叹道："我哪知道你这么厉害？还以为你跟那些赌徒一样呢！现在回头想来，你要是一年前真从那个悬崖摔下去，实在是太亏了！"

王啸回想起来也觉得有些后怕，感叹道："人在绝境的时候就是绷着一口气，有时候脆弱得差一根稻草就压死了！"

两人说着话已经到了海关。坤叔怕王啸带着那些钱不安全，让阿强把他直接送到家门口。王啸途中突然想起来一件事，问阿强道："我当年卖给你的那块手表能找到人帮我买回来不？"

阿强不解地回应道："大哥，你现在什么身价？还带那个破表干啥？"

王啸笑着解释道："你不懂，我每次看到那块表就能记得我破产的惨状了，可以时时刻刻提醒我不要狂妄自大！"

阿强也笑了，说道："你要买回去也行，价格我可要卖你贵一点，这表算文物了吧！"

王啸叹了口气，说道："能花钱买回来的都不是问题。你记得我那部车吗？当时没办法给卖了，后来想买回来，结果买车那个人把那台车撞报废了，我没办法，只好买了辆一模一样的新车！"

就这样两人一路聊天，过了一个多小时，终于到家了，王啸跟阿强打了个招呼就上楼睡觉去了。

5

王啸次日回到公司，跟 Jason 开会才发现，上次的新年茶话会募资总额大大超出预期，本来想公司现在有 3 亿元资金，再募 2 亿元进来凑个 5 亿元，说起来规模好看一点。没想到竟募了 5 亿元资金进来，两人面对这一大堆钱都有点傻眼，但是刚募资进来也不可能退给人家吧？这就好像你原本是个团长，突然让你去当集团军司令，肯定会不适应的。连续的成功让王啸高处不胜寒，害怕自己再跌落云端。公司资金规模成长过快，但管理层能力还没跟上，王啸决定公司进入防守阶段，不开重仓，最大仓位控制在 20%，并且一年只交易 5 只股票，这样就是用降维打击控制不确定性，用高维打低维是最好的确定性，并且真正的好机会都是要等的，就比如老虎实力那么强，但基本上都是潜伏偷袭，所以几十万年进化下来依然是丛林之王。

现在公司需要发力组建完整的投研团队！王啸觉得是时候请孟总回国帮他主持大局了，就跟 Jason 交代了一下公司的事情，订好了机票飞往新西兰。经过十几个小时的飞行，王啸一下飞机就被当地优美的环境所震撼了，蓝天碧海、白云沃土。王啸见到孟总时已经完全认不出他了，黝黑的皮肤，满脸胡子茬，穿得也像个当地原住民一样。

孟总看到王啸，高兴地拥抱了他一下，说道："我隔着一个大洋都能听到你的事迹，你比我期望的还要好，也不枉我一番教诲！"

王啸尴尬道："其实就是大运来了，乌鸡变了凤凰！别人信我，我自己都怀疑自己！"

孟总闻言微微一笑，突然不解地问道："你飞这么远过来，不单是看我这么简单吧？老实说，来干吗？"

王啸可不想马上被拒绝，所以一口咬定就是过来玩的。孟总也不再追问了，带着王啸看米尔福德峡湾漆黑的深海和绿色的河水相遇的壮观景色，去农场里摘小苹果，又去海上捞黑金鲍。

就这样玩了一个多月，把孟总都玩累了，王啸才找了个机会对孟总说道："师傅，你看这样的日子，虽然很自在，但是恐怕也不是你的人生理想吧？我现在有能力开自己的基金公司了，我想请你回国帮我组建投研团队，薪水股份都随你，回去帮我一下好不好？"

孟总沉默了许久，才对王啸说道："我先谢谢你的好意，老实说，刚来的时候，我也很快厌烦了，但是时间久了，我真的喜欢上了这里，用你的话说，人生都是过程，曾经拥有过就好，在一个位置停留太久，就会失去发现另一个位置的机会，我在这有爱人，也有很多新朋友，生活的意义也许是轰轰烈烈的，但也有可能是平平淡淡的，适合自己的才是最好的！"

王啸还想再劝，孟总却找了个借口走开了。王啸正想着怎样说服孟总时，突然接到陈丽的微信留言，她说发现了一个微信号为wangxiaoonlyone的人，朋友圈的照片背影像黄嘉雯，王啸搜索之后看到照片，马上就确认了这人一定是黄嘉雯，除了身材背影一样之外，照片的背景是青岛奥帆中心，这是王啸和黄嘉雯两人第一次确定关系的地方！

这时，他也顾不得再纠缠孟总了，直接订了张机票要马上飞回中国。

孟总送王啸到机场，两人拥抱着互相拍了拍肩膀，彼此什么都没说。王啸走后，孟总在房间里发现了一个礼盒，打开一看，盒子里是冯总游艇公司委托孟总代理游艇销售的协议，代理销售协议底下是王啸送他的游艇的钥匙和发票，另有一张信笺上写着黄庭坚的四句古诗：

此身天地一蘧庐，世事消磨绿鬓疏。
毕竟几人真得鹿，不知终日梦为鱼。

（未完待续）

后记

人生应有三事。一曰：立功，为国家、为社会，作出自己的贡献。二曰：立德，为自己、为后人树立精神榜样。三曰：立言，虽未能知行合一，但将自己毕生所学流传后世，以为警醒参照。现代社会紧张激烈的竞争环境，催生了网络爽文的大流行，穿越、重生、特异功能，等等。越来越多人喜欢用看小说的方式来逃避现实，缓解精神压力，我也曾经沉浸其中，获得短暂的精神放松和愉悦，可是终归还是要回来面对这个现实的世界：

如何生存？

如何建立关系？

如何发挥自己的价值？

如何去找一个能共度余生的爱人？

如何去完成一个足以奋斗一辈子的目标和理想？

这些恐怕是所有人最终都避无可避的问题！

本书有我对这些问题的答案，虽然可能很片面，但是起码我不困惑，我知道人生的意义就是体验生活的酸甜苦辣，最后直面生命的终结。

很庆幸，我没有沦为一个欲望的奴隶，精神的觉醒让我有了一个完整的灵魂，独立在物欲横流的世界之外，并且能为我所钟爱的事业出一份力，哪怕微不足道，也此生无悔！

后记

我最初是想写一本关于怎样建立交易系统的科教类图书，但是我深知金融的枯燥与艰深，对一部分人来说，可能没有办法很容易地理解和接受，所以才有了这种小说体结合大量知识点的写法，这是为了让读者更容易接受和理解投资交易系统的组成，希望为大家在投资的路上做警醒和提示。

投资中看似简单的东西，实则非常不简单，里面包含了事物运行的规律和反人性的陷阱，很多人懵懵懂懂地进入市场，还没等有所觉悟就已经输光了一切！

少数幸运儿赚到了钱，但鲜有能全身而退的智者。未来的世界竞争只会越来越激烈，人们要面对被“高智商”的人工智能系统武装起来的机器人大军，能做好投资就是给人生开辟第二条路。

我很想说，希望所有人都获得胜利，但是在投资这个角斗场，马太效应和均值回归还有博弈论才是恒久不变的天道，作为个人投资者，一定要有一套属于自己的交易系统，这样才能在市场上战胜对手！

祝愿大家投资顺利！